会计基础

Accounting Basis

王寅秋　何建丽　赵金芳　主 编

ZHEJIANG UNIVERSITY PRESS
浙江大学出版社
·杭州·

图书在版编目(CIP)数据

会计基础/王寅秋,何建丽,赵金芳主编. —杭州:
浙江大学出版社,2023.11
ISBN 978-7-308-24474-9

Ⅰ.①会⋯ Ⅱ.①王⋯ ②何⋯ ③赵⋯ Ⅲ.①会计学
Ⅳ.①F230

中国国家版本馆 CIP 数据核字(2023)第 227371 号

会计基础

主　编　王寅秋　何建丽　赵金芳

责任编辑　徐　霞
责任校对　阮海潮
封面设计　周　灵
出版发行　浙江大学出版社
　　　　　(杭州市天目山路 148 号　邮政编码 310007)
　　　　　(网址:http://www.zjupress.com)
排　　版　杭州星云光电图文制作有限公司
印　　刷　杭州杭新印务有限公司
开　　本　787mm×1092mm　1/16
印　　张　13.5
字　　数　304 千
版 印 次　2023 年 11 月第 1 版　2023 年 11 月第 1 次印刷
书　　号　ISBN 978-7-308-24474-9
定　　价　47.00 元

前　言

会计是商业世界中至关重要的工具，它为组织和个人提供了财务信息的记录、报告和分析，是经济决策和业务管理的重要支撑。在当今全球化、信息化的时代，了解会计原理和基础概念变得越来越重要。本书旨在为读者提供一本简明扼要的会计入门指南。本书从基本会计原理和概念入手，逐步介绍会计的核心内容，包括资产、负债、所有者权益、收入和费用等要素的记录和报告。通过清晰的解释、实际案例和练习，帮助学生理解会计的基本原理和实践技巧。

基于此，本书以"会计基础"为名，首先，从会计的基础内容展开，探讨会计的特点与职能、会计对象与会计要素、会计核算与会计信息质量要求；其次，围绕会计科目的设置、账户分类及设置展开深入的分析与讨论；再次，探索会计记账方法与会计记录，包括复式记账法和借贷记账法、填制会计凭证、登记会计账簿；然后，从企业主要经济业务的核算角度切入，讨论筹资经济业务的核算、采购经济业务的核算、生产经济业务的核算、销售经济业务的核算、利润形成与分配业务的会计核算；最后，探索会计信息化标准体系，以及大数据时代下会计工作的发展。

会计概念对初学者来说可能具有一定的复杂性。因此，本书采用简洁明了的语言和逻辑结构，以确保每位学生都能够轻松理解和应用所学知识；将抽象的会计原理和术语转化为生动的例子和实际场景，帮助学生建立起对会计概念的直观理解。此外，学生在学习的过程中应保持实践和思考。会计基础的学习不仅仅是理论知识的学习，更需要通过实践和思考来加深对概念和原则的理解。因此,本书提供了丰富的案例和练习,供学生进行实践和思考,加深对会计的理解,提升应用能力。

笔者在撰写本书的过程中,得到了包括希尔顿酒店集团、杭州开元森泊度假乐园、耀信会计师事务所等校企合作企业以及多位专家学者的帮助和指导,在此表示诚挚的谢意。

由于笔者水平有限,加之时间仓促,书中的内容难免有疏漏之处,希望各位读者多提宝贵意见,以便笔者进一步修改,使之更加完善。

主编

2023 年 8 月

目　　录

第一章

会计概述

会计作为重要的经济管理工具,具有广泛的应用领域和丰富的理论体系。会计是财务管理领域中至关重要的一部分,它涉及记录、分析和报告财务信息以支持组织的决策和经营管理。本章将研究会计的基本概念,包括会计的特点与职能、会计对象与会计要素、会计核算与会计信息质量要求。

第一节　会计的特点与职能

会计作为记录、计量交易活动(经济活动)的手段,是伴随社会经济的发展而产生又伴随社会经济的发展而发展的,即会计的产生和发展依赖于、取决于社会经济的发展。社会经济的不断发展会对会计不断提出新的要求,会计则在不断适应这种要求的过程中创新、变革自身进而完成自己的发展。会计发展与社会经济发展的这种依存关系已为会计发展的历史所证明。所以要真正认识和理解会计,必须深刻认识决定着会计发展的交易活动(经济活动),深刻认识企业的交易活动与会计的内在联系。①

一、会计的特点

会计,是以货币为主要的计量单位,运用一整套科学的专门方法,对企事业等单位的经济活动进行连续、系统、全面、综合的核算和监督,为会计信息的使用者提供有用会计信息的一种经济管理活动。会计具有以下特点。

(一)会计以货币为主要计量单位

为了准确反映企事业单位的经济活动过程,会计需要使用三种不同的计量单位:①劳动计量单位;②实物计量单位;③货币计量单位。劳动计量单位使用工作日、工时等来衡量经济活动中的劳动投入;实物计量单位采用千克、米、件等来度量物质资产的数量

---

①宋英慧,安亚人.会计对象及其会计要素内涵新论[J].税务与经济,2019,224(3):57.

和规模;而货币计量单位则以元、角、分等货币形式来衡量经济交易和价值。

在商品经济条件下,货币具有特殊的地位,它是所有商品的共同等价形式。通过使用统一的货币计量单位,可以更容易地比较不同种类的经济活动,包括活劳动和物化劳动,并以统一的形式综合计算各种经济活动的价值。这种统一的货币量度也有助于获取经营管理所必需的综合会计信息,使得企事业单位能够更好地进行决策和控制。

尽管某些经济活动可以使用实物计量单位或劳动计量单位进行计算和记录,但最终仍需要将其转换为货币计量单位进行综合核算。这是因为货币作为一种普遍接受的交换媒介,能够更准确地反映经济价值和财务状况,方便进行财务报告和比较分析。

因此,使用三种计量单位的会计方法能够确保经济活动的准确记录和综合计算,为企事业单位提供必要的财务信息和决策支持。货币计量单位作为其中重要的一种,为各种经济活动提供了统一的度量标准,使得不同类型的经济活动可以在同一个框架下进行评估和比较,进而实现有效的经营管理。

会计的四种假定及其作用如图 1-1 所示。

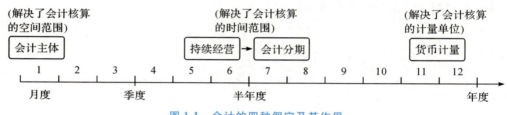

图 1-1　会计的四种假定及其作用

(二)会计必须以合法的原始凭证为核算依据

为了确保会计记录和会计信息的真实性、可靠性和一致性,单位必须如实地反映经济业务并遵循相关规定。这要求单位在记录经济业务时必须获取或填制合法的凭证,并按照国家统一会计准则的规定进行会计核算。

凭证是会计记录的基础,是反映经济业务的原始证明文件。单位在进行经济交易或活动时,需要及时取得或填制与交易相符的凭证,如收据、发票、支票、合同等。这些凭证应包含必要的信息,如交易日期、交易金额、交易对象等,以便后续的会计核算和审查。

在会计核算过程中,单位需要对原始凭证进行审核。这意味着会计人员会对凭证的合法性、真实性和准确性进行检查。他们会仔细审查凭证的内容,核对凭证上的信息是否与实际交易相符,并确保凭证的填制符合相关法规和会计准则的规定。

合法的原始凭证是会计核算的依据,也是保证会计记录和会计信息真实性的重要保障。单位应该妥善保存原始凭证,并确保凭证的完整性和可追溯性,以备日后审计和核查的需要。

遵循国家统一会计准则是确保会计记录和会计信息一致性的关键。国家统一会计准则规定了会计核算的基本原则、方法和程序,单位需要按照这些准则进行会计核算,确保会计处理的一致性和可比性。这样可以使不同单位的会计信息能够互相比较和理解,为决策提供准确的依据。

通过取得或填制合法的凭证,并按照国家统一会计准则的规定进行会计核算和凭证审核,单位能够保证会计记录和会计信息的真实性、可靠性和一致性。这为内部管理、财务报告和外部审计提供了坚实的基础,有助于单位做出准确的经济决策和控制风险。

(三)会计核算具有连续性、系统性、全面性和综合性

为了确保会计记录和会计信息的准确性和完整性,会计需要遵循四个基本原则,即连续性、系统性、全面性和综合性。

(1)连续性要求会计记录必须按照业务发生的时间顺序逐笔、逐日进行,不能出现中断。这意味着无论是日常交易还是周期性交易,都必须及时记录和登记,确保经济业务的连续性和完整性。通过连续性原则,会计记录能够反映出经济活动的时间顺序,使得后续的分析和审查更加准确和可靠。

(2)系统性要求会计在反映经济业务时,按照经济业务的性质进行分门别类的登记和反映。这意味着不同类型的经济业务需要在会计记录中得到正确分类和归档,以便后续的分析和报告。通过系统性原则,会计能够对不同类型的交易和活动进行统一管理和分析,为决策提供准确的财务信息。

(3)全面性要求会计在反映经济业务时,必须全面反映并分文不漏。这意味着会计记录应该涵盖所有与单位经济业务相关的交易和活动,不能遗漏任何重要的信息。通过全面性原则,会计能够提供全面的财务信息,包括资产、负债、所有者权益、收入和费用等方面的信息,为全面的财务分析和决策提供支持。

(4)综合性要求会计将大量零散、分散的数据进行分类、汇总,并用金额进行反映,以形成有用的信息。这意味着会计需要对原始数据进行整合和加工,以便生成可理解和可比较的财务信息。通过综合性原则,会计能够将大量的细节数据转化为汇总报表和财务指标,为决策者提供清晰的经济信息。

综合来说,连续性、系统性、全面性和综合性是会计记录和会计信息的基本原则。遵循这些原则能够确保会计记录的准确性和完整性,为企业提供有用的财务信息,支持企业的经营管理和决策制定。这些原则为会计工作提供了明确的指导,使会计信息成为企业管理的重要工具。

(四)会计具有一系列科学的核算方法

会计核算方法是在国家法律、法规和制度的指导下,为了确保会计核算信息的合法性、一致性和可比性而制定的一系列科学的方法和程序。

(1)会计核算方法包括会计核算对象的确定。会计核算对象是指需要进行核算和记录的经济事项、经济业务或经济实体。根据国家规定和实际需要,企业应明确需要核算的对象,如资产、负债、所有者权益、收入、费用等,以便进行相应的会计处理和记录。

(2)会计核算方法涉及会计核算制度的建立和应用。会计核算制度是国家对会计核算规范的规定,包括会计核算政策、会计核算方法和会计核算程序等。企业需要根据国

家规定和自身的情况,建立适合的会计核算制度,并严格按照制度进行核算和记录,确保会计信息的准确性和可靠性。

（3）会计核算方法涉及会计凭证的填制和会计账簿的建立。会计凭证是会计记录的基础,是反映经济业务的原始证明文件。企业需要根据国家的规定,按照凭证填制的要求和程序,正确记录和登记经济业务,确保凭证的合法性和真实性。同时,会计账簿是对会计凭证进行汇总和分类的记录工具,需要根据会计核算方法建立相应的会计账簿,将核算对象的变动情况进行分类、汇总和记录。

（4）会计核算方法包括会计估计和会计分析等方面的方法。会计估计是指在会计核算中,对于无法准确计量的经济事项,根据相关规定和会计原则进行估计和确认。会计分析是根据会计核算信息进行各种财务分析和比较,以揭示经营状况和财务状况的方法。

会计核算方法是为了确保会计核算信息的合法性、一致性和可比性,国家对会计核算制定了一系列的法律、法规和制度,并规定了一套科学完整的专门核算方法。企业在进行会计核算时必须按照规定的核算方法进行,严格遵守会计核算制度,正确填制凭证,建立适当的会计账簿,进行会计估计和会计分析,以确保会计信息的准确性和可靠性。这些科学的核算方法为单位提供了规范的操作指南,使得会计核算工作更加规范和科学。

二、会计的职能

会计的职能是指会计在经济管理活动中所具有的功能。会计的基本职能是核算和监督,拓展职能包括预测经济前景、参与经济决策、评价经营业绩,如图1-2所示。

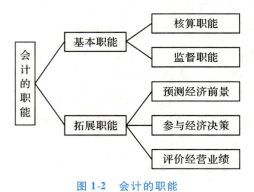

图 1-2 会计的职能

（一）基本职能

1. 核算职能

会计核算职能,又称会计反映职能,是指会计以货币为主要计量单位,通过确认、记录、计量和报告等环节,从数量方面对特定主体的经济活动进行记账、算账和报账,为各方面提供会计信息的功能。它是会计最基本的职能,对于经济实体的管理和决策具有重要意义。

会计核算的主要目的是将经济活动转化为会计记录,通过将实际发生的经济交易和事件以货币形式进行记录,进而计算和总结,形成会计信息和财务报表。这样可以提供各方面需要的会计信息,包括财务状况、经营成果和现金流量等,帮助内部管理者做出决策、监督和评估经济活动,也为外部利益相关者提供有关经济实体的信息。

会计核算的过程包括记账、算账和报账等具体工作。记账是将经济交易和事件的发生进行记录,即将会计凭证按照一定的规则和程序进行登记和分类。算账是通过计算和核对会计记录的结果,形成经济业务的总量和变动情况,以便进行分析和比较。报账是将核算结果整理和报告,通过编制财务报表和其他会计报告,向内外部各方提供会计信息和财务状况的汇报。

在进行会计核算时,任何会计记录和计量都必须以合法的会计凭证为依据。会计凭证是会计记录的原始依据,凭借其合法性和真实性,确保会计信息的可靠性和准确性。会计核算具有连续性、系统性、全面性和综合性的特点。连续性要求会计核算应该按照时间顺序持续进行,不能中断;系统性要求会计核算应该按照经济业务的性质进行分类和登记;全面性要求会计核算应该全面反映经济活动,不遗漏任何重要信息;综合性要求会计将零散的数据进行汇总和分类,并用金额反映,形成有用的信息。

通过会计核算,经济活动的过程和结果能够客观公正地被记录和反映。会计信息可以为经济实体的决策和控制提供基础,为内外部利益相关者提供有关经济实体的信息。因此,会计核算作为会计最基本的职能,对于企事业单位的经营和管理具有重要的意义。

2. 监督职能

会计监督职能是指在进行会计核算的同时,会计人员对特定主体经济活动的合法性、合理性进行审查和监督的职责。

会计监督贯穿经济活动的全过程,包括事前监督、事中监督和事后监督。

(1)事前监督是指会计部门在参与编制各项计划和费用预算时,依据国家的法律、法规和制度,对未来经济活动的可行性、合理性和合法性进行审查。会计人员会对计划中的经济活动进行分析和评估,确保其符合财务管理的要求和合规性。他们会审查计划的预算、资金来源、项目合理性等,提出意见和建议,以保证经济活动的合规性和经济效益。

(2)事中监督是指在日常会计核算过程中,会计人员对已发现的问题提出解决方法和建议,促使有关部门采取措施,调整经济活动。会计人员会密切关注经济活动的进行,发现可能存在的问题、风险和错误,并及时提出解决方案和改进意见。他们会与相关部门合作,共同推动问题的解决,确保经济活动的合法性和合理性。

(3)事后监督是指对已发生和已完成的经济活动的合法性和合理性进行检查、分析、考核和评价。会计人员会对已经完成的经济活动进行核算和比较分析,审查相关凭证和记录,以验证其合法性和准确性。他们会评估经济活动的财务状况、成本效益、风险控制等方面,并提出改进意见和建议,以推动经济活动的持续改进和发展。

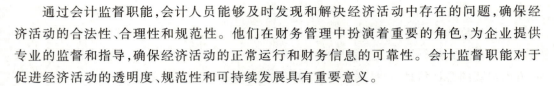

通过会计监督职能,会计人员能够及时发现和解决经济活动中存在的问题,确保经济活动的合法性、合理性和规范性。他们在财务管理中扮演着重要的角色,为企业提供专业的监督和指导,确保经济活动的正常运行和财务信息的可靠性。会计监督职能对于促进经济活动的透明度、规范性和可持续发展具有重要意义。

(二)拓展职能

1. 预测经济前景

预测经济前景,是指根据财务报告等提供的信息,定量或定性地判断和推测经济活动的发展变化规律,以指导和调节经济活动,提高经济效益。

2. 参与经济决策

参与经济决策,是指根据财务报告等提供的信息,运用定量分析和定性分析方法,对备选方案进行经济可行性分析,为企业经营管理等提供决策相关的信息。

3. 评价经营业绩

评价经营业绩,是指利用财务报告等提供的信息,采用适当的方法,对企业一定经营时期内的资产运营、经济效益等经营成果,对照相应的评价标准,进行定量及定性对比分析,作出真实、客观、公正的综合评判。

(三)会计核算与会计监督的关系

会计核算和会计监督是会计工作中两个基本职能,它们之间存在密切的关系,相辅相成、辩证统一。

(1)会计核算职能是会计的首要职能,它是会计信息产生的基础。通过会计核算,经济活动得以记录、计量和报告,形成财务报表和其他会计信息。会计核算的质量直接影响着会计信息的准确性和可靠性,对于企业的经营和决策具有重要意义。会计核算为会计监督提供了基本的信息来源和依据,使监督工作有具体可操作的内容。

(2)会计监督职能是对会计核算工作进行监督和检查,确保会计核算的合法性、准确性和规范性。通过会计监督,会计人员能够发现和解决会计核算中存在的问题、风险和错误,保证经济活动的合法性和合理性,确保会计信息的真实性和完整性。会计监督为会计核算提供了质量保证,使其能够更好地发挥作用。

会计核算和会计监督是相辅相成的关系。只有进行了准确、规范的会计核算,会计监督才有可监督的对象和数据依据。同时,会计监督也促使会计核算工作得到改进和完善,提高会计信息的质量和可靠性。两者相互依存、相互促进,共同为企事业单位的经营和决策提供支持和保障。

(3)随着生产力水平和管理水平的提高,现代会计职能也在不断发展和丰富。除了会计核算和会计监督这两个基本职能,现代会计还承担预测经济前景、参与经济决策、评价经营业绩等其他拓展职能。

会计核算和会计监督是会计工作中不可或缺的两个基本职能。它们之间相互关联、相互支持,共同确保会计信息的准确性和可靠性,为企事业单位的经营和决策提供重要的支持和保障。随着时代的发展，会计职能也在不断发展和扩展，以适应现代经济管理的需求。

第二节　会计对象与会计要素

一、会计对象概述

（一）会计对象的定义

会计对象是会计所要反映和监督的内容，即会计所要反映和监督的客体，就是企业、机关、事业单位和其他组织能用货币表现的经济活动，即资金运动。在社会主义制度下，会计对象就是社会再生产过程中的资金运动。

社会再生产过程包括生产、分配、交换和消费四个环节。再生产过程的经济活动是多种多样的，会计并不能核算和监督再生产过程中的所有方面，而只能核算和监督用货币表现的一些方面。在商品经济条件下的再生产过程包括：①劳动者使用劳动手段对劳动对象进行加工，生产出新产品，将原来的生产资料消耗掉，将新的产品生产出来，这一物资流动过程体现了社会再生产过程的使用价值方面，即物资运动；②生产中消耗的生产资料的价值转移到新产品中去，并创造出新的价值，转移过来的价值和新创造的价值就构成了新产品的价值。新产品的价值通过交换加以实现，并进行分配。这一货币流动过程体现了社会再生产过程的价值方面，即资金运动。会计核算和监督的内容就是第二个方面，即社会再生产过程中的资金运动。

（二）会计对象的内涵

下面以企业为例，阐述会计对象所包含的内容。任何事物的运动都有相对静止和显著变化两种形态，资金运动也不例外，也有静态和动态两个方面，如图 1-3 所示。

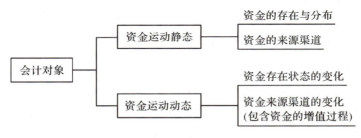

图 1-3　会计的对象

1. 资金运动的动态表现

资金运动的动态表现是指一个企业在一定期间的经营成果，是资金在生产经营过程

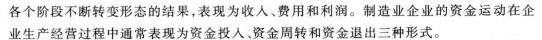

各个阶段不断转变形态的结果,表现为收入、费用和利润。制造业企业的资金运动在企业生产经营过程中通常表现为资金投入、资金周转和资金退出三种形式。

(1)资金投入。企业要进行生产经营活动,必须拥有和控制一定数量的财产物资,作为完成目标的基础。这些财产物资可以由国家投资、法人单位投资和个人投资,也可以通过发行债券、向银行借款等方式取得。

(2)资金周转。制造业企业的再生产过程包括供应、生产、销售三个过程。资金投入企业后,就要在这三个过程中不断地运动和变化。供应过程是指企业用货币资金购建房屋、建筑物,购买机器设备等劳动资料,形成企业的固定资产;用货币资金购买生产所需的劳动对象,形成各种材料物资。这样,资金就发生了变化,由货币资金转化为固定资金和生产储备资金。生产过程是指劳动者使用劳动资料(主要是生产工具等劳动手段)对劳动对象进行加工,先生产加工成在产品;当生产加工全部完成,生产出产成品。

在生产过程中,资金形态发生两次变化:生产车间领用材料物资时,先由储备资金转化为生产资金;当产品完工入库后,由生产资金转化为成品资金。销售过程是指企业将生产出来的产品发运给购买单位并取得销售收入,收回货币资金的过程。这时,资金形态由成品资金转化为货币资金。

企业资金从货币资金形态开始,顺次通过供应、生产、销售三个阶段,分别表现为储备资金、生产资金、成品资金各种不同的形态,然后又回到货币资金形态,称为资金的循环。企业资金周而复始地不断循环,称为资金的周转。资金运转过程也是资金的耗费、收回过程,资金耗费构成企业的费用、成本,资金收回形成企业的销售收入,把收入和费用进行比较,就能确定企业的盈亏。收入、费用和利润就形成了企业资金运动的动态表现。

(3)资金退出。资金退出是指企业的某些资金由于各种原因退出企业范围,不再继续参与资金周转。商品流通企业的经营过程分为商品购进和商品销售两个过程。在商品购进过程中,主要是采购商品,此时,货币资金转换为商品资金;在商品销售过程中,主要是销售商品,此时,资金又由商品资金转换为货币资金。在商业企业经营过程中,也要消耗一定的人力、物力和财力,它表现为商品的流通费用。在销售过程中,也会获得销售收入和实现经营成果。因此,商业企业的资金沿着“货币资金→商品资金→货币资金”的方式运动。其具体内容包括静态的资产、负债、所有者权益以及动态的收入、费用和利润。

2. 资金运动的静态表现

任何企业要从事经营活动,都需要具备一定的物质基础,即资金。资金是由企业所有者和债权人投入企业而形成的。企业所有者投入的资金构成了企业的所有者权益,而债权人投入的资金构成了企业的债权人权益,也就是企业的负债。这些资金的投入为企业提供了经营所需的资源和资产。

投入企业的资金的一部分形成了流动资产,包括库存现金、银行存款、原材料和库存商品等。这些流动资产可以快速转化为现金,用于日常经营活动的支出和交易。另一部分资金形成了非流动资产,主要是以房屋、建筑物、机器设备等为代表的固定资产。这些资产的投入为企业提供了生产和经营的基础设施和工具。

资金的运动可以通过企业的资产和权益来静态表现。在特定的时间点上,企业的资产总值等于企业的权益总值。权益总值包括负债和所有者权益。资产是企业资金的占用,反映了企业拥有的各种资源和财产。而权益则代表了资金的来源,包括债权人的资金和企业所有者的投资。企业的负债和所有者权益共同构成了企业的权益结构。

资金在企业中的流动和运用是经营活动的重要方面。通过有效的资金管理和运营,企业可以确保流动资金的充足,同时合理配置和利用固定资产,从而提高经营效率和盈利能力。资金的运动不仅影响企业的财务状况,还对企业的经营决策和发展战略产生重要影响。

资金对于企业的经营活动至关重要。它由企业所有者和债权人投入形成,构成了企业的资产和权益。通过合理管理和运用资金,企业可以实现财务健康和经营目标。因此,对于企业来说,有效的资金管理是确保经营成功和可持续发展的重要一环。

二、会计要素的基本分类

会计核算的对象是指社会再生产过程中的资金及其运动,在实际工作中,它表现为企业方方面面的经济事务。在会计核算上要准确地反映这些经济事务并揭示各类经济事务之间的相互关系,从而及时提供可靠、有用的信息资料,就必须要对会计对象的具体内容进行适当的分类,即将会计对象按一定方法分解成各构成要素,即会计要素。会计要素就是将会计对象进行细分,也是对会计对象的基本分类。会计要素有六大类:资产,负债,所有者权益,收入,费用,利润[①],如图 1-4 所示。

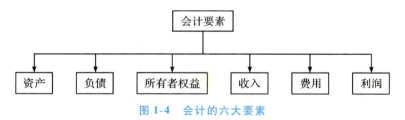

图 1-4　会计的六大要素

会计要素是对会计对象的基本分类,是会计对象的具体化,是会计用于反映会计主体财务状况、确定经营成果的基本单位。它是构成会计报表的基本因素,也是设置会计科目的依据。

我国《企业会计准则——基本准则》规定,企业应当按照交易或事项的经济特征确定会计要素。我国会计要素包括资产、负债、所有者权益、收入、费用、利润六大要素。其中,资产、负债和所有者权益三项会计要素表现资金运动的相对静止状态,即反映企业的财务状况;收入、费用和利润三项会计要素表现资金运动的显著变动状态,即反映企业的经营成果。

---

① 朱丽娜.浅谈如何有效地学习会计学基础[J].亚太教育,2015(5):34.

（一）资产

1. 资产的特点

资产是指由企业过去的交易或事项形成的、企业拥有或控制的、预期会给企业带来经济利益的资源。资产具有以下三个基本特征：

（1）资产是由过去的交易或事项所形成的。过去的交易或事项包括购买、生产、建造行为或者其他交易或事项，即只有过去的交易或事项才能产生资产，企业预期未来的交易或事项不形成资产。例如，购货意愿或者计划，只要购买行为尚未发生，就不符合资产的定义，不能确认为存货资产。换言之，资产必须是现实的资产，而不能是预期的资产，是由过去已经发生的交易或事项所产生的结果。尚未发生的交易或事项可能产生的结果，不能作为资产确认。

（2）资产是由企业拥有或控制的。一项资源要作为资产来确认，企业应该拥有此项资源的所有权，可以按照自身的意愿使用或处置，如企业自有的机器设备。但对一些特殊方式形成的资产，企业虽对其不拥有所有权，却能够实际控制。例如，融资租入的固定资产，尽管企业不拥有所有权，但融资租赁的合同期接近于该项资产的使用寿命时，表明企业实际控制了该项资产的使用及其所能带来的经济利益，所以应当确认为企业资产。换言之，一项资源要作为资产来确认，该资源是由企业拥有所有权，或者虽然不拥有所有权但应为企业所控制，否则，不能作为资产。

（3）资产必须是能直接或间接地给企业带来经济利益的资源。经济利益，是指直接或间接地流入企业的现金或现金等价物。资产都应能够给企业带来经济利益，例如，企业可通过收回应收账款、出售库存商品等直接获得经济利益，也可通过对外投资以获得股利或参与分配利润的方法间接获得经济利益。按照这个规定，企业的已经不能带来未来经济利益流入的项目，如已经报废的机器设备、已毁损的存货、已经无望收回的债权等，都不能再作为资产来核算和列报。也就是说，预期能给企业带来经济利益，就能确认为资产；预期不能给企业带来经济利益，则不能确认为资产。

2. 资产的组成部分

资产总是占用在经营过程中的不同阶段并具有不同的具体形态，资产按其流动性的强弱，可分为流动资产和非流动资产。

（1）流动资产。流动资产是指可以在 1 年内或者超过 1 年的一个营业周期内变现或者耗用的资产。流动资产按其变现能力的大小又可分为货币资金、交易性金融资产、应收及预付款项、存货等。

①货币资金是指企业生产经营过程中处于货币形态的资产，包括库存现金、银行存款和其他货币资金。货币资金是流动性最强的资产。

②交易性金融资产是指各种能够随时变现，为了近期内出售而持有的金融投资，包括以交易为目的所持有的债券投资、股票投资、基金投资等。

③应收及预付款项是指企业在日常生产经营过程中发生的各项债权，包括应收票

据、应收账款、预付账款、其他应收款等。

④存货是指企业在日常生产经营过程中持有以备出售的产成品或商品、处在生产过程中的在产品、在生产过程或提供劳务过程中耗用的材料或物料等。存货主要包括库存商品（产成品）、生产成本（在产品）以及在途物资、原材料周转材料（包括包装物和低值易耗品）等各类材料。

（2）非流动资产。非流动资产是指不能在1年或者超过1年的一个营业周期内变现或者耗用的资产，主要包括长期股权投资、固定资产、无形资产及其他资产等。

①长期股权投资是指取得被投资单位股份并准备长期持有、不准备随时交易或出售的投资。它包括对子公司的投资、对合营企业的投资、对联营企业的投资等。

②固定资产是指企业为生产商品提供劳务、出租或经营管理而持有的使用寿命超过一个会计年度的有形资产。

③无形资产是指企业拥有或者控制的没有实物形态可辨认的非货币性资产。无形资产包括专利权、非专利技术、商标权、著作权、土地使用权等。

④其他资产是指除货币资金、交易性金融资产、应收及预付款项、存货、长期股权投资、固定资产、无形资产等以外的资产，如长期待摊费用。

（二）负债

1. 负债的特点

负债是指企业过去的交易或事项形成的、预期会导致经济利益流出企业的现时义务。负债具有以下三个特征：

（1）负债是由过去的交易或事项形成的。换言之，导致负债的交易或事项必须已经发生，是一种现时的经济责任。至于那些正在筹划的、未来的交易或事项是不会产生负债的，在会计上也不能作为负债处理。例如，企业因赊购商品产生的应付账款就是一种负债；而在赊购商品这种行为发生之前，自然不会存在应付账款这项负债。再例如，银行借款是因为企业接受了银行贷款产生的还贷义务，是一项负债；而如果仅是打算借款，借款行为发生之前自然不会存在银行借款这项负债。

（2）负债预期会导致经济利益流出企业，即负债会在未来的某一时日通过交付资产（包括现金和其他资产）或提供劳务来清偿。例如，企业赊购一批商品，商品已验收入库，但尚未付款，该笔业务所形成的应付账款就是企业的一项负债，该负债需要在未来的某一时日通过交付现金或银行存款来清偿。只有企业在履行义务时导致经济利益流出企业，才符合负债的定义，如果不会导致企业经济利益流出，就不符合负债的定义，这是负债的一个本质特征。

（3）负债必须是企业承担的现时义务，这是负债的一个基本特征。现时义务是指企业在现行条件下已经承担的义务，至于未来发生的交易或事项所形成的义务，不属于现时义务，就不能确认为负债。这里所指的现时义务，既可以是法定义务，也可以是推定义务。其中，法定义务是指具有约束力的合同或者法律法规规定的义务，通常必须依法执行。例如,企业购买商品时形成的应付账款,企业按照税法规定应当缴纳的各项税款等,均属于企业应承担的法定义务,需要依法予以偿还。推定义务是指根据企业多年来的习惯做法、公开的承诺或者公开宣布的政策而导致企业将承担的责任。例如,企业的一项销售政策是对售出的商品提供一定期限内的售后保修服务,则对已经售出的商品预期将会发生的修理费用就属于推定义务,应当将其确认为一项负债,即预计负债。

2.负债的组成部分

企业的负债按其流动性分为流动负债和非流动负债。

(1)流动负债。流动负债是指将在1年(含1年)或者超过1年的一个营业周期内偿还的债务,主要包括短期借款、应付及预收款项、应付职工薪酬、应交税费、应付股利等。

①短期借款是指企业向银行或其他金融机构等借入的期限在1年以下(含1年)的各种借款。

②应付及预收款项是指企业在日常生产经营过程中发生的各项债务,包括应付票据、应付账款、预收账款、其他应付款等。

③应付职工薪酬是指企业为获得职工提供的服务或解除劳动关系而应付给职工的各种形式的报酬或补偿。职工薪酬包括职工在职期间和离职后提供给职工的全部货币性和非货币性福利。企业提供给职工配偶、子女或受赡养人的福利等也属于职工薪酬。

④应交税费是指企业按照税法规定计算应缴纳的各种税费,包括增值税、消费税、营业税、所得税、资源税、土地增值税、城市维护建设税、房产税、城镇土地使用税、车船税、教育费附加、矿产资源补偿费等。

⑤应付股利是指企业经股东大会或类似机构审议批准分配的现金股利或利润。企业股东大会或类似机构审议批准的利润分配方案、宣告分派的现金股利或利润在实际支付前形成企业的负债。

⑥应付利息是指企业按照合同约定应支付但尚未支付的利息。

(2)非流动负债。非流动负债是指偿还期超过1年或者超过1年的1个营业周期内的债务,主要包括长期借款、应付债券、长期应付款等。

①长期借款是指企业从银行或其他金融机构借入的、期限在1年以上(不含1年)的各项借款。

②应付债券是指企业为筹集长期资金而发行的长期债券。

③长期应付款是指企业除长期借款和应付债券以外的其他各种长期应付款项,包括应付融资租入固定资产的租赁费、以分期付款方式购入固定资产发生的应付款项等。

(三)所有者权益

1.所有者权益的特点

所有者权益是指企业资产扣除负债后,由所有者享有的剩余权益,它在数值上等于企业全部资产减去全部负债后的余额。公司的所有者权益又称股东权益,其实质是企业

从投资者手中所吸收的投入资本及其增值。所有者权益具有以下三个特点：

（1）除非发生减资、清算或分派现金股利等情况，企业不需要偿还所有者权益。所有者权益代表了企业所有者对企业的投资，包括股东的股本和利润留存等。与债务不同，所有者权益不需要按照特定的时间表或条件偿还给所有者。所有者权益不会随着时间的推移自动减少或归还，而是作为企业继续运营和发展的基础。

（2）企业清算时，只有在清偿所有的负债后，所有者权益才能返还给所有者。清算是指企业结束经营活动、偿还债务并分配剩余资产的过程。在清算过程中，企业需要先偿还债务，包括供应商的应付款项、贷款等，然后才能返还剩余的资产给所有者。这意味着所有者权益在企业清算时才能被回收，只有在企业解散或停止运营时才能转化为现金或其他形式的回报。

（3）所有者凭借所有者权益能够参与利润分配。作为企业所有者，持有所有者权益的股东有权分享企业的利润。利润分配可以通过派发现金股利、发放红利或增加股东权益的方式实现。所有者权益代表了股东在企业中的所有权和参与权，他们享有按比例分享企业盈利的权益。

所有者权益具有不需要偿还、在清算时最后返还以及参与利润分配的特征。所有者权益对于企业的稳定运营和发展起着重要作用，它为所有者提供了一种资本回报的方式，并反映了所有者在企业中的权益和地位。了解和管理好所有者权益对于企业的财务健康和长期发展至关重要。

2. 所有者权益的组成部分

所有者权益的来源包括所有者投入的资本、直接计入所有者权益的利得和损失、留存收益等，通常由实收资本（或股本）、资本公积、盈余公积和未分配利润构成。其中，盈余公积和未分配利润又称留存收益。

（1）实收资本是指企业接受投资者投入的实缴资本。这包括以货币形式投入的资金以及非货币形式的财产物资等。在股份公司中，股本就是实收资本的主要组成部分。实收资本代表了企业所有者为企业提供的初始投资，是企业财务结构的基础。

（2）资本公积是指资本溢价（或股本溢价）和直接计入所有者权益的利得和损失等。资本溢价是指企业股票发行时，发行价格高于面值的部分。这部分资金超出了股票面值的金额，因而被认为是资本公积。此外，直接计入所有者权益的利得和损失，如重新计量的固定资产、重新计量的无形资产等，也被计入资本公积。

（3）盈余公积是指企业从净利润中提取的公积金。盈余公积包括法定盈余公积和任意盈余公积。法定盈余公积是根据国家法律和法规的要求，将净利润的一定比例提取出来形成的公积金，用于弥补损失、补充资本等。任意盈余公积是企业自愿提取的公积金，用于资本扩充、业务拓展等。

（4）未分配利润是指企业在过去年度获得的净利润中尚未进行分配的部分。未分配利润被保留在企业内部，用于企业的发展、再投资、分红等。未分配利润是企业的积累，反映了企业经营活动的收益和盈余。

上述所有者权益的构成,如图 1-5 所示。

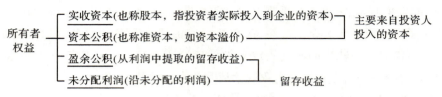

图 1-5　所有者权益的构成

资产、负债与所有者权益三个要素构成一组,是企业财务状况的静态反映,是构成资产负债表的要素,它们形成反映特定日期财务状况的平衡公式,即:

$$资产 = 负债 + 所有者权益 \tag{1-1}$$

3.所有者权益的来源

所有者权益的来源包括以下三个方面:

(1)所有者投入的资本。所有者投入的资本是指企业所有者投入企业中的资金或其他有形或无形资产。这部分资本用来支持企业的经营和发展,并作为所有者在企业中的权益。

①实收资本(或股本)是所有者投入的主要部分。实收资本是指股东以货币形式或其他有形资产形式投入的资金。在股份有限公司中,实收资本通常以股份的形式存在。实收资本代表了股东对企业的直接投资,并成为企业财务状况的重要组成部分。它在企业财务报表中作为所有者权益的一部分进行记录。

②资本公积是由所有者投入的资本发生资本溢价和股本溢价等原因所形成的。资本溢价是指在股份有限公司的股票发行过程中,股票的发行价格高于其面值的差额。这部分差额被认为是资本公积,是企业资本结构的重要组成部分。资本公积主要用于企业转增资本(或股本),以增加股东的持股比例或提升企业资本实力。

③通过所有者投入的资本,企业能够获得资金和资源,用于购买设备、采购原材料、支付员工薪酬和推动企业运营。所有者投入的资本为企业提供了初始的经营基础,并在企业的成长和发展过程中起到重要的支持作用。

需要注意的是,资本公积主要用于转增资本(或股本),即将资本公积转化为实收资本(或股本),而不是直接用于企业的日常经营活动。这是因为资本公积属于企业内部的权益调整,对企业的流动性和经营活动没有直接影响。

(2)直接计入所有者权益的利得和损失。这是指一些经济利益的流入或流出,它们不应计入当期损益,但会导致所有者权益发生增减变动,并与所有者投入资本或者向所有者分配利润无关。这些利得和损失应计入资本公积。

①利得是指企业非日常活动所形成的、会导致所有者权益增加的、与所有者投入资本无关的经济利益的流入。它包括直接计入所有者权益的利得和直接计入当期利润的利得。直接计入所有者权益的利得是指那些不计入当期损益表,而直接计入资本公积的利得。例如,可供出售金融资产公允价值变动净额是指可供出售金融资产因公允价值变

动而导致的所有者权益的增加值。

②损失是指企业非日常活动所发生的、会导致所有者权益减少的经济利益的流出。它包括直接计入所有者权益的损失和直接计入当期利润的损失。直接计入所有者权益的损失是指那些不计入当期损益表,而直接计入资本公积的损失。例如,资产重估减值损失是指对资产进行重估后,发现其价值低于账面价值而导致的所有者权益的减少。

③直接计入所有者权益的利得和损失应计入资本公积。资本公积是一种记录资本变动的账户,用于反映所有者权益的增减变动,但与实际的资本投入或利润分配无直接关联。通过将这些利得和损失计入资本公积,可以确保准确反映所有者权益的变动情况,使企业财务报表更具真实性和可靠性。

④与直接计入所有者权益的利得和损失相对应的是直接计入当期利润的利得和损失。这些利得和损失直接计入当期利润,影响当期的净利润。与直接计入所有者权益的利得和损失相比,直接计入当期利润的利得和损失更直接地反映了企业经营活动的收益和损失情况。

（3）留存收益。留存收益是指企业历年实现的净利润中留存于企业的部分。它由两个主要部分组成:盈余公积和未分配利润。

①盈余公积是企业从净利润中提取的一部分,累计计入企业的盈余公积账户。盈余公积的形成是依据国家法律、法规和会计准则的规定。企业可以根据需要从净利润中提取一定比例的盈余,以形成盈余公积。盈余公积可以用于多种目的,如弥补亏损、转增资本（股本）、发放现金股利或利润等。

②未分配利润是指企业留待以后年度分配的净利润的部分。未分配利润是企业在过去年度获得的净利润中尚未进行分配的部分。它是企业留存下来的利润,用于满足未来的发展需要、应对风险和不确定性,或者用于其他目的。未分配利润在企业财务报表中作为留存收益的一部分进行记录。

③留存收益的形成和使用是要经过合法程序来规定的。企业的股东或相关决策机构可以根据企业的具体情况和经营需要,决定如何使用留存收益。这可能包括将部分留存收益用于资本扩充、再投资、业务拓展或其他目的。

④留存收益的存在对企业有重要意义。它可以为企业提供资金的积累,增强企业的财务实力和抵御风险的能力。留存收益也为企业提供了灵活性,使其能够在未来适应变化的经营环境和需求。

在企业财务报表中,留存收益通常以盈余公积和未分配利润的形式呈现。这些信息反映了企业过去积累的利润和财务状况,为利益相关方提供了关于企业盈利能力和发展潜力的重要参考。

（四）收入

1. 收入的特点

收入是指企业在日常活动中所形成的、会导致所有者权益增加的、与所有者投入资

本无关的经济利益的总流入。收入具有以下三个特征：

(1)收入是企业在其日常活动中所形成的经济利益的流入。日常活动指的是企业为实现其经营目标而进行的经常性活动,包括与其主要经营业务直接相关的活动以及与之相关的其他经常性活动。

举例来说,制造业企业通过制造并销售产品获得收入,商业企业通过商品销售活动获得收入,咨询公司通过提供咨询服务获得收入,商业银行通过对外发放贷款获得利息收入等,都属于企业的日常活动,并可以确认为收入。这些收入是企业日常经营所带来的结果,是企业盈利的重要来源。

然而,并非所有的交易或事项都可以被确认为收入。虽然某些交易或事项也能给企业带来经济效益,但由于不属于企业的日常活动,其所流入的经济效益并不被视为收入。例如,企业出售固定资产所获得的净收益,不属于企业的日常经营活动,因此不能被确认为收入,而是被视为直接计入当期利润的利得。

收入在企业的财务报表中扮演着重要的角色,通常会被列入损益表(或利润表)中。它反映了企业在一定时期内从其日常经营活动中所获得的经济利益。收入的正确识别和确认对于评估企业的经营绩效、计算税收和提供准确的财务信息至关重要。

需要注意的是,收入与利润是不同的概念。收入是指企业在日常经营活动中所获得的经济利益的流入,而利润是指企业在一定时期内减去相关成本和费用后所剩余的盈余。利润的计算需要考虑除收入之外的其他因素,如成本、费用、折旧等。

(2)收入会导致所有者权益的增加。收入的确认是指企业在其日常活动中取得的经济利益的流入,这些流入会导致所有者权益的增加。只有符合这一条件的经济利益流入才能被确认为收入,而不符合的则不能被视为收入。

作为收入的必要条件之一,经济利益的流入必然导致所有者权益的增加。当企业取得收入时,其所有者权益会因此而增加,反映了企业盈利能力和增值的情况。

然而,并非所有的经济利益流入都会导致所有者权益的增加。举个例子,企业向银行借入款项,虽然这会导致企业经济利益的流入,但该流入并不会增加所有者权益,而是使企业承担了一项现时义务,即偿还借款。因此,这种经济利益流入不符合收入的定义,不能被确认为收入,而应该确认为一项负债。

需要强调的是,收入和负债是企业财务报表中的两个重要组成部分。收入代表了企业的经营活动所带来的经济利益流入,而负债则代表了企业的经济活动所产生的义务或债务。正确区分并准确确认收入和负债,有助于全面了解企业的财务状况和经营绩效。

(3)收入是与所有者投入资本无关的经济利益的总流入,它应该导致经济利益的流入,进而导致资产的增加。当企业从其日常活动中取得收入时,这意味着企业获得了经济利益的流入,这些流入可能是现金或者未来有权获得现金的形式,从而符合收入的定义。

当企业销售商品时,应当收到现金或者具备权利在未来收到现金,这表明该交易符合收入的定义。这种交易导致了经济利益的流入,使企业的资产增加,因此可以确认为收入。然而,有时经济利益的流入与所有者投入资本的增加有关。当所有者向企业投入资本时,这种资本增加既增加了企业的资产,也增加了所有者权益。在这种情况下,所有者投入资本的增加不应被确认为收入,而应直接确认为所有者权益的增加。

同样地,企业从第三方或客户那里代收的款项,如预收的货款、代收的利息、代国家收取的增值税等,虽然增加了企业的资产,但同时也增加了企业的负债。这种经济利益的流入并不属于本企业的经济利益,因此不能作为本企业的收入。

总之,收入是与所有者投入资本无关的经济利益的总流入,它导致了经济利益的流入,从而增加了企业的资产。所有者投入资本的增加不应被确认为收入,而应直接确认为所有者权益的增加。类似地,企业代收的款项虽然增加了企业的资产,但由于不属于企业的经济利益,不能作为企业的收入。

2. 收入的组成部分

(1)营业性收入。营业性收入主要包括主营业务收入、其他业务收入和投资收益。

①主营业务收入,也称为基本业务收入,是指企业在其经常性的、主要业务活动中所获得的收入。具体而言,主营业务收入包括制造业企业销售商品所取得的收入以及服务业的劳务收入。制造业企业销售商品所取得的收入主要来自其生产的产品的销售,这包括销售给最终消费者、批发商或零售商的商品销售收入。而服务业的劳务收入则主要来自提供各种服务所产生的收入,这些服务可以包括咨询、技术支持、保险、金融服务等。

主营业务收入是企业运营中最主要的收入来源之一,反映了企业核心业务的盈利能力和经营状况。通常情况下,主营业务收入占据企业总收入的较大比例,因为它是企业经营活动的重要组成部分。通过增加主营业务收入,企业可以提高盈利水平、增强市场竞争力,并为进一步扩大业务规模提供资金支持。

②其他业务收入,也称为附营业务收入,是指企业在主营业务以外的其他经营活动中实现的收入。具体而言,这些收入包括制造业企业通过出租包装物、销售原材料等方式所取得的收入。

制造业企业在日常经营中可能会进行一些与主营业务不直接相关但能够带来额外收入的活动。例如,企业可能会出租自己拥有的包装物,如运输容器、箱子或包装材料,从而获得租金收入。此外,企业还可以销售其生产过程中未使用的原材料或废料,从中获得额外的销售收入。

其他业务收入的性质与规模因企业而异,它们可能对企业的总收入和盈利能力产生一定的影响。尽管这些收入通常不是企业的核心业务来源,但它们可以提供一定的经济补充和多样化收入流。此外,通过参与附加业务活动,企业还能够利用资源和资产的闲置部分,实现更好的资源利用率和资金回报。

③投资收益。投资收益是指企业通过对外投资所获得的收益,减去发生的投资损失后的净额。具体而言,投资收益是企业通过购买股票、债券、基金、房地产等资产,并从中

获得股息、利息、租金、股权转让收益等形式的回报。

企业通过投资可以参与其他企业或资产的所有权或权益,以期获得额外的收益。投资收益的来源多种多样,包括股息收入、债券利息收入、资本利得、租金收入等。例如,企业持有其他公司的股票,可以获得股息分红;持有债券可以获得债券利息;持有房地产可以通过租金收入获利;还可以通过股权转让获得资本利得。

然而,投资也存在风险,可能会发生投资损失。投资损失是指企业在投资过程中发生的资产贬值、投资失败等导致的损失。投资损失会从投资收益中扣除,以计算最终的净投资收益。

投资收益对企业的财务状况和盈利能力具有重要影响。它可以为企业带来额外的收入来源,增加利润并改善财务状况。然而,投资收益的波动性较高,受市场环境和投资风险的影响较大,因此企业需要进行风险评估和投资管理,以确保投资决策的合理性和风险可控性。

(2)营业外收入。营业外收入是指企业在经营过程中发生的与其主营业务无直接关系的其他收入,这些收入通常是非常规性的。其中包括以下类型的收入:

①处置固定资产净收益。当企业出售或处置固定资产时,所获得的净收益即计入营业外收入。这包括固定资产的折旧摊销、处置损失或处置盈余。

②非经常性政府补贴。企业可能会获得一些与其经营活动无直接关系的政府补贴,如补贴环保改造、科研项目等。这些补贴通常被视为非常规性收入,计入营业外收入。

③罚款收入。企业取得的因对方违反法规或合同约定所支付的罚款,这些罚款所收到的款项被认为是营业外收入。

④非经常性投资收益。与主营业务无直接关系的投资收益也归类为营业外收入。这包括企业投资收到的股息、利息、租金等。

营业外收入通常被视为非经常性项目,因为它们不是企业日常经营活动的主要来源。这些收入在企业财务报表中单独列示,以区分于营业性收入,同时也有助于更准确地评估企业的经营绩效和盈利能力。

(五)费用

1.费用的特点

费用是指企业在日常活动中所发生的、会导致所有者权益减少的、与向所有者分配利润无关的经济利益的总流出。费用主要具有如下特征:

(1)费用是企业日常活动中所发生的经济利益的总流出。日常活动是指企业为完成其经营目标所从事的经常性活动以及与之相关的其他活动。制造业企业制造并销售产品、商业企业购买或销售商品等活动中发生的经济利益的总流出构成费用。有些交易或事项虽然也能导致经济利益流出企业,但不属于企业日常经营活动,其经济利益的流出属于企业的损失,而不是费用。例如,企业出售固定资产、无形资产等非流动资产发生的

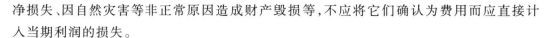

净损失、因自然灾害等非正常原因造成财产毁损等,不应将它们确认为费用而应直接计入当期利润的损失。

（2）费用会导致企业所有者权益减少。费用可能表现为资产的减少,如减少银行存款、库存商品等;也可能表现为负债的增加,如增加应付职工薪酬、应交税费等。根据"资产－负债＝所有者权益"的会计等式,费用一定会导致企业所有者权益的减少。

（3）费用与向所有者分配利润无关。向所有者分配利润或股利属于企业利润分配的内容,不构成企业的费用。

2.费用的组成部分

费用按照经济用途分为应计入产品成本的费用和不应计入产品成本的费用两大类。应计入产品成本的费用是和产品相联系的,要有实物承担者;不应计入产品成本的费用是和期间相联系的,一般没有实物承担者。

以制造业企业为例,计入产品成本的费用称为产品的生产成本,包括直接材料、直接人工和制造费用。对于某一产品上归集的生产成本而言,只有在该产品完工并且已经销售,确认产品销售收入时才将已销产品的成本计入当期损益。已销产品的成本称为营业成本,包括主营业务成本和其他业务成本。

另一类不计入产品成本而直接计入当期损益的费用包括期间费用和其他费用。期间费用包括销售费用、管理费用和财务费用;其他费用主要包括所得税费用、营业税金及附加资产减值损失。费用构成具体如下:

（1）生产成本。生产成本是指企业为生产一定种类和数量的产品所发生的费用。具体又可分为直接费用和间接费用两类。

①直接费用是指直接为生产产品或提供劳务等发生的费用,包括直接材料、直接人工。直接材料是直接用于产品生产的原材料、外购半成品、包装物、辅助材料等。直接人工是指直接从事产品生产的工人的薪酬。直接材料和直接人工合称直接费用,当直接费用发生时直接计入产品或劳务成本。

②间接费用也称制造费用,是指企业各个生产车间为组织和管理生产经营活动而发生的各项间接费用,如车间管理人员薪酬、折旧费、修理费、水电费等,它一般不能直接计入某项产品成本,而须按一定的方法分配计入有关产品的成本。

（2）营业成本。营业成本是指销售商品或提供劳务的成本,应当在确认产品销售收入、劳务收入时,将已销售产品、已提供劳务的成本等计入当期损益。按照其所销售商品或提供劳务在企业日常活动中所处的地位,营业成本可分为主营业务成本和其他业务成本。

①主营业务成本是指企业根据收入准则确认销售商品、提供劳务等主营业务收入时应结转的成本。

②其他业务成本是指企业除主营业务活动以外的其他经营活动所发生的成本,包括销售材料的成本、出租固定资产的折旧额、出租无形资产的摊销额、出租包装物的成本或摊销额等。

（3）期间费用。期间费用包括管理费用、销售费用和财务费用。期间费用不能直接计入产品或劳务成本，而是直接冲减当期损益。

①管理费用。管理费用是企业为组织和管理生产经营活动而发生的各种管理费用。它包括企业董事会和行政管理部门在企业的经营管理中发生的或者应由企业统一负担的公费、工会经费、董事会费、聘请中介机构费、咨询费、诉讼费、业务招待费等。管理费用的受益对象是整个企业，而不是企业的某个部门。

②销售费用。销售费用是企业在销售产品和材料、提供劳务等经营过程中发生的各项费用。它包括企业在销售商品过程中发生的运输费、装卸费、包装费、保险费、展览费和广告费以及出售本企业商品而专设的销售机构的职工薪酬、业务费、折旧费等经营费用。

③财务费用。财务费用是企业筹集生产经营所需资金等而发生的筹资费用。它包括利息支出（减利息收入）、汇兑损失（减汇兑收益）以及相关的手续费等。

（4）其他费用。其他费用主要包括所得税费用、营业税金及附加和资产减值损失。

①所得税费用。所得税费用是指企业根据所得税准则确认的应从当期利润总额中扣除的所得税金额。

②营业税金及附加。营业税金及附加是指企业经营活动发生的营业税、消费税、城市维护建设税、资源税和教育费附加等相关税费。

③资产减值损失。资产减值损失是指企业计提各项资产减值准备所形成的损失。

需要注意的是，上述的费用是狭义的费用，是指营业性费用。费用还包括直接计入当期利润的损失，即营业外支出。营业外支出是指企业发生的与其生产经营活动无直接关系的各项支出，如处置固定资产净损失、处置无形资产净损失、罚款支出、捐赠支出和非常损失等。

（六）利润

1. 利润的特点

利润是指企业在一定会计期间的经营成果。利润金额取决于收入和费用以及直接计入当期利润的利得和损失金额的计量。在一个会计期间内，如果收入大于费用，其余额即为利润；反之，则为亏损。从企业的产权关系看，企业实现的利润属于所有者，企业发生的亏损最终也应由所有者来承担。因此，利润的实现表现为所有者权益增加，而亏损则表现为所有者权益减少。

2. 利润的组成部分

利润来源包括收入减去费用后的净额及直接计入当期利润的利得和损失等。在利润表中，利润分为营业利润、利润总额和净利润三个层次。

（1）营业利润。营业利润是指营业收入（主营业务收入和其他业务收入之和）减去营业成本（主营业务成本和其他业务成本之和）营业税金及附加、期间费用（包括销售费用、管理费用和财务费用）、资产减值损失，加上公允价值变动净收益、投资净收益后的金

额,它是狭义收入与狭义费用配比后的结果。

（2）利润总额。利润总额是指营业利润加上营业外收入,减去营业外支出后的金额。

（3）净利润。净利润是指利润总额减去所得税费用后的金额。它是广义收入与广义费用配比后的结果。

收入、费用与利润这三个要素构成另一组,是企业经营成果的动态反映,也是构成利润表的要素,形成反映一定期间经营成果的基本公式,即:

$$利润 = 收入 - 费用 \tag{1-2}$$

三、会计要素的确认计量

会计信息的载体是财务报告,财务报告由会计要素组成,对会计要素进行报告之前必须对会计要素进行确认与计量,在对会计要素进行确认与计量时,必须遵循一定的要求。下面就历史成本计量、收入与费用配比、划分收益性支出与资本性支出为例进行探讨。

（一）历史成本计量

历史成本计量又称实际成本计量或原始成本计重,是指企业的各项财产物资应当按取得或购建时发生的实际支出进行计价。物价变动时,除国家另有规定者外,不得调整其账面价值。

以历史成本为计价基础有助于对各项资产、负债项目的确认以及对计量结果的验证和控制;同时,按照历史成本原则进行核算,也使得收入与费用的确认建立在实际交易的基础上,防止因企业随意改动资产价格而造成经营成果虚假或任意操纵企业的经营业绩。

用历史成本计价比较客观,有原始凭证作证明,可以随时查证和防止随意更改。但这样做是建立在币值假设稳定基础之上的,如果发生物价变动导致币值出现不稳定的情况,则需要研究、使用其他的计价基础,如重置成本等。

（二）收入与费用配比

正确确定一个会计期间的收入和与其相关的成本、费用,以便计算当期的损益,这是配比的要求。收入与费用配比包括两方面的问题:一是收入和费用在因果联系上的配比,即取得一定的收入时发生了一定的支出,而发生这些支出的目的就是取得这些收入;二是收入和费用在时间意义上的配比,即一定会计期间的收入和费用的配比。

（三）划分收益性支出与资本性支出

会计核算应当合理地划分收益性支出和资本性支出。凡支出的效益仅与本会计年度相关的,应当作为收益性支出;凡支出的效益与几个会计年度相关的,应当作为资本性支出。划分收益性支出和资本性支出的目的在于正确地确定企业的当期损益。具体而言,收益性支出是为取得本期收益而发生的支出,应当作为本期费用,计入当期损益,列于利润表中,如已销售商品的成本、期间费用、所得税费用等;资本性支出是为形成生产

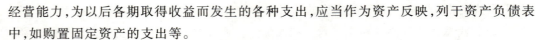

经营能力,为以后各期取得收益而发生的各种支出,应当作为资产反映,列于资产负债表中,如购置固定资产的支出等。

如果一项收益性支出按资本性支出处理,就会造成少计费用而多计资产,出现当期利润虚增而资产价值偏高的现象;如果一项资本性支出按收益性支出处理,则会出现多计费用以致当期利润虚减而资产价值偏低的结果。

第三节　会计核算与会计信息质量要求

会计作为一项管理活动,要向企业的利益相关者提供有用的会计信息,就必须要求会计信息符合一定的质量要求。会计信息质量要求是会计确认、计量和报告质量的保证。需要强调的是,会计信息的质量与要求具体如下。

一、会计核算

(一)会计核算的处理基础

权责发生制与收付实现制是确定收入和费用的两种截然不同的会计处理基础。正确应用权责发生制是会计核算中非常重要的一条规范。企业应当以权责发生制为基础进行会计确认、计量和报告。

1. 权责发生制

权责发生制也称应收应付制,是指企业以收入的权利和支出的义务是否归属于本期为标准来确认收入、费用的一种会计处理基础。也就是以应收应付为标准,而不是以款项的实际收付是否在本期发生为标准来确认本期的收入和费用。在权责发生制下,凡是属于本期实现的收入和发生的费用,不论款项是否实际收到或实际付出,都应作为本期的收入和费用入账;凡是不属于本期的收入和费用,即使款项在本期收到或付出,也不作为本期的收入和费用处理。由于它不管款项的收付,而以收入和费用是否归属本期为准,所以称为应计制。

2. 收付实现制

收付实现制也称现收现付制,是以款项是否实际收到或付出作为确认本期收入和费用的标准。在收付实现制下,凡是本期实际收到的款项,不论其是否属于本期实现的收入,都作为本期的收入处理;凡是本期付出的款项,不论其是否属于本期负担的费用,都作为本期的费用处理。反之,凡本期没有实际收到款项和付出款项,即使应归属于本期,也不作为本期收入和费用处理。由于这种会计处理基础下款项的收付实际上以现金收付为准,所以也称为现金制。

权责发生制和收付实现制的差异如表 1-1 所示。

表 1-1　权责发生制和收付实现制的差异

	权责发生制	收付实现制
含义	会计核算中应以权利责任的发生来决定收入费用的归属期间	以收到货支付的现金作为确认收入和费用的依据
收入确认	已收入取得的权利形成为标志,而不论款项是否已经发生	以收到现金的时间为标准
费用确认	以费用承担责任的发生为标志,而不论款项是否已经支付	以支付现金的时间为标准

(二)会计核算的方法

"会计核算主要是指会计人员在严格恪守我国会计行业相关政策与规定的基础上,所选择的合理且科学的管理办法"[①],会计方法是用来反映和监督会计对象、完成会计任务的手段。会计对经济活动的管理是通过会计核算方法、会计分析方法以及会计检查方法来进行的。会计核算方法是对发生的经济活动进行连续、系统、完整地核算和监督所应用的方法;会计分析方法主要用会计核算的资料,考核并说明各单位经济活动的效果,在分析过去的基础上,提出指导未来经济活动的计划预算和备选方案,并对它们的报告结果进行分析和评价;会计检查方法也称审计,主要是检查各单位的经济活动是否合理、合法,会计核算资料是否真实、正确,根据会计核算资料编制的未来时期的计划、预算是否可行、有效等。

上述各种会计方法紧密联系,相互依存,相辅相成。会计核算方法是基础,会计分析方法是会计法的延续,会计检查方法是会计核算方法和会计分析方法的保证,三者是一个完整的科学方法体系。会计核算方法具体如下。

1. 会计核算的设置科目与账户

各单位的经济活动既是复杂多样的,又是零星发生的,为了取得系统的、分门别类的资料,就需要对会计对象按照不同的特点和要求进行分类。设置会计科目,就是对会计对象的具体内容(即会计要素)进行分类核算和监督的一种专门方法。为了系统、连续地对复杂的会计对象进行核算与监督,企业除了设立会计科目进行分类以外,还必须根据规定的会计科目开设账户,分别登记各项经济业务,才可以使所设置的账户既有分工又有联系地反映整个会计对象的内容,提供管理所需要的各种信息。

会计科目是会计账户的名称,账户是对会计对象的具体内容分门别类地进行记录、反映的工具。设置账户就是根据国家统一规定的会计科目和经济管理的要求,科学地建立账户体系的过程。每个会计账户只能反映一定的经济内容。

---

①赵虹.企业会计核算管理办法研究[J].中国集体经济,2023,744(16):125.

2. 会计核算的复式记账

复式记账就是对每笔经济业务都以相等的金额在相互关联的两个或两个以上的有关账户中进行登记的一种专门方法。采用复式记账法既可以相互联系地反映经济业务的全貌,又可以反映该项经济活动的来龙去脉,完整、系统地记录资金运动的过程和结果。

例如,企业从银行提取现金16000元,这项经济业务的发生,一方面,要在"库存现金"账户中记录增加16000元;另一方面,又要在"银行存款"账户中记录减少16000元,使"库存现金"账户和"银行存款"账户相互联系地分别记入16000元。这样通过账户的对应关系,可以了解经济业务的内容;同时,在对应账户中所记录的金额又平行相等,这样又可以检查有关经济业务的记录是否正确。因此,复式记账不仅可以相互联系地反映经济业务的全貌,而且也便于检查账簿记录是否正确。

3. 会计核算的填制和审核凭证

会计凭证是记录经济业务、明确经济责任的书面证明,是记录账簿的依据。填制和审核凭证是为了审查经济业务是否合理合法,保证账簿记录正确、完整而采用的一种专门方法。这是会计核算工作的起点,也是会计核算的基础工作。为了保证会计记录能够如实地反映企业的经济活动情况,保证账户记录的真实性、准确性,记账必须严格以会计凭证为依据。各单位在经济业务发生后,在记账以前,必须由经办人员或有关单位负责填制凭证,并签名盖章后送会计部门审核,只有经过审核并认为正确无误、合理合法后,才能登记到有关的账簿中去。

会计凭证按照编制程序和用途不同可以分为原始凭证和记账凭证。原始凭证是在经济业务发生或者完成时取得或编制的载明经济业务的具体内容、明确经济责任、具有法律效力的书面证明。它是组织会计核算的原始资料和重要依据。原始凭证是会计核算工作的起点。记账凭证是财务会计部门根据原始凭证填制,记载经济业务简要内容,确定会计分录,作为记账依据的会计凭证。

4. 会计核算的登记账簿

账簿是用来连续、系统、完整地记录各项经济业务的簿籍,也是保存会计信息的重要工具。它具有一定的结构、格式,应该根据审核无误的记账凭证序时分类地进行登记。根据合法的记账凭证,运用复式记账就可以把零星发生的经济业务,按规定的会计科目分门别类地记入有关账簿,以便为经营管理提供完整、系统的会计资料。所以,登记账簿是根据会计凭证,在账簿上连续、系统、完整地记录经济业务的一种专门方法。

按照记账的方法和程序登记账簿并定期进行对账、结账,可以提供完整、系统的会计资料;账簿所提供的各种信息,是编制会计报表的主要依据。

5. 会计核算的成本计算

根据凭证和账簿资料可以计算有关经营过程的全部费用。所以,成本计算是按一定的成本计算对象分别归集生产经营过程中发生的全部费用,确定各对象的总成本和单位成本的专门方法。

例如,制造业企业的成本计算是按制造业企业供应、生产和销售三个过程分别归集生产经营所发生的全部费用,并分别与其所采购、生产和销售的材料或者产品的品种、数量联系起来,计算它们的总成本和单位成本。通过成本计算,可以掌握成本构成情况,考核成本计划的完成情况,促使企业加强核算,节约支出,提高经济效益。

6.会计核算的财产清查

在会计工作中,由于种种主客观原因,账面记录往往同实际情况不一致,为了做到账实相符,提高会计资料的准确性,就需要定期或不定期地对各项财产物资、货币资金和往来款项进行清查、盘点和核对。财产清查就是通过盘点实物和核对账目来查明各项财产物资、货币资金和往来款项的实有数,并查明实有数与账存数是否相符的一种专门方法。

在清查中,如果发现账实不符,应查明原因,调整账簿记录,使账存数额同实存数额保持一致,做到账实相符。通过财产清查,可以查明各项财产物资保管和使用情况,加强物资管理,监督财产是否完整,并为正确核算损益提供正确的资料。

7.会计核算的编制财务报告

编制财务报告是指企业定期对外提供的反映企业某一特定日期财务状况和某一会计期间经营成果、现金流量等有关的会计信息,反映企业管理层受托责任履行情况的一种专门方法。

财务会计报告以账簿记录为主要依据,是对日常会计核算资料的总结,是将账簿记录的内容定期地加以分类、整理和汇总,形成会计信息使用者所需要的各种指标,再报送会计信息使用者。编制财务会计报告有助于财务报告使用者据此作出经济决策。编制完成财务会计报告,就意味着这一期间会计核算工作的结束。

二、会计信息质量与要求

会计信息质量与要求是对企业财务会计报告中所提供高质量会计信息的基本规范,可以确保财务会计报告中的会计信息对投资者等用户的决策具有实用性和高度可靠性,主要包括相关性、可靠性、可比性、可理解性、谨慎性、重要性、实质重于形式和及时性等,如图1-6所示。

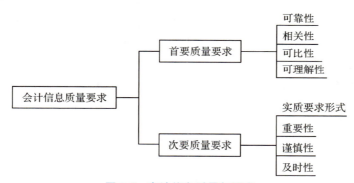

图1-6　会计信息质量与要求

（一）相关性

相关性是指企业提供的会计信息与财务会计报告使用者的经济决策需求之间的关联程度。这意味着会计信息必须与使用者对企业过去、现在或未来状况的评价或预测有关，以满足他们的信息需求。

相关性也被称为有用性，它是会计信息质量的一个基本要求。为了使会计信息有用，它必须与使用者的决策需求相关。会计核算资料提供的经济信息应满足以下方面的需要：

（1）国家宏观经济管理。会计信息应满足国家宏观经济管理的要求，以便政府制定和实施经济政策、进行宏观调控。

（2）了解企业财务状况和经营成果。会计信息应满足各方对了解企业财务状况和经营成果的需求，包括股东、投资者、债权人、分析师、供应商、顾客等。

（3）内部经营管理。会计信息应满足企业内部对经营管理的需要，帮助管理层评估企业绩效、制定决策、进行预测和规划，以促进企业的发展和提高竞争力。

相关性原则是衡量会计核算能否发挥应有作用的重要标准。只有与使用者的决策需求相关的会计信息才能对其决策产生实际影响，帮助他们作出明智的经济决策。因此，相关性是确保会计信息质量的关键要素之一。

（二）可靠性

可靠性，也被称为客观性或真实性，是会计核算工作的基本要求之一。它要求会计工作正确运用会计原则和方法，准确反映企业的实际情况，确保会计信息能够经受验证，以核实其是否真实可信。

可靠性原则要求会计核算必须准确地记录和报告企业的财务状况和经营成果。会计人员应当按照规定的会计准则和方法进行核算，确保所记录的数据准确、无误。这包括正确计量和分类财务交易、准确记录资产和负债、正确识别收入和费用等。

可靠性的要求还涉及会计信息的真实性。会计信息应当真实地反映企业的财务状况和经营成果，不得故意隐瞒或误导。如果会计核算没有如实地反映企业的实际情况，会计工作就失去了存在的意义，甚至会误导会计信息使用者，导致决策的失误。

为了确保可靠性，会计核算应遵循一系列原则和准则，如会计实体的持续性假设、货币计量原则、成本原则、收入确认原则等。此外，内部控制和审计等机制也起到确保会计信息可靠性的重要作用。

可靠性是会计信息质量的重要组成部分，它对于会计信息的有效性和可信度具有决定性的影响。只有具备可靠性的会计信息才能提供可靠的依据，帮助用户作出准确的决策，维护企业的声誉和信誉。

（三）可比性

可比性要求企业提供的会计信息应当具有可比性。可比性原则能保证不同会计主体之间以及同一会计主体在不同期间的会计指标口径一致、相互可比，为信息使用者作出正确的决策提供必要的依据。

为了明确企业财务状况和经营成果的变化趋势,使用者必须能够比较企业不同时期的财务报表。为了评估不同企业相对的财务状况、经营成果和现金流量,使用者还必须能够对比同类企业的财务报表。因此,对整个企业及其不同时点以及对不同企业而言,同类交易或其他事项的计量和报告都必须采用一致的方法。

可比性也是会计信息质量的一项重要要求。它包括两个方面的含义,即同一企业在不同时期的纵向可比和不同企业在同一时期的横向可比。要做到这两个方面的可比,就必须做到:同一企业不同时期发生的相同或者相似的交易或事项,应当采用一致的会计政策,不得随意变更。确需变更的,应当在附注中说明。不同企业发生的相同或者相似的交易,应当采用规定的会计政策,确保会计信息口径一致、相互可比。

(四)可理解性

可理解性是对企业提供的会计信息的一个重要要求,它要求会计信息应当清晰明了,便于财务会计报告使用者理解和使用。可理解性也被称为明晰性,是会计信息质量的一个重要方面。

会计信息的提供是为了被使用,而使用的前提是对会计信息有清晰的理解。因此,会计人员应该努力传递易于理解的会计信息,确保会计信息的内容明确可见。这涉及数字记录的准确性以及文字说明的简明扼要性,以便使用者能够直观地理解相关经济业务的来龙去脉。

为了增强可理解性,会计信息应该符合以下要求:

①清晰的组织结构。会计报告应按照一定的逻辑和结构组织,使得信息的组织方式有助于使用者理解和识别重要的财务信息。

②明确的表达方式。会计信息的表达应简明扼要、准确清晰。文字说明应具备清晰的逻辑关系,避免使用过于专业化的术语,以确保信息的易懂性。

③合适的格式和展示方式。会计信息的格式和展示方式应当适合财务会计报告使用者的需要。例如,使用表格、图表和注释等方式,帮助使用者更好地理解和分析会计信息。

通过提供可理解的会计信息,使用者能够准确地把握会计信息的内容,从而作出正确的决策。这对于财务报告的有效性和信息披露的透明度至关重要。

可理解性是确保会计信息能够发挥其应有作用的一个重要方面。通过提高会计信息的可理解性,可以促进信息的有效传递,增强信息的使用价值,帮助用户作出更好的决策。

(五)谨慎性

谨慎性,也被称为稳健性,是会计核算中的一个重要原则,"要求企业在对往来交易或经济事项进行会计确认、计量和报告时,应当保持应有的谨慎和细致,不应过高地估计企业资产或者获得的收益、过低地评估企业内部存在的负债或者发生的各项费用。"①

谨慎性原则意味着在处理存在不确定性的经济业务时,会计人员应该采取保守的方法。如果在处理一项经济业务时存在多种处理方式可供选择,应选择那些不会导致夸大资产、虚增利润的方法。

在会计核算中,谨慎性要求合理预计可能发生的损失和费用,而不是过高估计收入或资产价值。这意味着会计人员应该提前预见并计提可能发生的损失,如坏账准备或资产减值准备,将其作为当期费用计入损益表,以反映可能的风险和损失。例如,企业可能会预计到某些应收账款无法收回或其他资产价值下降,因此提前计提坏账准备或资产减值准备,以降低该资产的账面价值。

此外,谨慎性原则还体现在固定资产的折旧计算上。会计人员可能采用加速折旧法,以更快地将资产的成本分摊为费用,从而在财务报表中反映出资产的实际价值下降。

谨慎性原则的应用可以帮助提高会计信息的可靠性和质量,确保财务报表准确反映企业的财务状况和经营成果。它有助于避免夸大企业的盈利能力和财务状况,同时也帮助减少未来可能的风险和损失的影响。

(六)重要性

重要性要求企业提供的会计信息应当反映与企业财务状况、经营成果和现金流量等有关的所有重要交易或事项。重要性要求财务报告在全面反映企业的财务状况和经营成果的同时,应当区别经济业务的重要程度,采用不同的会计处理程序和方法。对重要的经济业务应当单独反映,并在财务报告中重点说明。对次要的会计事项,在不影响会计信息真实性和不至于误导财务会计报告使用者作出正确判断的前提下,可适当简化核算或者合并反映。

一般而言,重要性可以从质和量两个方面进行判断。就性质方面而言,如果某会计事项的发生可能对决策产生重大影响,则该事项属于具有重要性的事项;从数量方面来说,如果某会计事项的发生达到一定数量或比例,可能对决策产生重大影响,则该事项属于具有重要性的事项。

(七)实质重于形式

实质重于形式要求企业应当按照交易或事项的经济实质进行会计确认、计量和报告,不应仅以交易或事项的法律形式为依据。

在实际工作中,交易或事项的外在法律形式并不总能完全真实地反映其实质内容。所以,会计信息要想真实地反映拟反映的交易或事项,就必须根据交易或事项的实质和经济现实,而不能仅仅根据它们的法律形式进行核算和反映。这方面最典型的例子当数对融资租入固定资产的确认与计量。就形式上而言,该项固定资产的所有权在出租方,企业只是拥有使用权和控制权。换言之,该项固定资产并不是企业购入的固定资产。因

---

① 裴真. 浅谈会计信息质量要求之谨慎性原则[J]. 农村经济与科技,2021,32(6):133.

此,不能将其作为企业的固定资产加以核算。但是,由于融资租赁合同规定的租赁期相当长,接近于该资产的使用寿命。租赁期结束时,承租企业有优先购买该资产的选择权。因此,为了正确地反映企业的资产和负债状况,对融资租入的固定资产应作为企业的自有固定资产加以核算。

(八)及时性

会计核算及时进行有两方面的含义:一是要把企业的经济活动及时地进行会计处理,用会计语言把它记录下来;二是要把会计资料及时地传送出去。这两个方面相互联系。会计资料不能及时记录下来,就无法及时地传送出去,但是如果忽略了传送的及时性,即使会计记录很及时,也会使会计信息失去时效性。所以,及时记录和及时传送要统一起来。会计报表是按会计的分期前提为基础编制的,而会计的期间前提与持续经营前提是相联系的,这就必须要求会计的处理和会计报表的编制具有及时性。因为本来企业的生产经营活动具有连续的性质,刚结束会计期的有关会计资料,不仅有利于评价本期的财务状况和经营成果,而且能帮助企业内外的报表使用者对企业的未来前景作出预测。

思考与练习

1.会计信息质量与要求有哪几个性质?
2.社会再生产的过程包括哪几个环节?
3.会计的六大要素分别是什么?

第二章

现代企业制度与战略管理

第一节　现代企业制度及其建设

一、现代企业制度的认知

（一）现代企业制度的含义

"现代企业制度是以企业法人制度为基础，以企业产权制度为核心，以产权明晰、权责明确、政企分开、管理科学为条件而展开，由各项具体制度所组成的，用于规范企业基本经济关系的制度体系。"[①]从组织层面来看，它体现为企业各要素之间以技术为基础的知识联合；从产权层面来看，它是企业内各要素的所有权在企业所有权中的主导地位及其关系的制度安排。

构成企业制度的基本内容主要有三方面：①企业的产权制度，它是界定和保护参与企业的个人和经济组织的财产权利的法律和规则；②企业的组织制度，即企业组织形式的制度安排，它规定了企业内部的分工协调和权责分配的关系；③企业的管理制度，是指企业在管理思想、管理组织、管理人才、管理方法、管理手段等方面的安排，是企业管理工作的依据。其中，产权制度是决定企业组织制度和管理制度的基础，组织制度和管理制度在一定程度上反映着企业财产权利的安排，三者共同构成了企业制度。

现代企业制度是社会化大生产和市场经济发展的产物，它是适应现代市场经济需要，以规范和完善的法人制度为主体，出资者和企业法人承担有限责任，实行法人治理结构，以公司制为主体的一种新型的企业制度。

（二）现代企业制度的内容

1. 现代企业产权制度

公司制是现代企业制度的载体，现代企业产权制度即公司法人产权制度。在公司法

---

①许志杰，朱哲，田宝龙.现代企业管理[M].杭州：浙江工商大学出版社，2016.

人产权制度下,出资者的所有权和法人财产权实现了分离。公司拥有独立的法人财产权,以法人的名义享有对公司资产的占有、使用和依法处分的权利,并承担相应的民事责任。股东作为公司的出资人,享有投资收益权,可作出重大决策,选择经营者,但股东只能通过股东大会等合法形式表达要求和愿望,不能直接干预公司的生产和经营,也不能收回自己的投资。公司法人产权制度使企业产权明晰化,公司可以作为独立的市场主体参与各类市场交易活动,是企业自主经营、自负盈亏的基础。在一定的范围内,法人财产权也受到股东所有权的制约和监督,以维护股东的权益并保证资产的增值等。公司法人产权制度是现代企业制度的核心。

2.现代企业法人治理制度

法人治理制度是现代企业制度的一项重要内容。独立的企业法人财产权要靠一定的治理结构来实现。在法人治理结构中,企业所有权和经营权相分离。法人治理结构的框架包括股东大会、董事会、监事会和经理层等。股东大会拥有公司的原始所有权,是公司的最高权力机构;董事会是由公司股东大会选举产生的公司的决策和管理机构,是公司治理结构的核心;监事会是公司内部的监督机构,对股东大会负责,作为出资人的代表行使监督的权力;经理层具体执行公司的各项事务。股东大会对公司的重大事宜进行决策,董事会是公司的管理机构,监事会对董事会进行监督,这样就实现了决策权、执行权和监督权的三权分立。

3.现代企业有限责任制度

企业有限责任制度是指企业出资人对企业债务只承担有限责任。有限责任公司和股份有限公司都采取有限责任制度,这两种公司形式是现代企业制度的主要形式。有限责任制度是相对于无限责任制度而言的,无限责任制度是指出资人对企业的债务承担无限连带责任,当企业财产不足以清偿债务时,就要用出资人的个人财产来偿还。这种制度对于出资人来讲,风险太大,不利于筹集资本进行大规模的生产。而有限责任制度规定出资人以出资额为限对公司债务承担责任,降低了出资人的风险,使公司有了较强的筹资能力。

有限责任制度有两层含义:一层含义是企业的出资者只以出资额为限承担企业的债务责任,不涉及出资者的其他财产;另一层含义是企业以全部法人财产承担企业的债务责任。有限责任制度可以保护投资者的利益,有利于社会资本的募集和企业的发展。

4.现代企业管理制度

现代企业管理制度是对现代企业整个管理活动总的安排和部署。现代企业应该建立科学和规范的管理制度,这可以从以下方面着手:

(1)现代企业人力资源管理。现代企业要从人员甄选录用、人员培训、人力资源配置管理、人员考核评议、员工激励、员工考勤管理和人事档案管理等诸多方面入手,将科学的管理思想和理论运用到实践中去;从以人为本的观念出发,系统地构建实用的人力资源管理体系;围绕网罗与凝聚、配置与任用、考核与评价、教育与培养、酬劳与激励等五项

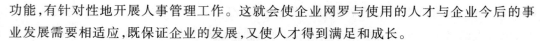
功能,有针对性地开展人事管理工作。这就会使企业网罗与使用的人才与企业今后的事业发展需要相适应,既保证企业的发展,又使人才得到满足和成长。

(2)现代企业组织管理。科学完善的组织领导制度是现代企业制度的重要组成部分。现代企业组织制度的基本形式是公司制,其基本的领导体制是公司董事会领导下的总经理负责制。企业要按照现代组织制度的相关规定,透过日趋复杂多样的现代企业组织形态,全面、深入、清晰地识别和把握企业的基本组织模式,对现代企业整体及其各局部组织系统进行全面优化建构和运作;根据组织目标,设计和建立一套组织机构和职位系统;确定职权关系,把组织上下左右联系起来;与管理的其他职能相结合,以保证所设计和建立的组织结构有效地运转。不同的企业,企业的不同发展阶段,企业内不同的组织机构,其组织模式各不相同,相应的,其管理系统建构、运作的基本模式也不同。因此,全面优化构建、运作现代企业整体及其各局部组织系统,是全面优化协同建构现代管理系统的根本前提。

(3)现代企业财务管理。"企业生产经营过程中的资金不停地流转变化,即资金运动,就是企业财务活动。通俗地说,对企业财务活动进行的计划、组织、控制、协调与考核,就是财务管理"①。企业财务管理是企业管理的中心,它是根据财经法规制度,按照财务管理的原则组织企业财务活动、处理企业财务关系的经济工作。财务管理成本是企业的"晴雨表",能够迅速反映企业的生产经营状况。在瞬息万变、具有高度风险性的市场经济环境中,要建立严格规范的现代企业会计制度,采用国际通用的会计假设、会计要素和会计恒等式等,规范企业的财务管理行为;要对企业财务管理目标进行准确定位,提高企业对财务环境的适应能力,使财务管理人员建立起适应知识经济时代的理财新观念,如信息观念、发展观念、风险观念等,不断提高企业的财务管理水平,以使现代企业在激烈的市场竞争中得以生存和发展。

(4)现代企业战略管理。现代企业处于一个科技、经济迅猛发展的时代,处于广泛分工、密切协作、社会关系空前复杂的时代。现代企业要能动地适应当今这个时代,必须系统地、全面地、前瞻性地分析问题并做出决策,即必须解决战略问题。企业经营战略是时代和商品经济发展的必然,是企业自身存在和发展的必要。通观中外,重视战略已经成为当今各国企业发展的趋势。现代企业要注重分析市场结构,洞察行业发展潜力,建立以价值为基础的战略体系。在市场细分的基础上建立企业的优势战略,着重培育最有价值的核心竞争力,对企业的长期发展做出规划,从战略的高度对企业进行一体化管理,进而有效地实现资本扩张经营与重组。

(5)现代企业文化管理。企业文化是企业在实践中逐步形成的为全体员工所认同、遵守,带有本企业特色的价值观念、经营准则、经营作风、企业精神、道德规范和发展目标的总和。在知识经济时代,一个企业要想做大,要想成为行业里的佼佼者,必须重视企业文化管理。企业文化是社会文化与企业组织管理实践相融合的产物。企业文化的核心

---

①王玉珏,聂宇,刘石梅.企业财务管理与成本控制[M].长春:吉林人民出版社,2019.

是价值观,表现为行为,即企业的凝聚力,员工对企业的忠诚度、责任感、自豪感、精神面貌和职业化行为规范。因此,文化的改变会带来行为方式的改变。优秀、健康的企业文化对内可以增加企业的凝聚力,对外可以增强企业的竞争力,从而能够提高效率,减少费用支出,提升品牌含金量,增加产品的价值。

(三)现代企业制度的特征

1.产权清晰

产权清晰是现代企业制度特征的核心,即用法律来界定出资者和企业之间的关系。所谓产权关系,也就是财产的最终所有权属于谁,财产的法人所有权属于谁,所有权代表人是谁,并明确各自的权利、义务和责任,建立准确反映产权关系的财务会计制度。产权清晰包括两个方面的含义:①产权在法律上的清晰,包括由具体的部门和机构代表国家对国有资产行使占有、使用、处置和收益等权利,以及国有资产的边界要"清晰";②产权在经济上的清晰,指产权在现实经济运行过程中是清晰的,它包括产权的最终所有者对产权具有极强的约束力,以及企业在运行过程中要真正实现自身责权利的内在统一。产权关系清晰化,既有利于保证出资者资产的保值增值,又赋予企业独立的法人地位,使企业切实成为享有民事权利、承担民事责任的法人实体。

2.权责明确

现代企业制度的一个很重要的特征就是使企业法人有权有责。出资者的财产一旦投资于企业,就成为企业法人财产;产权关系明晰后,企业法人财产权也随之确立。企业拥有投资人投资及借贷形成的法人财产,并以其全部法人财产,依法享有民事权利、承担民事责任,自主经营,自负盈亏,照章纳税,以经济效益最大化为主要目标,按照市场需求组织生产和从事经营。同时,企业要对出资者负责,承担对投资者投资形成的法人财产保值增值的责任和义务,形成法人权责的统一。企业作为法人实体,与政府的行政主管部门不再保留行政隶属关系。

3.政企分开

政企分开是指企业的经营管理职能与政府社会经济管理和行政管理职能分开。政府通过政策法规和经济手段等宏观措施调控市场,以保持经济的总量基本平衡,引导资源的优化配置,完善经济法规,健全社会保障制度。但政府不直接参与企业的生产经营活动,企业承担的社会职能分别由政府和社会组织承担。企业按照市场需求组织生产经营,市场机制对资源配置起基础性作用,一切生产要素包括劳动力、资金、生产资料和技术等都将进入市场,形成统一开放的市场体系,使企业真正成为自主经营、自负盈亏、自我约束、自我发展的市场主体。

4.管理科学

现代企业作为独立的法人,必须建立一套适应市场的科学规范的管理体系,其含义有三点:①建立科学的组织管理制度,即通过规范的组织制度,使企业的权力机构、监督机构、决策机构和执行机构之间职责分明,相互制约;②建立科学的内部管理制度,即建立科学的企业领导体制和管理制度,形成科学严密的管理体系和方法,调节所有者、经营者和职工之间的关系,形成激励和约束相结合的经营机制;③建立企业规章,使运行机制规范化。完善的企业规章制度有利于保证生产和经营的安全有效,有利于避免用人单位的任意行事,有利于保护职工的合法权益,它对于提高企业劳动生产效率,促进企业建立和谐稳定的劳动关系具有重要的意义。

二、现代企业制度的建设

(一)现代企业制度建设的意义

1.有利于企业的可持续发展

企业实现其发展战略目标的过程是一个艰巨而漫长的过程。这一过程伴随着企业管理水平和运营状况的持续优化和革新,形成了一个逐步上升的循环。在这个循环优化的过程中,制度建设可以巩固企业已有的成功经验、模式和管理方法,为企业奠定良好的上升轨道,确保各项管理工作按照既定轨迹进行,最大限度地避免偏离目标和风险的发生。

同时,制度建设可以保障企业运营的有序性和规范性,提高企业的经营效益,增强企业的竞争力。完善的规章制度还能使企业获得合作伙伴和社会的广泛信任,更容易抓住商业机会和发展机会。

2.有利于企业提升经营效率

企业规模扩大后常面临的情景是业务量的不断增加,管理流程的逐渐复杂化,对团队协作的要求日益提高。在这种情况下,任何组成部分的无序行动都可能导致整体运行效率下降。因此,为了高效运营,企业成员必须共同遵守管理规则和操作流程,这是不可或缺的前提。

通过制度建设和运行,可以有效减轻管理者的工作负担。在工作中,管理者通常会面对两类事务:一类是通过明确的规章制度可以解决的常规事务;另一类是特殊情况,需要管理者灵活处理。常规事务往往占据了管理者日常处理事务量的80%以上。然而,这些常规事务实际上完全可以通过完善的制度加以解决。这样一来,管理者就能从烦琐的日常事务中解脱出来,将更多时间集中在研究企业的宏观问题上。只有这样,才能更好地推动企业的发展。制度建设工作正是通过对管理规则和操作流程的梳理,在企业内部传播统一的规则信息,并将其固化为企业成员的思想意识和工作行为,从而为庞大的企业机构的协调运作提供保障。

3.有利于企业降低管理的随意性

部分管理者在管理中表现出明显的自我意识和随意性,喜欢根据个人的"直觉"来决策和管理工作。虽然直觉具有一定的灵活性,但也容易受到主观影响而变化多端。同时,直觉虽然简单,但缺乏科学依据。在这种以个人为中心的管理情况下,规范管理变得困难。制度建设的一个目标是消除不利于企业稳健发展的个人直觉,将有益于企业发展的个人直觉转化为企业成员都清晰了解、一致认同和共同遵守的明确规则,从而为实现真正意义上的规范管理创造条件。

管理制度具有一定的约束性,它使员工按照规定在一定范围内工作,始终围绕公司的战略目标进行工作。同时,制度可以防止管理人员的任意行为,保护员工的合法权益。例如,公司的许多管理制度涉及员工合法权益的保护,如各种保险和福利制度、加班制度以及劳动合同中涉及的经济补偿等。对于员工来说,按照制度办事比服从某些管理者的个人直觉更容易接受。一个合理的制度也能够满足员工的公平感,促使员工更积极地投入工作。

4.有利于企业激发员工的积极性

企业文化是吸引人才的重要元素,是企业可持续发展的强劲动力。制度建设工作的过程本身也是提炼、凝聚和固化企业文化的过程,它使企业在快速发展和多变的竞争环境中,保持高度协调的发展动力和应变能力。作为"有形"的管理制度建设工作,其成果总是有意无意地体现出"无形"的企业文化特征:企业管理制度总是体现着所有者的政策取向,体现着管理者对管理工作的自发诠释;通过制度的执行和反馈,员工也会对企业文化具有更好的认知。良好的制度建设,能够营造出良好的企业文化氛围,激发员工的积极性;而员工是企业一切经营活动的载体,员工的积极性是否得到有效发挥,直接影响到企业经营的成败。通过完善的制度管理,可以有效地增强员工的工作积极性,极大地增强员工的工作热情。

5.有利于企业依法进行合规经营

规章制度建设,不仅是企业规范化、制度化管理的基础和手段,也是预防和解决劳动争议和合作纠纷的重要依据。国家法律、法规对企业内部运行管理的事项不会有非常详尽、具体的要求,因而,企业内部的规章制度也就成为法律、法规的延伸和补充,有利于保护企业的正常运行和发展。同时,在制度制定的过程中,通过对法律、法规的承接,使企业得以接受政府有关部门法律、法规的指导和管理,接受现行法律、政策的约束和支持。例如,在发改委项目基金的申报程序中就明确规定:申报材料中必须包含公司的政策及管理制度,企业规章制度必须完备才能申请项目基金支持。同理,许多重大项目的招标文件中也明确规定,投标企业要提供本公司的规章制度,并将其作为评标条件之一。

(二)现代企业制度的建设程序

现代企业制度的建设程序是一个复杂而持续的过程,需要综合考虑多个方面和环节。

(1)设定目标与规划。企业制度建设的首要任务是设定明确的目标和规划。这包括确定企业的使命和愿景,明确企业的价值观和核心原则,并制定长期和短期的发展战略。

(2)分析与评估。在开始制度建设之前,企业需要进行全面的分析和评估。这包括对内外部环境进行评估,了解现有制度的优势和不足,明确需要改进的方面和重点。

(3)制定制度设计方案。基于分析和评估的结果,企业可以制定制度设计方案。这需要明确制度的各个要素,如组织结构、权责分配、流程和流程管理、决策机制等。此外,还需要确定制度实施的时间表和相关资源。

(4)内外部沟通与协调。企业制度建设需要与内外部利益相关者进行广泛的沟通和协调。内部沟通包括与员工和管理层的交流,以获得他们的支持和参与。外部沟通则包括与供应商、客户、合作伙伴和监管机构的交流,以确保制度建设与外部环境的要求和期望相符。

(5)实施与监督。一旦制度设计方案制定完成,企业可以开始实施制度。这需要逐步进行,确保顺利过渡和有效运行。同时,需要建立监督机制,对制度的执行情况进行监测和评估,并及时进行修正和改进。

(6)培训与沟通。企业制度的成功实施需要员工的理解和支持。因此,培训和沟通是至关重要的步骤。培训可以提高员工对制度的认识和执行能力,使其能够适应和遵守新的制度要求。而沟通则可以促进信息的流通,增强员工对制度建设意义和价值的理解。

(7)持续改进。企业制度建设是一个不断迭代和改进的过程。企业应该建立反馈机制,定期评估制度的效果和成效,发现问题和瓶颈,并采取相应的改进措施。持续改进可以使制度与企业的发展保持一致,适应变化的环境和需求。

总之,现代企业制度的建设程序是一个系统性和动态的过程,需要全面考虑企业的内外部环境和利益相关者的需求。

(三)现代企业制度的修订更新

1.企业制度修订的背景

为适应不断变化的内外部环境,企业制度要根据环境的变化做出适当的调整。企业制度需要修订的原因主要分为以下三类:

(1)外部环境的变化。一方面,技术创新与社会进步必然带来企业经营环境的变化,社会、经济方面的进步如分期付款等,会使得营销、财务等管理制度发生变化。新工艺、新技术为企业发展新产品、新服务提供了新手段,也要求企业必须建立与之相适应的生产运营制度。另一方面,政府法律法规的改变,国家宏观政策的调整,都要求企业变更相应的制度、流程,以适应合法合规经营的要求。

(2)企业经营管理理念的变化。在企业内部,新观念的确立会广泛影响到具体管理制度的制定和执行,如以人力资源开发的观念代替传统的人事管理观念,则人力资源管理制度的范围、内容、侧重点等都会发生变化,原有的制度如人事考核与评价、工资奖酬、教育培训等都要进行调整,还要补充一些新制度,如工作轮换、职业生涯开发与管理,等等。经营管理新知识、新概念的提出,为修改完善现有制度、形成更有效的制度体系提供了有益的思路框架。影响企业经营观念和战略的其他因素,也会通过观念、战略的调整而直接或间接地影响企业的管理制度。

(3)企业经营活动方式的变化。当企业的经营目标、经营方式发生调整之后,原有的

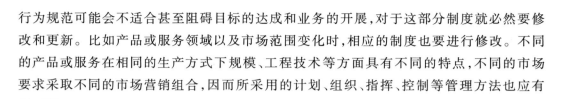

行为规范可能会不适合甚至阻碍目标的达成和业务的开展,对于这部分制度就必然要修改和更新。比如产品或服务领域以及市场范围变化时,相应的制度也要进行修改。不同的产品或服务在相同的生产方式下规模、工程技术等方面具有不同的特点,不同的市场要求采取不同的市场营销组合,因而所采用的计划、组织、指挥、控制等管理方法也应有所不同。

战略目标的变化同样会引起一系列管理措施的变化。比如,一个企业的经营目标更改为"通过提供优质服务来获得差别优势,扩大销售",那么所使用的具体方法可能是:雇佣更多的推销人员,为推销人员提供更详细的市场信息;同时,要求他们注意搜集信息,为产品设计和生产提供依据;生产部门则按消费者需求组织生产;信息管理系统也要调整;生产计划,运输、供货方式,人员的评价、激励与培训等,都要进行相应的调整。某方面的制度变化可能会带来整个制度体系的调整,因为制度是一个有机联系的完整体系,各种制度相互影响制约,彼此依存。

总之,企业管理制度要适应外部环境和内部条件的变化,不断进行修订、补充和创新。

2. 企业制度修订的原则

企业在修订管理制度时,应遵循以下三个原则:

(1)辩证统一原则。坚持"稳"与"变"的统一,"稳"即稳定性,"变"即灵活性。企业管理制度既要有稳定性,又要有灵活性。一方面,企业要根据生产经营活动的需要对制度进行适时的更新,不断用最新、最适用的制度代替陈旧的制度;另一方面,企业管理制度不能朝令夕改而让人无所适从,也不能因为原有的制度存在某些问题就全盘否定,而是要在具体分析的基础上不断完善,使之在实践中逐步趋于合理。

(2)先立后破原则。对企业管理制度的修订、废止要采取先立新、再破旧的程序。在条件尚不成熟,新制度尚未出台之前,应继续按原有制度执行,待新制度正式建立以后再废除旧制度,以保持企业管理制度的连贯性、稳定性,保证企业生产经营活动的正常开展。

(3)消除例外原则。现代企业的生产经营活动以及外部环境在不断变化,企业的管理制度同样也要进行相应的修订。因此,在出现"例外"和"偶然"的情况下,管理者要善于运用标准化原理,用管理制度来指导对"列外"与"偶然"事件的处理,并适时将例外事件纳入管理制度,使其成为常规管理的一部分。

3. 企业制度修订的程序

企业制度修订的程序与其制定过程基本相同,都应该遵循调查研究、分析设计、起草、讨论及征求意见、修改、会签、审定、颁布及试行、修订、推动执行的"十步法"程序。

在实际工作中,由于时间紧迫,以及原有制度基础,在制度内容修订比例不大的情况下,修订工作往往采取相对简化的"五步法",即:明确修订目标;补充必要数据及信息;起草修订稿,对制度修订前后的效果进行对比分析;征求意见;签审发布。

在起草修订稿时,需要特别慎重,充分考虑:修改的这部分内容怎样才能与企业各方面的制度保持协调,怎样避免出现顾此失彼的情况。如果一个制度的修订造成了同其他管理制度的矛盾,势必带来企业的管理混乱,因此在修订制度时必须要注意到这一点。

特殊情况下,企业可随时对制度进行修订。如无特殊情况,企业制度可在每年年末修订一次。企业在年终总结各方面工作时,也可对企业的制度进行检查、总结和修订。每隔三年,企业需要对制度体系进行一次比较全面、系统的审核和修订工作,以确保制度与公司发展与战略目标的吻合程度。

第二节　企业战略及其环境分析

一、企业战略的认知

(一)企业战略的含义与特征

1. 企业战略的含义

"经营战略管理是现代企业管理的核心,是企业高层管理者的主要职责。"[1]企业战略有广义和狭义之分:广义的企业战略包括企业的宗旨、企业的目标、企业的政策。广义的企业战略强调企业战略的计划性、全局性和整体性,所以也被称为战略的传统观念。从狭义的角度看,企业战略仅仅是指企业实现其宗旨和一系列长期目标的基本方法和具体计划。企业战略的这一概念更强调企业对环境的适应性,突出了企业战略应变性、竞争性和风险性。所以,狭义的企业战略又被称为战略的现代观念。

因此,企业战略是指企业在确保实现企业使命的前提下,在充分分析各种环境机会和威胁的基础上,进一步规定企业拟从事的经营范围、成长方向和竞争策略,并据此合理地配置企业资源,从而使企业获得某种竞争优势的一种长远性的发展谋划。

2. 企业战略的特征

(1)全局性。企业战略管理以企业全局为研究对象,来确定企业的总体目标,规定企业的总体行动,追求企业发展的总体效果。战略目标和发展方向是一种原则性和总体性的规定,是对企业未来的一种粗线条、框架性设计,是指导整个企业生产经营活动的总谋划。

(2)长远性。企业战略既是企业谋求长远发展意愿的反映,也是企业规划未来较长时期生存与发展的设想。因此,企业战略管理要立足于现在,着眼于未来,谋求企业的长远利益,而不应仅仅追求眼前利益。管理者对未来的生存环境和自身状况应有足够的预见性。只有具有长远的预见性,企业战略才可能适应未来变化,才可能立于不败之地。

---

[1]彭加平,曾伟,周裕全.新编现代企业管理[M].2版.北京:北京理工大学出版社,2013.

（3）竞争性。企业战略是直接与竞争对手和各种竞争压力相联系的。企业战略是企业在竞争中为战胜竞争对手、迎接环境的挑战而制定的总体规划，主要研究在激烈的市场竞争中如何强化本企业的竞争力量，如何与竞争对手抗衡，以使得本企业立于不败之地。同时在对未来进行预测的基础上，为避开和减轻来自环境的各种威胁，迎接未来的挑战而制定行为规范。企业只有战胜了竞争对手，才可能获得生存和发展。

（4）稳定性。企业发展战略的全局性和长远性决定了经营战略的相对稳定性。经营战略必须具有相对稳定性，才能对企业的生产经营活动有指导作用。如果经营战略朝令夕改、变化无常，不仅难以保证战略目标和战略方案的具体落实，而且也失去了战略的意义，还可能引起企业经营的混乱，给企业带来不必要的损失。

（二）企业战略的层次

如果一个企业生产单一产品或者提供单一服务，那么它只需制订单一的战略计划。事实上，绝大多数企业的业务都是多元化的，分成多个事业部或者子企业，而且这些多元化企业都拥有多种职能部门，如生产设计和质量监督，这些部门为企业的每一种业务提供支持。因此，往往需要开发三个层次的战略，即企业层战略、业务层战略和职能层战略。这三个层次的战略构成了企业的战略体系。

1．企业层战略

企业层战略也称企业总体战略，是指导整个企业生产经营活动的总谋划。它可以分为增长型战略、稳定型战略和紧缩型战略三种形态。

2．业务层战略

业务层战略也称企业经营战略，或者称分企业战略。这个层次的战略和主要内容是针对不断变化的外部环境，在各自经营的领域里有效竞争。它要在企业总体战略的制约下，指导和管理具体经营单位的计划与行动。

3．职能层战略

职能层战略是企业的各个职能部门为支持经营层战略而制定的战略。它主要解决的问题是如何使企业的不同职能部门，如市场营销、财务管理、研究与开发、人力资源、采购和生产等，能更好地为各级战略服务，从而提高企业的效率。职能层战略是针对范围较狭窄而又密切关联的活动而制定的。例如，市场营销战略包括产品策略、定价策略、分销渠道策略和促销策略等，财务管理战略包括编制预算、会计记账和筹资投资决策等。

企业层战略、业务层战略以及职能层战略构成了一个企业的战略层次，它们之间相互作用，紧密联系。如果企业想获得成功，必须将三者有机地结合起来。

（三）企业战略管理的任务与过程

企业战略管理，是指对企业战略进行设计、选择、控制和实施，直到达到企业战略总目标的全过程。战略管理是涉及企业发展的全局性、长远性的重大课题，如企业的经营方向、市场开拓、产品开发、科技发展、机制改革、组织机构改组、重大技术改造和筹资融资等。战略管理的决定权通常由总经理、厂长直接掌握。现代企业经营管理是在战略管

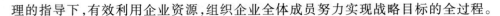

理的指导下,有效利用企业资源,组织企业全体成员努力实现战略目标的全过程。

1.企业战略管理的任务

企业战略管理过程主要是战略制定和战略实施的过程,包括五项相互联系的管理任务,具体如下:

(1)提出企业的战略展望,明晰企业的未来业务和企业前进的目的地,从而为企业提出一个长期的发展方向,清晰地描绘企业将竭尽全力所要进入的事业,使整个企业对一切行动有一种明确的目标。

(2)建立目标体系,将企业的战略展望转换成企业要达到的具体业绩标准。

(3)制定战略所期望达到的效果。

(4)高效地实施和执行企业战略。

(5)评价企业的经营业绩,采取完整性措施,参照实际的经营事实、变化的经营环境、新的思维和新的机会,调整企业的战略展望、企业的长期发展方向、企业的目标体系,明确企业战略的执行。

2.企业战略管理的过程

从总体上看,战略管理过程包括战略制定、战略实施和战略评估三个阶段,将三个阶段进行分解,可得到以下七个步骤:

(1)确定企业当前的宗旨、目标。每个企业都有自己的宗旨或使命,它规定了企业的经营目的,也是企业经营哲学的一种体现。确定企业的宗旨与目标,可以促使管理层仔细研究企业的产品和服务范围。

(2)分析外部环境,发现机会和威胁。环境是管理行动的主要制约因素,环境分析是战略管理过程的关键阶段。每个企业在进行战略管理时,必须分析企业外部环境,如了解消费者需求有何变化、市场上竞争对手的动向以及新出台的相关行政法规对企业有什么影响等,这些都在很大程度上制约了管理层的选择。管理层需要根据自己所控制的资源,评估有哪些机会可以利用,以及企业可能面临哪些威胁。

(3)分析企业的资源,识别优势和劣势。任何企业的资源都是有限的,所以企业在利用外部环境机会之前,必须分析企业的资源与能力问题,必须使自身资源与外部机会达到优化组合,从而能够识别出什么是企业与众不同的竞争能力,也就是企业的优势。

(4)重新评价企业的宗旨和目标。根据环境和企业资源分析,对企业的宗旨和目标进行再评价,看它们是否实事求是,是否需要调整。如果需要改变企业的宗旨和目标,战略管理的过程就要从头开始;如果不需要改变企业的宗旨和目标,管理层就应当着手制定战略。

(5)制定战略。对企业的宗旨和目标重新评价后,接下来的工作就是如何实现战略目标。而要实现战略目标就得制定相应对策,即为实现战略目标应采取相应的措施和手段,从而使企业获得最有利的竞争优势,并使这种优势能长期保持下去。

(6)实施战略。实施战略是战略管理十分重要的步骤,无论战略计划制订得多么有效,如果不付诸实施,或者实施不当,还是不能实现企业的宗旨和目标。战略实施要遵循三个原则:适度合理、统一指挥、权变。为贯彻实施战略,就要建立贯彻实施战略的企业机构,并配置资源;建立内部支持系统,发挥好领导作用,使企业机构、企业文化均能与企业战略相匹配;处理好企业内部各方面的关系,动员全体员工投入战略实施中来,以保证战略计划的实现。

(7)评价结果。战略管理过程的最后一个步骤是评价结果。战略实施的效果怎么样,需要做哪些调整,这一阶段主要进行衡量实际绩效、将实际绩效与标准进行比较、评价战略实施结果。

(四)企业战略目标的特点与内容

1.企业战略目标的特点

企业战略目标是对企业经营管理活动中预期取得的主要成果的期望值。战略目标的设定,同时也是企业宗旨的展开和具体化,是企业宗旨中确认的企业经营目的、社会使命的进一步阐明和界定,也是企业在既定的战略领域展开战略经营活动所要达到水平的具体规定。与其他目标相比,企业战略目标具有以下一些特点:

(1)宏观性。战略目标是一种宏观目标,是对企业全局的一种总体设想,是从宏观角度对企业未来的一种较为理想的设定。它所提出的是企业整体发展的总任务和总需求;它所规定的是企业整体发展的根本方向。因此,人们所提出的企业战略目标总是高度概括的。

(2)长期性。战略目标是一种长期目标,它的着眼点是未来和长远。战略目标是关于未来的设想,它所设定的是企业职工通过自己的长期努力奋斗而达到的对现实的一种根本性的改造。

(3)相对稳定性。战略目标既然是一种长期目标,那么它在其所规定的时间内就应该是相对稳定的。战略目标既然是总方向、总任务,那么它就应该是相对不变的。这样,企业职工的行动才会有一个明确的方向,大家对目标的实现才会树立起坚定的信念。当然,强调战略目标的稳定性并不排斥根据客观需要和情况的发展,对战略目标做必要的修正。

(4)全面性。战略目标是一种整体性要求。它虽着眼于未来,却没有抛弃现在;它虽着眼于全局,却又不排斥局部。科学的战略目标,总是对现实利益与长远利益、局部利益与整体利益进行综合反映。科学的战略目标虽然总是概括的,但它对人们行动的要求,却又总是全面的,甚至是相对具体的。

(5)可分性。战略目标具有宏观性、全面性的特点,本身就说明它是可分的。战略目标作为一种总目标、总任务和总要求,总是可以分解成具体目标、具体任务和具体要求。这种分解既可以在空间上把总目标分解成一个方面又一个方面的具体目标和具体任务,又可以在时间上把长期目标分解成一个阶段又一个阶段的具体目标和具体任务。人们只有把战略目标分解,才能使其成为可操作的东西。可以这样说,因为战略目标是可分

的,所以才是可实现的。

(6)可接受性。企业战略的实施和评价主要是通过企业内部人员和外部公众来实现的。因此,战略目标必须被他们理解并符合他们的利益。但是,不同的利益集团有着不同的,甚至是互相冲突的目标。因此,现代企业在制定战略时一定要注意协调。一般,能反映企业使命和功能的战略易于为企业成员所接受。另外,企业的战略表述必须明确,有实际的含义,不至于产生误解。

(7)可检验性。为了对企业管理的活动进行准确的衡量,战略目标应该是具体的和可以检验的。目标的定量化,是使目标具有可检验性的最有效的方法。但是,由于许多目标难以数量化,时间跨度越长、战略层次越高的目标越具有模糊性。此时,应当用定性化的术语来表达所要达到的程度,要求一方面明确战略目标实现的时间,另一方面必须详细说明工作的特点。

(8)可挑战性。目标本身是一种激励力量,特别是当企业目标充分地体现了企业成员的共同利益,使战略大目标和个人小目标很好地结合在一起的时候,就会极大地激发组织成员的工作热情和献身精神。

2.企业战略目标的内容

在企业使命和企业准确定位的基础上,企业战略目标可以分为四大内容,即市场目标、创新目标、盈利目标和社会目标。

(1)市场目标。一个企业在制定战略目标时,最重要的决策是企业在市场上的相对地位,它反映了企业的竞争地位,包括产品目标、价格目标、渠道目标和促销目标。

(2)创新目标。在环境变化加剧、市场竞争激烈的社会里,创新受到重视是必然的。创新作为企业的战略目标之一,是使企业获得生存和发展的动力源泉。在每一个企业中,一般存在三种创新,即技术创新、制度创新和管理创新。

(3)盈利目标。盈利目标是企业的一个基本目标。作为企业生存和发展的必要条件和限制因素的利润,既是对企业经营成果的检验,又是企业的风险报酬,也是整个企业乃至整个社会发展的资金来源。盈利目标的达成,取决于企业的资源配置效率及利用效率,包括人力资源、生产资源、资源的投入与产出目标。

(4)社会目标。现代企业越来越多地认识到自己对用户及社会的责任。一方面,企业必须对本企业造成的社会影响负责;另一方面,企业必须承担解决社会问题的相应责任。企业日益关心并注意良好的社会形象,既为自己的产品或服务赢得信誉,又促进企业本身获得认同。企业的社会目标反映企业对社会的贡献程度,如环境保护、节约能源、参与社会活动、支持社会福利事业和地区性建设等。

在实践中,由于企业性质的不同,企业发展阶段的不同,目标体系中的重点目标也大相径庭。同一层次的战略目标之间必然有优先导向目标。

(五)企业战略的评价

战略评价是检测战略实施进展,评价战略执行业绩,不断修正战略决策,以期达到预期目标。战略评价包括三项基本活动:考察企业战略的内在基础;将预期结果与实际结果进行比较;采取纠正措施以保证行动与计划的一致。

战略评价主要从多个方面进行:①战略是否与企业的内外部环境相一致;②从利用资源的角度分析战略是否恰当;③战略涉及的风险程度是否可以接受;④战略实施的时间和进度是否恰当;⑤战略是否可行。

二、企业战略的环境分析

战略是在一定的环境下制定和实施的。审时度势才能作出正确的战略决策和完成有效的实施,所以要进行环境分析。环境分析包括企业宏观环境分析、企业行业环境分析和企业内部环境分析。

(一)企业宏观环境分析

企业宏观环境是指那些来自企业外部并对企业战略产生影响、发生作用的所有不可控因素的总和。企业宏观环境分析大体可以概括为四类:政治环境分析、经济环境分析、社会环境分析和技术环境分析。

1. 政治环境分析

政治环境是指那些制约和影响企业的政治要素的总和。政治是一种十分重要的社会现象,政治因素及其运用状况是企业宏观环境中的重要组成部分。政治环境中对企业起决定、制约和影响作用的因素主要有:政治局势,政党、政治性团体和地方政府的方针政策等。

此外,政治环境中也包括政府制定的一些法律、法规,它们也直接影响着某些商品的生产和销售,对企业的影响具有刚性约束的特征,主要有政府的政策和规定、税率和税法、政府预算和货币政策等。

2. 经济环境分析

经济环境是指构成企业生存和发展的社会经济状况及国家经济政策的多维动态系统,主要由社会经济结构、经济发展水平、经济体制和宏观经济政策四个要素构成。一个企业经营的成功与否在很大程度上取决于整个社会经济运行状况。对于经济环境的分析,关键要考察以下三点:

(1)国民经济总体运行情况,即经济周期当前处于哪个阶段,国民生产总值的各项指标变动情况。

(2)某国或某地区的通货膨胀率、银行利率、外汇汇率等经济指标,这些是影响市场和消费水平的重要指标。

(3)经济体制、就业率、失业率、市场机制的完善程度、能源供给与成本等。

3. 社会环境分析

社会环境是指企业所处环境中诸多社会现象的集合。企业在保持一定发展水平的基础上,能否长期地获得高增长和高利润,取决于企业所处环境中的社会、文化和人口等方面的变化与企业的产品、服务、市场和所属顾客的相关程度。在社会环境中,社会阶层的形成和变动、社会中的权力结构、人们的生活方式和工作方式、社会风尚与民族构成、人口的地区流动性、人口年龄结构等方面的变化,都会影响社会对企业产品或劳务的需求。

社会环境中还包括一个重要的因素就是物质资源(物质环境)。社会生产离不开物质资源,无论生产创造的财富属于哪一个门类,其起始点都必定是物质资源。物质资源包括土地、森林、河流、海洋、生物、矿产、能源和水资源等自然资源以及环境保护、生态平衡等方面的发展变化对企业的影响。

4.技术环境分析

技术环境是指一个国家和地区的技术水平、技术政策、新产品开发能力以及技术发展动向等。在衡量技术环境的诸多指标中,整个国家的研究开发经费总额、企业所在产业的研发支出状况、技术开发力量集中的焦点、知识产权与专利保护、实验室技术向市场转移的最新发展趋势、信息与自动化技术发展可能带来的生产率提高前景等,都可以作为关键战略要素进行分析。

(二)企业行业环境

1.行业性质分析

行业状况是企业需要面对的最直接、最重要的环境,也可以称为任务环境。企业首先要判断自己所处行业是否存在发展的机会,根据行业寿命周期来判断行业所处的发展阶段,进而判断该行业是朝阳产业还是夕阳产业。

行业的寿命周期是一个行业从出现直到完全退出社会经济领域所经历的时间。行业寿命周期主要包括四个阶段:导入期、成长期、成熟期和衰退期。行业寿命周期曲线的形状是由社会对该行业的产品需求状况决定的。行业是随着社会某种需求的产生而产生,又随着社会对这种需求的发展而发展,最后,当这种需求消失时,整个行业也就随之消失,行业的寿命即告终止。行业的寿命周期长则数百年,短则几十年。行业的寿命周期是在忽略产品型号、质量、规格等差异的基础上对行业整体发展水平予以考察和分析得出的。判断行业处于寿命周期的哪个阶段,可以用市场增长率、需求增长率、产品品种、竞争者数量、进入(或退出)行业的障碍、技术变革和客户购买行为等作为分析指标。

2.行业能力分析

行业能力是指某个行业中每个竞争者所具有的能力的总和。行业能力分析主要是对行业规模结构和行业技术状况进行分析。

(1)行业规模结构分析。行业规模结构分析是为弄清行业的发展与社会需求之间的关系,这对于确定企业的经营范围具有重要意义。进行行业规模结构分析的内容有:行业生产产品或提供服务的总量与社会需求之间的关系;行业产品结构与该产品发展趋势之间的关系;行业目前的实际生产能力与设计能力之间的关系;行业内规模能力悬殊型企业和规模能力均衡型企业各自所占的比重;本企业规模与行业规模的发展趋势之间的关系等。

（2）行业技术状况分析。在科学技术高速发展的当代，技术状况对行业发展的影响越来越重要，只有对行业技术状况进行全面的分析，才能正确地判断行业的发展前景和行业能力的发展水平。进行行业技术状况分析的内容有：行业目前的技术位于技术寿命周期的哪个阶段；行业的总体技术水平如何；行业技术的变化节奏如何；行业技术的发展方向是什么；本企业的技术水平在行业中处于什么地位等。

3. 行业竞争结构分析

在某个具体的行业内，企业与企业之间的力量对比构成了行业竞争环境。一个行业的竞争激烈程度取决于行业内的经济结构，行业的经济结构状况又对竞争战略的制定和实施起制约作用。所以，要根据行业内影响企业竞争的经济力量及其发展变化来确定企业的竞争战略，进行良好的行业竞争结构分析是制定优秀的企业战略的基础。行业竞争结构和竞争强度分析是在行业分析的基础上，进一步回答行业中竞争压力的来源和强度，进而做好对竞争的防范。在对行业中的竞争进行分析时，通常包括以下方面：

（1）供应商的议价能力。供方主要通过提高投入要素价格与降低单位价值质量的能力，来影响行业中现有企业的盈利能力与产品竞争力。供方力量的强弱主要取决于他们所提供给买主的是什么投入要素。当供方所提供的投入要素的价值构成了买主产品总成本的较大比例、对买主产品生产过程非常重要，或者严重影响买主产品的质量时，供方对于买主的潜在讨价还价力量就大大增强。一般来说，满足如下条件的供方集团会具有比较强的讨价还价力量：①供方行业为一些具有比较稳固的市场地位而不受市场激烈竞争困扰的企业所控制，其产品的买主很多，以至于每一单个买主都不可能成为供方的重要客户。②供方各企业的产品各具一定特色，以至于买主难以转换或转换成本太高，或者很难找到可与供方企业产品相竞争的替代品。③供方能够方便地实行前向联合或一体化，而买主难以进行后向联合或一体化。

（2）购买者的议价能力。购买者主要通过压价与要求提供较高的产品或服务质量的能力，来影响行业中现有企业的盈利能力。一般来说，满足条件的购买者可能具有较强的讨价还价力量：①购买者的总数较少，而每个购买者的购买量较大，占了卖方销售量的很大比例；②卖方行业由大量相对来说规模较小的企业所组成；③购买者所购买的基本上是一种标准化产品，同时向多个卖主购买产品在经济上也完全可行；④购买者有能力实现后向一体化，而卖主不可能前向一体化。

（3）新进入者的威胁。新进入者在给行业带来新的生产能力、新的资源的同时，希望在已被现有企业瓜分完毕的市场中赢得一席之地。这就有可能会与现有企业发生原材料与市场份额的竞争，最终导致行业中现有企业盈利水平降低，严重的还有可能危及这些企业的生存。竞争性进入所带来威胁的严重程度取决于两方面的因素，这就是进入新领域的障碍大小与预期现有企业对于进入者的反应情况。

进入障碍主要包括规模经济、产品差异、资本需要、转换成本、销售渠道开拓、政府行为与政策、自然资源和地理环境等方面，其中有些障碍是很难借助复制或仿造的方式来突破的。预期现有企业对进入者的反应情况,主要指采取报复行动的可能性大小,这取决于有关厂商的财力情况、报复记录、固定资产规模、行业增长速度等。总之,新企业进入一个行业的可能性大小,取决于进入者主观估计进入所能带来的潜在利益、所需花费的代价与所要承担的风险这三者的相对大小情况。

(4)替代品的威胁。两个处于同行业或不同行业中的企业,可能会由于所生产的产品是互为替代品,从而在它们之间产生相互竞争行为,这种源自替代品的竞争会以各种形式影响行业中现有企业的竞争战略。①现有企业产品售价以及获利潜力的提高,将由于存在着能被用户方便接受的替代品而受到限制;②由于替代品生产者的侵入,使得现有企业必须提高产品质量,或者通过降低成本来降低售价,或者使其产品具有特色,否则其销量与利润增长的目标就有可能受挫;③源自替代品生产者的竞争强度,受产品买主转换成本高低的影响。总之,替代品价格越低、质量越好,用户转换成本越低,其所能产生的竞争压力就越强。而这种来自替代品生产者的竞争压力的强度,可以具体通过考察替代品销售增长率、替代品厂家生产能力与盈利扩张情况来加以描述。

(5)同业竞争者的竞争程度。大部分行业中的企业,相互之间的利益都是紧密联系在一起的。作为企业整体战略一部分的各企业竞争战略,其目标都在于使得自己的企业获得相对于竞争对手的优势。所以,在实施中就必然会产生冲突与对抗现象,这些冲突与对抗就构成了现有企业之间的竞争。现有企业之间的竞争常常表现在价格、广告、产品和售后服务等方面,其竞争强度与许多因素有关。

一般来说,出现这些情况将意味着行业中现有企业之间竞争的加剧,即行业进入障碍较低,势均力敌,竞争对手较多,竞争参与者范围广泛;市场趋于成熟,产品需求增长缓慢;竞争者企图采用降价等手段促销;竞争者提供几乎相同的产品或服务,用户转换成本很低;一个战略行动如果取得成功,其收入相当可观;行业外部实力强大的企业在接收了行业中实力薄弱企业后,发起进攻性行动,结果使得刚被接收的企业成为市场的主要竞争者;退出障碍较高,即退出竞争要比继续参与竞争代价更高。在这里,退出障碍主要出处对经济、战略、感情以及社会政治关系等方面考虑的影响,具体包括资产的专用性、退出的固定费用、战略上的相互牵制、情绪上的难以接受、政府和社会的各种限制等。

每家企业在行业中都必须应对来自各种力量的威胁,同时需要对行业中的竞争者的行动做出相应反应,除非认为进行正面交锋是必要且有益的。如要求得到很大的市场份额,否则企业可以通过设置进入壁垒,包括差异化和转换成本来保护自己。当一个企业确定了其优势和劣势时,则必须进行定位,以便因势利导,而不是被没预料到的环境因素变化所损害,如产品生命周期、行业增长速度等。

(三)企业内部环境

企业内部环境分析也就是企业内部条件分析,其目的在于掌握企业内部条件的现状,找出影响企业战略形成与成败的关键因素,辨别企业的优势和劣势,适应环境的变化,创造和获得成功的机会,避免或减少可能遇到的风险。

企业内部环境因素,也称企业内部条件,是指构成企业内部生产经营过程的各种要素,并且体现为企业总体的经营能力,如企业的领导指挥能力、协调能力、应变能力、竞争能力、获利能力、开发创新能力等。企业内部环境因素是可控因素,可以经过努力,创造和提高企业能力,但也可能由于管理不善而失控和削弱。企业内部环境因素可从不同的角度分为以下两大类。

1. 按构成要素划分企业内部环境

企业内部环境可分为人、财、物、技术和信息五个方面。

(1)人力资源因素。这是构成企业内部环境中最基本和最具活力的因素。它包括领导人员的素质、管理人员和工程技术人员的素质以及生产工人的素质。这些人员的素质包含人员的数量、质量,如人员的文化技术水平、学历、资历、经验等以及人员构成的状况,既包括个人的素质,也包括群体的素质。

(2)资金因素。它反映企业的财力状况,包括所拥有的资本金和公积金、资产负债状况、固定资产和营运资金的状况、企业信贷能力和筹资能力等。

(3)物资因素。它包括两个方面:一是技术装备的素质。这是企业进行生产经营活动的技术基础,包括现有技术装备的数量、技术性能、技术先进程度、技术磨损程度以及它们之间的构成和配套状况、生产效率等。二是劳动对象的素质。它包括各种主要原材料、关键零部件和配套件、燃力和动力类物资供应的来源和供应的质量,以及企业本身所拥有的资源状况。

(4)技术工艺因素。这是指企业人员所拥有的工艺技术方法,他们的技术水平和先进程度,以及拥有的专利、专有技术和配方等。

(5)信息因素。它包括企业所拥有的科技情报资料、技术档案、销售及用户的资料、市场信息等,以及信息网络的构成状况。

2. 按能力划分企业内部环境

(1)经营管理能力,包括企业的领导能力、协同能力和内部的企业管理能力等,反映企业整个经营机制是否充满生机和活力。

(2)应变能力,是指产品能否适应市场需求变化的能力,包括多元化经营,产品多样化,产品的质量、价格、信誉、产品寿命周期等。

(3)竞争能力,是指同竞争对手相比较所处的优势和劣势。如市场占有率,产品、成本、服务、销售渠道是否具有比竞争对手更为优越的地位和特色。

(4)创新开发能力,是指开发新产品,采用新技术、新工艺的能力和所拥有的条件,如新产品开发的数量、质量和速度,投入市场的时机,新技术采用的程度以及科技开发人员、机构及装备水平等。

(5)生产能力,包括原有设计的生产规模、生产率、生产技术条件以及可能采取变更生产能力的策略等。

(6)销售能力,包括销售网络、销售人员的数量和质量、储运能力、信息反馈能力以及所应用的促销策略,反映企业是否具有较强大的营销力量。

(四)企业价值链

价值链分析原理是由美国哈佛商学院著名战略管理专家波特提出的。他认为企业每项生产经营活动都是其创造价值的经济活动,企业所有的互不相同但互相联系的生产经营活动,便构成了创造价值的一个动态过程,即价值链。

价值链反映出企业生产经营活动的历史、重点、战略以及实施战略的发展,还有生产经营活动本身所体现的经济学观念。更具体地说,如果企业所创造的价值超过其成本,企业便有盈利;如果盈利超过竞争对手的话,企业便有更多的价值优势。

企业的生产经营活动可以分成主体活动和支持活动两大类。主体活动是指生产经营的实质性活动,一般可以分为原料供应、生产加工、成品储运、市场营销和销售服务五种活动,这些活动与商品实体的加工流转直接相关,是企业的基本增值活动;支持活动是用以支持主体活动而且内部之间又相互支持的活动,包括企业投入的采购管理、技术开发、人力资源管理和企业基础结构。

采购管理、技术开发、人力资源管理是三种支持活动,既支持整个价值链的活动,又分别与每项具体的主体活动有着紧密的联系。企业的基本职能活动支持整个价值链的运行,而不与每项主体直接发生联系。企业要分析自己的内部条件,判断由此产生的竞争优势,首先要确定自己的价值活动,然后识别价值活动的类型,最后构成具有自身特色的价值链。

第三节　企业总体战略与经营战略

一、企业总体战略

(一)企业增长型战略

企业增长型战略是指企业扩大原有主要经营领域的规模,或向新的经营领域开拓的战略。其核心是,通过企业竞争优势谋求企业的发展和壮大。增长型战略是一种使企业在现有的战略基础水平上,向更高一级的目标发展的战略。它是以发展作为战略的核心内容,引导企业不断地开发新产品、开拓新市场、采用新的生产方式和管理方式,以便扩大企业的生产规模,提高其竞争地位。

1. 企业密集型增长战略

密集型增长是指企业在现有业务领域里充分利用在产品和市场方面的潜力来求得成长发展,制定发展战略。制定战略时,首先应审视一下,现有产品和市场是否还有可开发的机会。其主要有以下三种形式:

(1)市场渗透。市场渗透是指企业在现有的市场上扩大现有产品的销路,促进企业的发展。市场参透的办法主要有:①使现有顾客增加购买数量,如增设销售网点、拓宽销售渠道等;②夺走竞争对手的顾客,这就要求自己的产品质量好,价格便宜,服务周到,广告做得好等;③努力发掘潜在的顾客,如采取各种促销活动,激发他们购买产品的兴趣等。这需要企业在现有产品的质量、价格、包装、服务、品牌、商标等方面下功夫,提高企业信誉,并有效地运用各种促销手段,刺激需求,从而求得发展。虽然市场渗透可能给企业带来增加市场份额的机会,但能否采取这一战略不仅取决于企业的相对竞争地位,也取决于市场的特性。

(2)市场开发。市场开发是指用现有产品去开发新市场,从而增加销售额。市场开发包括进入新的细分市场,为产品开发新的用途,或者将产品推广到新的地理区域等。能否采取市场开发战略来获得增长,不仅与所涉及的市场特征有关,而且与产品的技术特性有关。在资本密集型行业,企业往往有专业化程度很高的固定资产和有关的服务技术,但这些资产和技术很难用来转产其他产品,在这种情况下企业有特色的核心能力主要来源于产品,而不是市场。因而,不断地通过市场开发来挖掘产品的潜力是企业首选的方案。

(3)产品开发。产品开发是指企业向现有市场提供新产品,满足现有顾客的潜在需求,增加销售额。这就要求增加产品的规格、式样,使产品具有新的功能和用途等,以满足目标顾客不断变化的要求。

一般说来,技术和生产导向型的企业更乐于通过产品开发来寻求增长,这些企业或者具有较强的研究和开发能力,或者市场开拓能力较弱。但无论出于何种原因,一旦产品开发获得成功,往往可以给企业带来较丰厚的利润。

然而,成功地进行产品开发并非易事,它往往伴有很高的投资风险。新产品开发失败的原因固然很多,如市场环境的急剧变化,新技术的出现,以及国际上发生重大政治事件等,但企业在整个开发过程中没有坚持正确的路线和原则也是非常重要的原因。

2. 企业一体化增长战略

一体化增长战略是指企业充分利用自己在产品、技术、市场上的优势,根据物资流动的方向,使企业不断地向深度和广度发展的一种战略。根据这种战略,企业把自己的经营活动伸展到供、产、销不同环节,而使自身得到发展,从而拓展业务,扩大规模。一体化包括以下三种形式:

(1)后向一体化战略。后向一体化战略是一种按销、产、供为序实现一体化经营而获得增长的策略。它是指企业产品在市场上拥有明显的优势,可以继续扩大生产,打开销路,但由于负责供应的协作企业的材料、外购供应跟不上或成本过高,会影响企业的进一步发展。在这种情况下,企业可以依靠自己的力量,扩大经营规模,由自己来生产材料或配套零部件,也可以向后兼并供应商或与供应商合资兴办企业,组成联合体,统一规划和发展。例如,一家服装店过去一直从服装厂进货,现在决定兼并一个服装加工厂;一家钢铁企业过去一直购买铁矿石,现在决定自购矿山,自行开采等,都是实行后向一体化策略。

（2）前向一体化战略。从物资的移动角度看，前向一体化战略就是朝与后向一体化占略相反的方向发展，即按供、产、销的顺序实现一体化经营，使企业得到发展。一般是指生产原材料或半成品的企业，根据市场需要和生产技术可能的条件，充分利用自己在原材料、半成品上的优势和潜力，决定由企业自己制造成品或与成品企业合并，组建经济联合体，以促进企业的不断成长和发展。例如，一个过去只生产原油的油田现在决定开办炼油厂；一家大型养鸡场决定自办鸡肉销售店等，都是实行前向一体化策略。

（3）水平一体化战略。水平一体化战略是指企业兼并处于同一生产经营阶段的企业或与同类企业进行合资经营，以促进企业实现更高程度的规模经济和迅速发展的一种战略。

3. 企业多样化增长战略

多样化经营又叫多元化经营或多角化经营，是指企业通过增加产品种类，跨行业生产经营多种产品和业务，扩大企业的生产范围和市场规模，以实现企业业务的增长。多样化主要有以下三种形式：

（1）同心多样化增长战略。同心多样化增长战略是指以企业现有的设备和技术能力为基础，开发新产品，增加产品的门类和品种，犹如从同一圆心向外扩大业务范围，以寻求新的增长。例如，一家生产收音机的无线电厂，决定利用现有的设备和技术增加收录音机、电视机的生产。这种多样化经营有利于企业充分利用生产技术、原材料、生产设备的类似性，获得生产技术上的协同效果，风险比较小，易于取得成功。这种战略的缺点是：由于新产品在销售渠道、促销等方面与原产品有所不同，在营销竞争中有时会处于不利地位。

（2）水平多样化增长战略。水平多样化增长战略是指企业针对现有市场（顾客）的其他需要，增添新的物质技术力量开发新产品，以扩大业务经营范围，寻求新的增长。这就意味着，企业向现有产品的顾客提供他们所需要的其他产品。例如，一家农机制造企业，是为农民的农业生产服务的，现在决定增设一个化肥厂，实行跨行业经营，但仍然是为农民的农业生产服务。实行这种多样化经营，可以利用原来在分销渠道、促销方法、企业形象及知名度等方面的优势，在市场营销方面获得协同作战的效果。但使用这种战略的企业应具有相当实力，因为不同产品之间存在研究开发、原材料、生产技术、生产设备等方面的差异，不易适应环境的变化，有一定风险。

（3）集团式多样化增长战略。集团式多样化增长战略是指企业通过投资或兼并等形式，把经营范围扩展到多个新兴部门或其他部门，组成混合型企业集团，开展与现有技术、现有产品、现有市场无联系的多样化经营活动，以寻求新的增长机会。如通用集团除主要从事汽车产品生产外，还生产电冰箱、洗衣机、飞机发动机、潜水艇、洲际导弹等。这种战略通常适合于规模庞大、资金雄厚、市场开拓能力强的大型企业。集团式多样化增长战略的优点是：通过向不同的行业渗透和向不同的市场提供服务，可以分散企业经营的风险，增加利润，使企业更加稳定地发展；有利于企业迅速地利用各种市场机会，逐步向具有更大市场潜力的行业转移，从而提高企业的应变能力；有利于发挥企业的优势，综合利用各种资源。

（二）企业稳定型战略

1. 企业稳定型战略的概念

稳定型战略是在企业的内外部环境约束下，企业准备在战略规划期使企业的资源分配和经营状况基本保持在目前状态和水平上的战略，即企业通过投入少量或中等程度的资源，维持现有生产规模，维持现有的销售额和市场占有率，保持现有的竞争地位。其特点是：巩固成果，维持现状；保持经营安全，不冒太大的风险；采用各种措施来防御竞争对手，但不主动出击。

稳定型战略的优点是：企业的经营风险相对较小；由于经营主要与过去大致相同，因而能避免因改变战略而改变资源分配的困难；同时也能给企业一个较好的修正期，使企业集聚更多的能量，避免因发展过快而导致更多弊端。但是，实施稳定型战略是以企业的内外部环境相对稳定为前提的，一旦环境发生变化，而企业没有准确预测的话，会承担很大风险。另外，该战略的实施也容易使企业的风险意识减弱，甚至惧怕和回避风险，这也同样会影响企业的经营活动。

采取稳定型战略的企业，一般处在市场需求及行业结构稳定或者较小动荡的外部环境中，因而企业所面临的竞争挑战和发展机会都会相对较少。但是，在市场需求以较大幅度增长或外部环境提供了较多发展机遇的情况下，有些企业也会采取稳定型战略。这些企业一般来说是由于资源状况不足以使其抓住新的发展机会，而不得不采用相对保守的稳定战略。

2. 企业稳定型战略的类型

（1）无变化战略。实行这种战略的企业不进行重大的战略调整，保持原有的战略不变，可能基于两个原因：一是企业过去的经营相当成功，并且企业内外环境没有发生重大的变化；二是企业并不存在重大的经营问题或隐患，因而企业战略管理者没有必要进行战略调整，或者避免由于战略调整给企业带来利益分配和资源分配的困难。采用这种战略的企业除了每年按通货膨胀率调整其目标以外，其他都暂时保持不变。

（2）维持利润战略。维持利润战略是指维持过去的经营状况和效益，实现稳定发展。这是一种以牺牲企业未来发展、维持目前利润的战略。维持利润战略注重短期效果而忽略长期利益，其根本意图是渡过暂时性的难关，因而往往在经济形势不太景气时被采用。但如果用得不当，维持利润战略可能会使企业的元气受到伤害，影响长期发展。

（3）暂停战略。暂停战略是指在一段时期内降低企业的目标和发展速度。例如，在采用并购发展的企业中，往往会在新收购的企业尚未与原来的企业很好地融合在一起时，先采用一段时间的暂停战略，以便有充分的时间重新实现资源的优化配置。在一段较长时间的快速发展后，企业有可能会遇到一些问题使得效率下降，这时就可采用暂停战略。从这一点来说，暂停战略具有让企业积累能量，为今后的发展做准备的功能。

（4）谨慎实施战略。谨慎实施战略是指企业对某一战略决策有意识地降低实施进度，步步为营，保持经营的稳定性。如果企业外部环境中的某一重要因素难以预测或变化趋势不明显,如某些受国家政策影响比较严重的行业中的企业,在面临国家的一项可能的法规公布之前,就很有必要采用谨慎实施战略,一步步稳固地向前发展,而不是不分青红皂白地大干快上,置未来政策于不顾。实施这种战略可以降低经营风险,使企业持续、稳定地向前发展。

(三)企业紧缩型战略

1.企业紧缩型战略的概念

随着企业经营环境的不断变化,原本有利的环境在经过一段时间后会变得不那么有利了,原来能容纳许多企业发展的产业会因进入衰退阶段而无法为所有企业提供最低的经营报酬,或是企业为了进入某个新业务领域而需要进行大量的投资和资源的转移,或是当企业处在一种十分险恶的经营环境之中,或者由于决策失误等原因造成经营状况不佳时,企业不得不面对现实,减少经营领域,缩小经营范围,关闭亏损的工厂,紧缩财务开支。这时就需要采用紧缩型战略来维持企业的生产经营活动。

紧缩型战略是指企业从目前的战略经营领域和基础水平撤退和收缩,且偏离战略起点较大的一种经营战略。紧缩型战略能帮助企业在外部环境恶劣的情况下,节约开支和费用,能在企业经营不善的情况下最大限度地降低损失;能帮助企业更好地实行资产的最优组合。但紧缩型战略也有可能为企业带来一些不利之处。如实行紧缩战略的尺度较难把握,若操作有误可能会扼杀具有发展前途的业务和市场,使企业总体利益受到伤害。此外,由于紧缩战略常常引起不同程度的裁员和减薪,因此实施紧缩战略会引起企业内部人员的不满,从而引起员工情绪的低落。这些紧缩战略潜在的弊端往往较难避免,在实施过程中应加以考虑。

2.企业紧缩型战略的类别

根据紧缩的方式和程度不同,紧缩型战略又可以分为以下四种类型:

(1)抽资转向战略。抽资转向战略是企业在现有的经营领域不能维持原有的产销规模和市场,不得不采取缩小产销规模和市场占有率,或者企业在存在新的更好的发展机遇的情况下,对原有的业务领域进行压缩投资、控制成本,以改善现金流,为其他业务领域提供资金的战略方案。另外,在企业财务状况下降时也有必要采取抽资转向战略,这一般发生在物价上涨导致成本上升或需求降低使财务周转不灵的情况下。因此,企业通常采取调整企业产品、降低成本和投资、减少资产、加速收回企业资产等措施。抽资转向战略会使企业经营主方向转变,有时会涉及经营的基本宗旨的变化,其成功的关键是管理者要有明晰的战略管理概念,即必须做出决断是对现存的企业业务给予关注还是重新确定企业的基本宗旨。

(2)放弃战略。放弃战略是指将企业的一个或几个主要部门转让、出售或者停止经营。这个部门可以是一个经营单位、一条生产线或者一个事业部。由于放弃战略的目的是要找到肯出高于企业固定资产时价的买主,所以企业管理人员应说服买主,认识到购买企业所获得的技术或资源,能使对方利润增加。

采用放弃战略是一个非常困难的决策,有许多问题需要认真思考:①技术或经济结构上的问题,即一个企业的技术特征及其固定和流动资本妨碍其退出。例如,卖掉某个下属单位,就会影响企业技术上的成套性和经济结构的合理性,对生产经营不利。②企业战略上的问题,即企业内部各单位之间的紧密联系和战略依存关系,可能不允许放弃某个经营单位。③管理上的问题。例如,企业管理人员往往会对放弃战略持反对意见,因为这对他们可能会有威胁。为了解决好上述问题,企业负责人就要选好、选准拟放弃的单位,使对企业技术、经济、战略上的负面影响减少到最低限度;同时,改进工资奖励制度,使之不与放弃方案相冲突;另外,还要同放弃单位的购买者充分协商,妥善安排该单位员工及管理者,使他们能各得其所。

(3)依附战略。当企业处于困境又想维持自身的生存时,有一种办法就是去寻找一个较大的用户,成为用户的依附者,用以维持企业的生存,这就是依附战略。例如,汽车零部件和电子元器件生产厂商(一般都是小型企业)经受不住经济衰退的冲击,投靠到大汽车企业和电子装置企业的门下。这些依附者本身还是独立存在的,但已同其依附的用户签约,规定将其产品的绝大部分供应给他们,在生产技术上也接受他们的指导和监督。我国鼓励优势企业兼并劣势企业。有些劣势企业被兼并后仍然继续存在,只不过成为优势企业的下属战略经营单位或该集团的一个成员。对这些被兼并而又继续存在的企业来说,也可视为在执行依附战略。

(4)清算战略。清算战略是指卖掉其资产或停止整个企业的运行而终止一个企业的存在。该战略通过拍卖资产、停止全部经营业务来结束自己的生命。显然这是一个对任何企业都无吸引力的战略,通常只有在其他战略全部失灵时才被迫采用。然而,如企业已符合破产条件,则应及时进行破产清算,相比顽固地坚持无法挽回的事业来讲,这是较适当的战略。如果不宣布破产,时间越久可清算的资产将越少,员工们的损失将越大。

二、企业经营战略

(一)企业成本领先战略

企业成本领先战略又称低成本战略,是指企业的全部成本水平低于竞争对手。成本领先战略在20世纪70年代得到日益普遍的应用。成本领先要求全力以赴降低成本,抓好成本与管理费用的控制,最大限度地减少研究开发、服务、推销、广告等方面的成本费用。为了达到这些目标,有必要在管理方面对成本控制给予高度重视。尽管质量、服务以及其他方面也不容忽视,但贯穿于整个战略中的主题是使成本低于竞争对手。

采用成本领先战略的企业,首先,可以抵挡住行业内现有竞争对手的对抗,通过压低价格来阻止竞争对手的进入,保持较高的市场占有率,即通过规模经济或成本优势建立起进入壁垒,使潜在进入者望而却步;其次,当面对强有力的购买商要求降低产品价格的压力时,处于低成本地位的企业在进行交易时握有更大的主动权。当强有力的供应商抬高企业所需资源的价格时,采用低成本战略的企业可以有更多的灵活性来摆脱困境。

赢得总成本最低的地位,通常要求企业具备较高的相对市场份额或其他优势,诸如良好的原材料供应等。也可能要求产品的设计要便于制造生产,保持一个较宽的相关产品系列以分散成本,以及为达到批量规模化生产而对所有主要客户群服务。由此,实行低成本战略就有可能有大量的购买先进设备的前期投资、激进的定价和承受初始亏损,以摄取市场份额。高市场份额又进而引起采购经济性,而使成本进一步降低。一旦赢得了成本领先地位,所获得的较高利润又可对新设备、现代化设施进行再投资,以维护成本上的领先地位。这种再投资往往是保持低成本地位的先决条件。

成本降低的主要渠道有两条:一是对已有的成本支出进行控制,控制成本的重点应放在总成本中所占份额较大的成本项目上,或与标准成本偏差较大的成本项目上;二是采用先进的专用设备,提高劳动生产率,实行大批量规模化生产,降低产品平均成本。这不仅需要具有领先于竞争对手的先进专用设备,而且需要具备足够资金的支持和足够市场需求的支持。

应该注意的是,在追求总成本最低时,一定要用系统的思维全盘考虑整个经营过程。有些企业为了赢得总成本最低,往往要求每个部门、每个环节都以同样比例降低成本。事实上,有的部门或环节增加投入反而会引起总成本下降,而有些部门或环节减少投入反而会造成总成本上升。

(二)企业差异化战略

企业差异化战略是指在一定的行业范围内,企业向顾客提供的产品或服务与其他竞争者相比独具特色、别具一格,使企业建立起独特的竞争优势。企业实现差异化战略可以有很多方式,如产品设计或品牌形象的差异化、产品技术的差异化、顾客服务上的差异化和销售分配渠道上的差异化等,最理想的情况是企业使自己在几个方面都标新立异,树立自己的特色。这种特色使得消费者对该企业的产品情有独钟,由此对产品价格的敏感程度下降,愿意为其支付较高的价格。这样,企业可以抵御现有竞争者的攻击,消费者不因竞争者的较低价格而去选购他们的产品。由于产品的独一无二使其难以被替代,也使新进入者很难对其构成威胁。

另外,在与经销商和供应商的讨价还价中,由于它的某种特色能帮助其从消费者那里获得较高的利润,企业也处于比较有利的地位,并具有较大的回旋余地。当然,差异化战略并不意味着企业可以忽略成本,但此时低成本不是企业的首要战略目标。

为保证差异化战略的有效性,企业必须注意:①充分了解自己拥有的资源和能力,能否创造出独特的产品或服务;②必须深入、细致地了解顾客的需求和偏好,及时满足他们。特别应该注意的是,产品或服务差异化是暂时的,某种产品在一个时期内是差异化产品,经过一段时间,就会逐渐变为标准产品,企业需要不断开发新的差异化产品,靠不断挖掘新的差异化优势来占领市场。

但是,实现产品差异化有时会与争取占领更大的市场份额相矛盾。它往往要求企业对于这一战略的排他性有思想准备,即这一战略与提高市场份额两者不可兼得。较为普遍的情况是:如果建立差异化的活动总是成本高昂,如广泛的研究、产品设计、高质量的材料或周密的顾客服务等,那么实现产品差异化将意味着以成本地位为代价。然而,即便全产业范围内的顾客都了解企业的独特优点,也并不是所有顾客都愿意或有能力支付企业所要求的较高价格。

(三)企业集中战略

企业集中战略也称为企业重点战略,是通过满足特定消费者群体的特殊需要,或者服务于某一有限的区域市场,来建立企业的竞争优势及其市场地位的战略。这种战略最突出的特征是企业专门服务于总体市场的一部分,即对某一类型的顾客或某一地区性市场做密集型的经营。集中战略的核心是细分市场,即该企业所确定的目标市场与行业中其他细分市场之间具有明显的差异性。

集中战略是主攻某个特定的顾客群、某产品系列的一个细分区段或某一个地区市场。正如差异化战略一样,集中战略可以具有许多形式。低成本与产品差异化战略都是要在全产业范围内实现其目标,集中战略的整体却是围绕着很好地为某一特定目标服务这一中心建立的,它所制定的每一项方针都要考虑这一目标。这一战略的前提是:企业能够以更高的效率、更好的效果为某一狭窄的战略对象服务,从而超越竞争对手。

企业实行集中战略的优点是:经营目标和范围集中,管理简单、方便,可以集中使用企业的各项资源;能够深入研究与本企业产品有关的各项技术,深入了解市场用户的具体需要;可以在一定程度上提高企业的实力,从而提高企业的经济效益。此外,实行集中战略,企业还可以通过目标市场的选择,寻找现有竞争者的最薄弱环节切入,避免与实力强大的竞争者正面冲突,因此,这种战略特别适合实力相对较弱的中小企业。

思考与练习

1. 探讨现代企业制度有哪些特征?
2. 分析企业战略环境,可以从哪几个角度出发?
3. 讨论企业战略中稳定型战略的具体应用战略。

第三章

会计记账方法与会计记录

会计是一门关于组织、记录和报告经济交易的学科,它在现代商业中起着至关重要的作用。为了确保会计信息的准确性和可靠性,需要采用有效的会计记账方法和进行正确的会计记录。本章将重点阐述会计记账方法——复式记账法和借贷记账法、填制会计凭证与登记会计账簿。

第一节　会计记账方法——复式记账法和借贷记账法

一、复式记账法

(一)复式记账法的界定

为了连续、系统地反映和监督由于经济活动的发生引起会计要素的增减变动及结果,就需要根据会计科目来设置会计账户。但如何将企业发生的经济业务在账户中记录,便产生了记账方法。所谓记账方法,就是运用一定的记账符号和记账规则在账户中记录经济业务的方法。会计核算中最早采用的记账方法是单式记账法。复式记账法是随着社会经济的发展在单式记账法的基础上逐步演变而成的。

"单式记账法是指对发生的每一项经济业务,只在一个账户中加以登记的记账方法。"[1]在单式记账法下,通常只登记库存现金、银行存款的收付金额以及债权债务的结算金额,一般不登记实物的收付金额。比如,以银行存款购入原材料 3000 元,这笔业务在单式记账法下只在"银行存款"账户登记减少 3000 元,而对于原材料的增加则不做记录。在单式记账法下,会计科目设置不完整,账户记录之间没有对应关系,不能全面、系统地反映经济业务的来龙去脉,也不便于检查账户记录的正确性与完整性。随着社会生产力的发展,单式记账法逐渐被复式记账法取代。

---

[1]吴敏,林波.基础会计[M].上海:上海财经大学出版社,2018.

复式记账法是指对发生的每一项经济业务,都要以相等的金额,在相互联系的两个或两个以上的账户中进行记录的记账方法。在复式记账法下,会计科目设置完整,账户记录之间存在对应关系,它能适应资金运动的客观要求,可以全面、系统地反映经济业务的来龙去脉。复式记账法是一种科学的记账方法,因此被广泛采用。

按照记账符号和记账规则的不同,复式记账法可以分为增减记账法、收付记账法和借贷记账法。增减记账法是我国商业系统曾经采用的记账方法;收付记账法是在我国传统的收付记账法的基础上发展起来的一种记账方法;借贷记账法是国际上普遍采用的一种记账方法。

(二)复式记账法的依据

复式记账法包含两个要点:一是在两个或两个以上的账户中登记经济业务;二是以相等的金额登记经济业务。其理论依据如下:

(1)会计对象是资金运动。每项经济业务都是资金运动的一个具体过程。任何一项经济业务的发生,都会有其相应的资金来源和资金去向。这就要求在两个或两个以上账户中登记经济业务,其既要反映资金从哪里来,又要反映资金到哪里去。

(2)资产和权益存在平衡关系。任何经济业务的发生,都会引起资产、负债和所有者权益之间或者其内部至少两个项目发生增减变化,且增减金额相等,平衡不被破坏。所以,要以相等的金额登记经济业务,以便检查账户记录的正确性。复式记账法如实地反映资金增减变动的客观情况,记录资金的来源、去向及其相互关系。作为一种科学的记账法,得到了广泛的应用。

(三)复式记账法的特点

复式记账法之所以要求在两个或两个以上的账户中以相等的金额进行记录,是为了保证会计等式的平衡,所以,复式记账法的理论依据就是会计恒等式。复式记账法有以下四个特征:

(1)复式记账法是以资产、负债及所有者权益的平衡关系式为记账基础的。在复式记账法下,每一笔经济业务都要同时影响两个或两个以上的账户,并且在账户之间必须保持平衡。这意味着每一笔交易都会同时引起资产、负债和所有者权益的变化,使得这些账户的总金额保持平衡。

(2)复式记账法要求建立一个完整的账户体系,以全面反映经济活动的全过程及结果。除了常见的库存现金和银行存款账户外,还需要设置其他实物性资产账户,包括其他资产、负债、所有者权益、收入、费用和利润类账户。这样的账户体系能够细致地记录和追踪经济活动的各个方面,提供全面的财务信息。

(3)复式记账法要求每一笔经济业务都必须在两个或两个以上的账户中以相等的金额进行记录。这是为了确保各账户之间有严密的对应关系,清晰地反映经济业务的来龙去脉。通过在多个账户中同时进行记录,可以更准确地追踪资金流动和交易的影响,避免遗漏或错误。

（4）根据会计等式的平衡关系,可以对一定时期内发生的全部经济业务的会计记录进行综合试算。这样的试算可以帮助会计人员检查账户记录的完整性和正确性。通过将各个账户的余额相加,应该得到相等的资产、负债和所有者权益的总额。如果试算结果不平衡,就意味着有错误或遗漏的记账事项,需要进一步审查和调整。

综上所述,复式记账法是一种基于资产、负债和所有者权益平衡关系的记账方法。它要求建立完整的账户体系,记录经济活动的全过程和结果。每一笔经济业务都必须在两个或两个以上的账户中以相等的金额进行记录,并且各账户之间有严密的对应关系。通过综合试算,可以检查账户记录的完整性和正确性。这种方法能够提供准确的财务信息,帮助管理者了解和分析企业的经济状况和经营成果。复式记账法的应用使得会计记录更加准确和可靠,为决策提供了重要的依据。

二、借贷记账法

(一)记账符号

借贷记账法产生于13世纪资本主义商品经济发展较早的意大利,它是适应商业资本和借贷资本经营管理的需要而产生的。借贷记账法中借、贷两字的含义,最初是从借贷资本家的角度来解释的。借贷资本家把从债权人那里收进的银钱,记在贷主的名下,表示自身的债务;借贷资本家把从债权人那里得到并向债务人放出去的银钱,记在借主的名下,表示自身的债权。

此时,借、贷二字表示债权债务的变化,且"借主 = 贷主"。随着社会经济的发展、经济活动的日益复杂以及产业资本和商业资本对借贷记账法的利用,借、贷二字不再局限于说明银钱借贷业务的增减变动情况,而逐渐扩展到说明财产物资和经营损益等经济业务的增减变动情况。这时,借、贷二字就逐渐失去原来的含义,而转化为纯粹的记账符号,用以标明账户记录经济业务数量增减变化的方向,即账户的借方和贷方。所谓记账符号,就是在会计核算中,以一种抽象的符号标记,来代表经济业务数量增减变化的方向。

借贷记账法以"借"和"贷"作为记账符号,运用"有借必有贷、借贷必相等"的记账规则,记录和反映经济业务增减变化及结果的一种复式记账方法,是目前世界各国普遍采用的一种记账方法。

(二)借贷记账法的结构

在借贷记账法下,任何账户都分为借方和贷方两个基本部分,通常左方为借方,右方为贷方。在会计教学中,一般将其简化为"T"形账户的形式。

在借贷记账法下,所有账户的借方和贷方都要按相反的方向记录,即一方登记增加金额,另一方登记减少金额。至于哪一方登记增加金额、哪一方登记减少金额,则要根据各个账户所反映的经济内容来决定,即要由经济业务涉及的账户和账户性质而定。

根据借贷记账法下"T"形账户左借右贷的基本约定:等式左边的"资产"和"费用"两个会计要素类账户的余额应在借方;等式右边的"负债""所有者权益""利润""收入"四

个会计要素账户的余额应在贷方。

在等式左边的账户,借方记录期初余额和增加额,账户的贷方记录减少额。在一个会计期间内(月、季、年),借方记录的合计数额称作本期借方发生额,贷方记录的合计数额称作本期贷方发生额,如果有余额,一般应在借方。费用类账户除"生产成本"账户外,通常月末无余额。

其计算公式为:左边账户期末借方余额 = 期初借方余额 + 本期借方发生额 - 本期贷方发生额。在等式右边的账户,贷方记录期初余额和增加额,借方记录减少额。在一个会计期间内(月、季、年),贷方记录的合计数额称作本期贷方发生额,借方记录的合计数额称作本期借方发生额,如果有余额,一般应在贷方。收入类账户月末无余额;"本年利润"账户年末无余额。

其计算公式为:右边账户期末贷方余额 = 期初贷方余额 + 本期贷方发生额 - 本期借方发生额。

综上所述,账户的结构可以概括为资产类账户、负债类账户、所有者权益类账户、费用类账户、收入类账户和利润类账户六类。

(三)借贷记账法的记账规则

经济业务可以分为四种类型,包括资产业务、负债业务、所有者权益业务和收入与支出业务。这些类型是根据经济主体与外部实体之间的交易关系以及经济主体内部的账户之间的关系来确定的。

根据复式记账法、借贷记账法和账户对应关系的原理,可以得知借贷记账法的记账规则是"有借必有贷,借贷必相等"。这是指每个经济业务都必须同时记录借方和贷方的金额,并且借方金额必须等于贷方金额。根据这个原则,我们可以进一步了解借贷记账法的运作方式。在借贷记账法中,每个经济业务会涉及至少两个账户。其中,借方记录的是该账户发生的减少,而贷方记录的是该账户发生的增加。

在借贷记账法下,经济业务发生后,必然涉及借贷方两类账户,这两类账户存在着应借、应贷的关系,这种关系称为账户的对应关系,存在着相互对应关系的账户称为对应账户。掌握账户的对应关系有利于充分反映会计要素具体内容增减变化的来龙去脉;通过账户对应关系,就可以清楚地了解每一项经济业务的资金流动状况;通过账户对应关系,可以检查经济业务的处理方法是否合理。

通过借贷记账法,可以清晰地了解每个账户的变动情况,从而跟踪和分析经济业务的效果,并确保账务记录的准确性和平衡。借贷记账法提供了一种规范的记账方式,使得会计信息更加可靠和可比较。

(四)借贷记账法的记账公式——会计分录

会计分录是将原始的经济业务翻译成"会计语言"的第一步,被称为记账公式,是指明每笔经济业务(会计事项)应登记的账户名称、方向及其金额的一种记录。会计上需要设置的账户很多,发生的经济业务又复杂多样,为了准确地反映账户之间的对应关系与登记的金额,在各项经济业务登记到账户之前,都要运用借贷记账法的记账规则,编制会计分录,以确定应记账户的名称、方向和金额,这就是会计分录三要素。

会计分录可分为简单会计分录和复合会计分录两种。简单会计分录是指经济业务发生后,只涉及两个对应账户的会计分录,即"一借一贷"的会计分录。这种会计分录的账户之间的对应关系简单明了,便于检查。复合会计分录是指经济业务发生后,要涉及两个以上对应账户的会计分录。具体包括"一借多贷""一贷多借"和"多借多贷"三种。企业编制复合会计分录,可以更加全面地反映经济业务的来龙去脉,并简化记账手续,提高工作效率。

(五)借贷记账法的试算平衡

所谓试算平衡,就是在全部经济业务登记入账以后,根据资产、权益之间的平衡关系和记账规则,来检查各类账户的记录是否正确、完整的一种验证方法。借贷记账法对每项经济业务都是根据"有借必有贷,借贷必相等"的记账规则,在两个或两个以上账户中进行记录,使每一项经济业务所引起的借贷两方的发生额必然相等。因此,无论是定期汇总或是月末计算,全部账户的借方本期发生额合计数必然与全部账户的贷方本期发生额合计数相等。而全部账户的期末余额又是在期初余额的基础上加、减本期增加发生额和减少发生额后得到的,所以,全部账户的借方期末余额合计数与贷方期末余额合计数也必然是相等的。

如果在记账过程中出现差错,就可能使借贷金额不平衡,使账户记录出现错误,最终导致以账户记录为依据而编制的财务报表出现错误。因此,必须定期地进行试算平衡,以便检查账户记录是否正确,及时找出差错及原因,并予以更正,保证财务报表提供的信息准确无误。

借贷记账法的试算平衡有发生额试算平衡法和余额试算平衡法两种。

1.发生额试算平衡法

发生额试算平衡法是用来检查全部账户的借贷方发生额是否相等的方法。当我们要检验所有账户在某一期间内对各项业务的记录是否正确时,可以用这种方法。其计算公式为:全部账户本期借方发生额合计 = 全部账户本期贷方发生额合计。

2.余额试算平衡法

余额试算平衡法是用来检查全部账户的借贷方期末余额合计是否相等的方法。当我们要检验所有账户记录的内容经过一个时期的增减变动之后,在某一时点上(期末)的结果是否正确时,可采用这种方法。其计算公式为:全部账户借方期末余额合计 = 全部账户贷方期末余额合计。

以上这两种试算平衡方法,一般是在月末结出总分类账户本期发生额和期末余额后,通过编制试算平衡表进行检验的。

应当注意的是,试算平衡只是在不平衡的情况下才能肯定平时记账有误,如果试算的结果是平衡的,这也并不能肯定记账就一定没有错误,因为某些记账错误并不破坏平

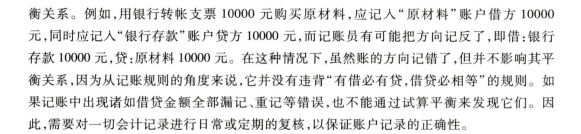

衡关系。例如,用银行转帐支票 10000 元购买原材料,应记入"原材料"账户借方 10000元,同时应记入"银行存款"账户贷方 10000 元,而记账员有可能把方向记反了,即借:银行存款 10000 元,贷:原材料 10000 元。在这种情况下,虽然账的方向记错了,但并不影响其平衡关系,因为从记账规则的角度来说,它并没有违背"有借必有贷,借贷必相等"的规则。如果记账中出现诸如借贷金额全部漏记、重记等错误,也不能通过试算平衡来发现它们。因此,需要对一切会计记录进行日常或定期的复核,以保证账户记录的正确性。

<h1 style="text-align:center">第二节 填制会计凭证</h1>

经济业务发生后,会计工作要经过编制会计分录、登记账户,然后定期对每个账户进行汇总计算并试算平衡,再经过期末账项调整、结账后,最后编制会计报表等一系列会计处理,这些会计处理形成了相互联系和循环往复的会计方法体系。然而会计方法的实施必须借助于一定的载体,即会计信息存载之处,这就是会计凭证、会计账簿和会计报表。与会计处理循环"分录—登账—编表"的模式相对应,会计信息载体也形成了"凭证—账簿—报表"的循环模式。

一、会计凭证的作用

"所谓会计凭证,是记录经济业务事项发生和完成情况的书面证明,是登记账簿的依据。填制和审核会计凭证是会计工作的起点,任何企事业单位在处理经济业务时,都必须办理会计凭证手续,由执行和完成该项经济业务的有关部门和人员取得或填制会计凭证,记录经济业务内容、数量和金额,并在凭证上签名和盖章,对业务的合法性、真实性和正确性负完全责任。所有会计凭证都要由会计部门审核无误后才能作为经济业务的证明和登记账簿的依据。填制和审核会计凭证是会计核算的一种专门方法。"[①]

为了反映经济活动的全貌,必须将会计主体的任一经济活动都登记入账。而登记入账必须有凭有据,所以要先办理会计凭证。这就是说,人们不能直接将经济业务登记到账簿中去,应当按照有关规定和程序取得或填制会计凭证,经过审核无误的会计凭证才能作为登记账簿的书面证明,并据以登记账簿。在办理会计凭证的过程中,有关部门和人员要在会计凭证上盖章签字,以表示对会计凭证的真实性、正确性和合法性负责。因此,填制和审核凭证对于实现会计职能和完成会计工作具有重要的意义。

(1)如实反映各项经济业务的实际情况。任何经济业务,如资金的取得和运用、销售收入的取得、财产物资的采购、生产经营过程中发生的各项耗费、财务成果的形成和分配等,都需要取得或填制会计凭证,并以其为记账依据。会计凭证详细地记载了经济业务

---

①徐哲,王柏慧,李贺.基础会计 理论 实务 案例 实训[M].上海:立信会计出版社,2018.

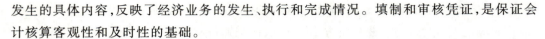

发生的具体内容,反映了经济业务的发生、执行和完成情况。填制和审核凭证,是保证会计核算客观性和及时性的基础。

(2)为登记账簿提供依据。只有经过审核无误的会计凭证才能作为记账的依据,没有会计凭证就不能记账,也就无法进一步进行其他会计核算。根据会计凭证记账可避免记账的主观随意性,使会计信息的质量得到可靠保证。

(3)确保经济业务合理合法。在记账前,会计人员通过审核会计凭证可以检查发生的经济业务是否符合国家有关方针、政策、制度、法律和法规,是否符合本单位的相关制度和规定,是否如实地反映经济业务的内容,已填制的会计凭证是否正确等,从而保证会计监督的有效性,及时发现会计核算和经营管理工作中存在的问题,防止不合理、不合法的经济业务发生,使企业的经济活动健康地发展。

(4)便于分清经济责任。会计凭证不仅记录了经济业务的内容,而且要求有关部门和人员签名盖章,以对会计凭证的真实性、正确性、合法性负责,增强有关人员的责任感。日后即使发现问题,也可根据凭证上部门和经办人员的记录进行进一步追查,明确经济责任,必要时追究相应的法律责任。

二、会计凭证的类型

按照填制的程序和用途,会计凭证可以分为原始凭证和记账凭证两大类。

(一)原始凭证

原始凭证,亦称单据,是在经济业务发生时取得或填制的,用以记录和证明经济业务发生和完成的情况,并作为记账原始依据的会计凭证。原始凭证作为填制记账凭证或登记账簿的原始依据,其作用主要是证明与会计事项相关的经济业务实际发生和完成的情况,因此,凡是不能起到这种作用的一切单据,如材料或商品的请购单、经济合同、派工单等,均不能作为会计核算的原始凭证,而只能作为原始凭证的附件。

1. 外来原始凭证和自制原始凭证

按来源不同,原始凭证可分为外来原始凭证和自制原始凭证。

(1)外来原始凭证。外来原始凭证是与外单位发生经济业务时,从外单位或个人处取得的原始凭证,如购货时由销货方开具的发货票或增值税专用发票、付款时由收款单位开具的收据、银行收款通知、铁路运单等。由于经济业务不同,外来原始凭证的形式各有差异。

(2)自制原始凭证。自制原始凭证是指由本单位自行制作并由内部经办业务的部门和人员在执行或完成某项经济业务时填制的仅供本单位内部使用的原始凭证。常用的自制原始凭证有收料单、领料单、限额领料单、产品入库单、产品出库单、销货发票、借款单、差旅费报销单、收款收据、成本计算单、扣款通知单、折旧计算表、工资结算单等。

2. 一次凭证、累计原始凭证和汇总原始凭证

按填制手续不同,原始凭证可分为一次凭证、累计原始凭证和汇总原始凭证。

(1)一次凭证。一次凭证是指填制手续一次完成,一次记录一项或若干项同类经济

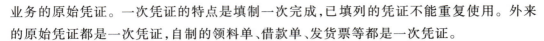

业务的原始凭证。一次凭证的特点是填制一次完成,已填列的凭证不能重复使用。外来的原始凭证都是一次凭证,自制的领料单、借款单、发货票等都是一次凭证。

(2)累计原始凭证。累计原始凭证是指在一定时期内,在一张凭证上连续地记载同类重复发生的经济业务的原始凭证。累计原始凭证既可以随时计算累计数及结余数,以便按计划或限额进行控制,又可以减少凭证张数,简化填制手续。工业企业的限额领料单和费用限额卡均属于累计原始凭证。

(3)汇总原始凭证。汇总原始凭证又称为原始凭证汇总表。为了简化会计核算的记账凭证编制工作,将一定时期内反映同类经济业务的若干张原始凭证加以汇总,编制成一张汇总原始凭证,用以集中反映某项经济业务发生的总括情况,如收料凭证汇总表、发料凭证汇总表、工资汇总表等。

(二)记账凭证

记账凭证,俗称传票,是将审核无误的原始凭证或汇总原始凭证进行归类整理而编制的,是用来确定会计分录、作为登记账簿直接依据的会计凭证。由于日常经济业务比较繁杂,相应的原始凭证形式和格式也就多种多样,直接根据原始凭证登记账簿容易发生差错。因此,会计人员在按规定对原始凭证审核后,必须先经过一定的归类和整理,为有关原始凭证所记载的经济业务确定应借、应贷的会计科目和金额,即确定会计分录,然后根据记账凭证登记账簿。可见,原始凭证是记账凭证的重要附件和依据。记账凭证记载的是会计信息,从原始凭证到记账凭证是经济信息转换成会计信息的过程,是一种质的飞跃。

1. 收款凭证、付款凭证和转账凭证

按是否与货币资金有关,记账凭证可分为收款凭证、付款凭证和转账凭证。

(1)收款凭证。收款凭证是用来记录银行存款和现金收入业务的记账凭证,是根据货币资金收入业务的原始凭证填制的。根据借方科目是"银行存款"还是"库存现金",收款凭证又具体分为银行存款收款凭证和现金收款凭证。凡涉及银行存款、现金收入业务的原始凭证,都应编制收款凭证。

(2)付款凭证。付款凭证是用来记录银行存款和库存现金支付业务的记账凭证,是根据货币资金支付业务的原始凭证填制的。根据贷方科目是"银行存款"还是"库存现金",付款凭证又具体分为银行存款付款凭证和现金付款凭证。对涉及银行存款、库存现金支出业务的原始凭证,应编制付款凭证。对于涉及库存现金与银行存款之间的收付业务,如将现金送存银行或从银行提取现金,一律只填制付款凭证,不填制收款凭证。这就是说,当从银行提取现金时,应编制银行存款付款凭证;当将现金送存银行时,应编制现金付款凭证。这样处理既能避免重复记账,又有利于加强对付款业务的管理。

收款凭证和付款凭证是登记库存现金日记账、银行存款日记账以及有关明细账和总账等账簿的依据,也是出纳员办理收款、付款业务的依据。

(3)转账凭证。转账凭证是记录与银行存款或库存现金收付无关的转账业务的凭

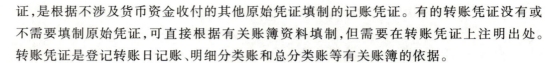

证,是根据不涉及货币资金收付的其他原始凭证填制的记账凭证。有的转账凭证没有或不需要填制原始凭证,可直接根据有关账簿资料填制,但需要在转账凭证上注明出处。转账凭证是登记转账日记账、明细分类账和总分类账等有关账簿的依据。

2.通用记账凭证和专用记账凭证

按使用范围不同,记账凭证可分为通用记账凭证和专用记账凭证。

(1)通用记账凭证。通用记账凭证是一种不分收款、付款和转账业务,任何经济业务都统一使用同一种格式的记账凭证。这种凭证一般适合业务不多、凭证数量少的单位。

(2)专用记账凭证。专用记账凭证是按经济业务的某种特定属性定向使用的记账凭证。如前面介绍的专门用于记录货币资金收、付款业务的收付款凭证,专门用于记录转账业务的转账凭证。

3.复式记账凭证和单式记账凭证

按填制方式不同,记账凭证可分为复式(或复项)记账凭证和单式(单项)记账凭证。

(1)复式记账凭证。复式记账凭证是把每项经济业务所涉及的会计科目集中填制在一张记账凭证上。无论是专用的还是通用的记账凭证,都是复式记账凭证。复式记账凭证的优点是,可以集中反映账户的对应关系,有利于了解经济业务的全貌;减少凭证数量,节约人力、物力和财力;有利于对该凭证进行审核和检查。

(2)单式记账凭证。单式记账凭证是指每张记账凭证只填制一个会计科目。如果一项经济业务的会计分录涉及两个会计科目,就要填制两张记账凭证;如果一项经济业务的会计分录涉及多个会计科目,就要填制多张记账凭证。这就意味着,单式记账凭证将一个会计分录所涉及的会计科目分散记入两张或两张以上记账凭证。其中,填列借方账户的记账凭证称为借项记账凭证,填列贷方账户的记账凭证称为贷项记账凭证。单式记账凭证的优点是,有利于汇总计算每一个会计科目的发生额,从而减少登账的工作量。

在实际工作中,为了简化登记总分类账的工作,可以把许多记账凭证按一定形式汇总编制成各种汇总凭证或科目汇总表。按汇总的方法和范围不同,汇总记账凭证可分为分类汇总记账凭证和全部汇总记账凭证。分类汇总记账凭证主要是对收款凭证、付款凭证和转账凭证分别进行汇总,形成汇总收款凭证、汇总付款凭证和汇总转账凭证;全部汇总记账凭证是指按各会计账户名称分别进行汇总,形成科目汇总表。

三、原始凭证的要素、填制与审核

(一)原始凭证的要素

由于经济业务多种多样,相应的经济管理的要求也不同,因此用来记录经济业务的原始凭证的格式和内容会有不同的特点。但是,无论哪一种原始凭证都必须如实反映经济活动的发生和完成情况,并明确有关部门和人员的责任。也就是说,任何原始凭证都必须具备若干基本要素,这些基本要素如下:

(1)原始凭证的名称。原始凭证的名称是指凭证上标明的记录经济业务种类的名

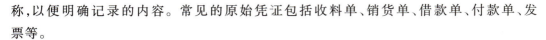

称,以便明确记录的内容。常见的原始凭证包括收料单、销货单、借款单、付款单、发票等。

（2）原始凭证的填制日期及编号。原始凭证的填制日期是指经济业务发生或完成的日期,一般应当及时填制,确保凭证的时效性。凭证上还应标明一个唯一的编号,用于辨别和管理不同的凭证,便于查询和审计。

（3）接受原始凭证的单位的名称。原始凭证的接受单位是指负责接收和处理凭证的单位或部门,其名称应明确记录在凭证上。这有助于追溯经济业务的来源和去向,以及核对相关记录的准确性。

（4）填制凭证的单位的名称、填制人员及经办人员的签名或盖章。凭证上应标明填制凭证的单位的名称,以及填制人员和经办人员的签名或盖章。这样可以明确记录经济责任,确定相关人员的权责。对于外来的原始凭证,还应有填制单位所盖的公章,用以证明凭证的合法性和真实性。

（5）经济业务内容摘要。凭证上应有经济业务内容的摘要,即对经济业务的项目、名称和有关事项进行简要说明。摘要应当准确、清晰地表达经济业务的主要内容,方便后续查询和核对。

（6）经济业务涉及的实物数量、单价、金额和总额等。凭证上应明确记录经济业务涉及的实物数量、单价、金额和总额等重要信息。这些信息反映了经济业务的规模和金额,便于对账、核对和统计分析。实物数量和单价用于计算金额,而金额则构成了经济业务的核心指标之一。总额则是经济业务金额的汇总,方便进行整体的统计和分析。

（二）原始凭证的填制

原始凭证作为会计核算的原始证明,必须真实、正确和可靠。根据相关会计法规的规定,原始凭证的填制应该遵循以下基本要求和若干具体规定。

1.填制原始凭证的基本要求

（1）记录真实。原始凭证的内容和数字必须反映经济业务的实际情况,凭证上的日期、经济业务的内容、数量金额等,不得随意填写、匡算、估算,不得有任何弄虚作假行为。原始凭证内容的真实、可靠,是保证会计信息客观、有效的基础和前提。

（2）内容完整。凡是原始凭证应该填写的内容,都必须逐项填写齐全,手续完备,不得随意省略或遗漏。除了某些特殊外来原始凭证如火车票、汽车票等外,其他从外单位取得的原始凭证都必须盖有填制单位的公章,没有公章的外来原始凭证属于无效的凭证,不能作为编制记账凭证的依据。从个人处取得的原始凭证,必须有填制人员的签名或盖章。自制原始凭证必须有经办部门负责人或其指定的人员的签名或盖章。购买实物的原始凭证,必须有验收证明。实物入账后,要按照规定办理验收手续,以明确经济责任,保证账实相符。支付款项的原始凭证必须有收款单位和收款人的收款证明。保证原始凭证内容完整和手续完备,是明确经济责任、实施会计监督的有效手段。

（3）填制及时。原始凭证应在经济业务发生或完成时及时填制,以便及时办理后续

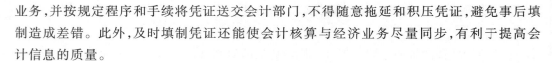

业务,并按规定程序和手续将凭证送交会计部门,不得随意拖延和积压凭证,避免事后填制造成差错。此外,及时填制凭证还能使会计核算与经济业务尽量同步,有利于提高会计信息的质量。

2.填制原始凭证的书写要求

(1)书写用笔。原始凭证要用蓝色或黑色墨水笔书写,不得使用圆珠笔和铅笔填写;要文字端正,清晰整洁,易于辨认,不得使用未经国务院公布的简化字。

(2)阿拉伯数字。金额数字前面应当书写货币币种符号或货币名称简写和币种符号,如"￥"(人民币)、"$"(美元)、"£"(英镑)等,且币种符号与阿拉伯金额数字之间不留空位。凡是阿拉伯数字前写有货币符号的,数字后面不再写"元"。所有以元为单位(其他货币种类为货币基本单位,下同)的阿拉伯数字,除表示单价等情况外,一律填写到角、分。无角、分的,角位和分位可写"00",或者符号"—";有角无分的,分位应当写"0",不得用符号"—"代替。

(3)汉字大写金额数字。汉字大写金额数字,如零、壹、贰、叁、肆、伍、陆、柒、捌、玖、拾、仟、万、亿等,一律用正楷或者行书体书写,不得用〇、一、二、三、四、五、六、七、八、九、十等字样代替,不得任意自造简化字。汉字大写金额数字到"元"或者"角"为止的,应当加写"整"字断尾;大写金额数字有"分"的,分字后面不写"整"字。汉字大写金额数字前未印有货币名称字样的,应当加填货币名称,且货币名称与金额数字之间不得留有空位。如果金额中间有一个或连续几个"〇",则大写金额只用一个"零"字表示。如金额￥1800040.20,汉字大写金额应为人民币壹佰捌拾万零肆拾元贰角整。另外,填有大写和小写金额的原始凭证,大写与小写金额必须相符。

(4)空隙和高度。阿拉伯数字应当一个一个写,不得连笔写,特别注意连续写几个"0"时要单个写,不要将几个"0"一笔写完。数字排列要整齐,数字之间的空隙要均匀,不宜过大。此外,一般要求文字或数字的高度占凭证横格高度的1/2,并且要紧靠横格底线书写,使上方能留出一定空位,以便需要更正时可以再次书写。

(5)多联凭证。对于一式几联的原始凭证,应当注明各联的用途,并且只能以一联作为报销凭证;一式几联的发票和收据,必须用双面复写纸(发票和收据本身具备复写纸功能的除外)套写,并且每一联都必须写透,防止出现上联清楚、下联模糊甚至上下联金额不一致等现象。

(6)错误更正。原始凭证所记载的各项内容均不得随意涂改、刮擦、挖补,否则为无效凭证。原始凭证若填写错误,应当由开具单位重开或者更正,更正工作必须由原始凭证出具单位负责,并在更正处加盖出具单位和经手人印章。但原始凭证金额错误的,不得在原始凭证上更正,应当由出具单位重开。提交银行的各种结算凭证上的数字一律不得更改,如遇凭证填写错误,应加盖"作废"戳记,保存备查,并重新填写。

(7)连续编号。各种原始凭证必须连续编号,以备查考。如果凭证上已预先印定编号,如发票、支票、收据等,作废时应当加盖"作废"戳记,连同存根和其他各联一起保存,不得随意撕毁,不得缺联。

3．填制原始凭证的其他规定

（1）经上级有关部门批准的经济业务事项，应当将批准文件作为原始凭证附件。如果批准文件需要单独归档，应当在凭证上注明批准机关名称、日期和文件字号。

（2）职工公出借款凭据，必须附在记账凭证之后。收回借款时，应当另开收据或者退还借据副本，不得退还原借款收据。

（3）发生销货退回的，要先填制退货红字发票，冲销原有记录，但红字发票不能作为退款的证明。退款时必须有退货验收证明，必须取得对方的收款收据或者汇款银行的凭证，不得以退货发票代替收据。

（4）原始凭证遗失处理。从外单位取得的原始凭证如有遗失，应当取得原开出单位盖有公章的证明，注明原来凭证的号码、金额和内容等，或根据原始凭证存根复印一份，并由经办人员签名，报经办单位会计机构负责人和单位负责人批准后，代作原始凭证。如果确实无法取得证明，如火车票、轮船票、飞机票等凭证，则由当事人写出详细情况，经经办单位会计机构负责人和单位负责人批准后，代作原始凭证。

（5）原始凭证分割。若一张原始凭证所列支的金额需要几个单位共同负担，应开具原始凭证分割单，将其他单位负担的部分单独列出，凭此结算所发生的款项。原始凭证分割单必须具备原始凭证的基本要素，包括凭证名称、填制凭证的日期及单位名称、接收凭证单位名称、经济业务内容摘要、数量、单价、金额、费用分摊情况、经办人签章等。

（三）原始凭证的审核

为了如实反映经济业务的发生和完成情况，充分发挥会计的监督职能，保证会计信息的真实、可靠，应由专门人员严格审核原始凭证。对原始凭证的审核主要从形式和实质两方面进行。

1．原始凭证的形式审核

原始凭证形式上的审核，侧重于审核凭证是否按照要求规范填写，办理凭证的相关手续是否完备。

（1）完整性审核。根据原始凭证的构成要素，审核凭证中应填写的项目是否填写齐全，是否有漏项情况，日期是否完整，数字是否清晰，文字是否工整，凭证联次是否正确，有关经办人员是否都已签名或盖章，是否经过主管人员审批同意，等等。

（2）正确性审核。审核原始凭证各项计算及其相关部分是否正确，如凭证的摘要和数字是否填写清楚、正确，数量、单价、金额、合计数是否正确，大小写金额是否相符，等等。

2．原始凭证的实质审核

对于原始凭证的审核，更重要的是实质审核，即审核原始凭证的真实性、合法性、合规性和合理性，审核原始凭证所载的经济内容是否符合有关政策、法令、制度、计划、预算和合同等的规定，是否符合审批权限，有无伪造凭证等不法行为。

（1）真实性审核。真实性审核包括两方面：①审核凭证所记载的经济业务是否真实，包括凭证日期是否真实、业务内容是否真实、数据是否真实等，审查开出发票的单位是否

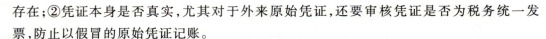

存在;②凭证本身是否真实,尤其对于外来原始凭证,还要审核凭证是否为税务统一发票,防止以假冒的原始凭证记账。

(2)合规性审核。根据国家有关的法规、政策和本单位相关规章制度,审核凭证所记载的经济业务是否有违反国家法律法规的问题,是否符合费用开支标准和规定的审批权限,是否符合企业生产经营需要,是否符合计划、预算,等等。

上述审核完毕,对于完全符合要求的原始凭证,会计人员应及时据以填制记账凭证;对于真实、合法、合理,但形式上不够完整或计算有误的原始凭证,会计人员可将其退回经办人员,更正后再进行有关会计处理;对于不真实、不合法的原始凭证,会计机构和会计人员有权拒绝接受,并向单位负责人报告,及时制止、纠正不法行为。

四、记账凭证的要素、填制与审核

(一)记账凭证的要素

记账凭证虽有不同种类,但是每一种记账凭证都要对原始凭证进行整理、归类,都是用来确定会计分录并据以登记账簿的一种会计凭证。记账凭证必须具备下列基本要素:

(1)记账凭证的名称。

(2)填制凭证的日期和编号。

(3)经济业务内容摘要。

(4)应借应贷的账户名称(包括总分类账户和明细分类账户)和金额,即会计分录。

(5)所附原始凭证的张数。

(6)填制、审核、记账、会计主管等有关人员的签名或盖章,收款凭证和付款凭证还需有出纳人员的签章。

(二)记账凭证的填制要求

填制记账凭证是会计核算的重要环节,正确填制凭证是保证账簿记录正确的基础。填制记账凭证应符合一些基本要求,如原始凭证审核无误、摘要填写简明扼要、内容附件完整无缺、会计分录编制正确、凭证书写清楚规范等。记账凭证填制的具体要求和注意事项如下。

1. 合理选择记账凭证类别

对于经济业务不多的单位,可以选用通用记账凭证。而对于业务频繁、凭证数量多的单位,则应选择专用记账凭证或单式记账凭证。对于采用专用记账凭证的单位,会计人员对原始凭证审核无误后,应根据经济业务的具体情况,正确选择应使用的收款凭证、付款凭证或转账凭证。为了避免重复记账,对于涉及库存现金和银行存款之间以及不同银行存款之间的划转业务,只填制付款凭证,不填制收款凭证。

2. 正确填写记账凭证日期

收款凭证和付款凭证的日期应按本单位库存现金或银行存款实际收入、付出的日期填写,一般是会计人员编制记账凭证的当日;转账凭证原则上也按编制凭证的日期填写,但是编制本月调整分录和月终结账分录时,应填写本月月末日期。

3．摘要填写准确、扼要

摘要是对经济业务的简要说明,不论是手工填制凭证还是计算机填制凭证,都要在记账凭证上填写摘要。摘要应符合两个要求:一是能准确地表述经济业务的基本内容;二是简明扼要,容易理解。

摘要应清楚表述以下内容:

(1)发生经济业务的单位或个人。例如,编制购入物资的记账凭证,应在摘要中写出从"×××公司"购入;编制材料费用分配的记账凭证,应在摘要中写出"生产车间""厂部"……领用;编制费用报销记账凭证,应在摘要中写出"×××"报销。

(2)当一笔经济业务涉及两个以上(不含两个)一级科目时,应根据经济业务和各会计科目的特点分别填写摘要。

(3)经济业务的主要内容。例如,"计提8月份固定资产折旧""×××报销出差北京差旅费"。

(4)其他关键内容。例如,重要收据的号码等。此外,对于购买货物,要写明供货单位名称及所购货物的主要品种和数量;对于收、付款业务,要写明收、付款对象的名称和款项内容,使用银行支票的最好写上支票号码;对于应收、应付、预收、预付款以及分期收款发出商品的债权、债务业务,应写明对方单位名称、业务经办人、发生时间等内容;对于盈溢、损失等事项,应写明发生部门及责任人、发生原因等;对于冲销和补充等业务,应写明冲销或补充的记账凭证的号码及日期,如写明"更正某日某号凭证错账""冲减退货进项税额"等。

总之,摘要应能够清楚地反映经济业务的来龙去脉。

4．正确编制会计分录

根据经济业务内容确定应借、应贷的会计科目名称及金额是编制记账凭证最实质的要求。首先,各会计科目的总账科目要使用规范,各级明细科目要填写齐全,以便登记总分类账和明细分类账;其次,账户对应关系要清晰,尽量保持一借一贷、一借多贷和多借一贷的对应关系,一般应避免编制多借多贷的会计分录;再次,一张记账凭证一般只反映一项经济业务,不要将不同类型、不同内容的业务合并编制在一张记账凭证上;最后,金额必须与所附原始凭证完全一致,并且符合数字书写规范,角、分位不留空格,对于金额栏的空行,应画斜线或一条"S"形线予以注销。合计金额的第一位数字前要填写币种符号,如人民币符号"￥",不是合计金额,则不填写货币符号。

5．正确选择编号方法

记账凭证应当连续编号,目的是分清会计事项处理的先后顺序,便于记账凭证与会计账簿之间的核对,确保记账凭证的完整。记账凭证的编号方法有多种,总的来说,有按月编号(业务极少的单位也可按年编号)、按编制凭证的顺序编号、一张记账凭证只编一个号等方法。具体方法应根据本单位采用的记账凭证的种类来确定。

（1）通用记账凭证，采用顺序编号法。将本月发生的经济业务按会计处理顺序，以自然数 1，2，3…连续编号，一直编到本月最后一张。

（2）专用记账凭证，采用字号编号法。字号编号法是一种分类编号法，将不同类型的记账凭证用字加以区别，再将同类记账凭证按会计事项处理顺序连续编号。它具体又可以分两种情况，一种是纯粹的字号编号法，另一种是双重编号法。纯粹的字号编号法仅按凭证的类别编号，它既可以按三类格式编号，也可以按五类格式编号。

三类格式编号是将收款凭证、付款凭证和转账凭证分别编为"收""付""转"三类，如"收字第××号""付字第××号""转字第××号"。更细的是五类格式编号法，即将现金收款凭证、现金付款凭证、银行存款收款凭证、银行存款付款凭证和转账凭证分别编为"现收""现付""银收""银付""转"五类，如"现收字第××号""现付字第××号""银收字第××号""银付字第××号""转字第××号"。双重编号法是将月份内记账凭证的总字号顺序编号与类别编号相结合的一种编号方法，如某一张付款凭证的编号为"总字第××号，付字第××号"。

上述不同的编号方法举例如下：20××年 12 月 8 日收到一笔银行存款，是该月第 52 笔业务，第 6 笔收款业务，第 2 笔银行收款业务，则用通用记账凭证编号为"第 52 号"，采用字号编号法编号为"收字第 6 号"或"银收字第 2 号"，用双重编号法编号为"总字第 52 号，收字第 6 号"或"总字第 52 号，银收字第 2 号"。

有时会计分录所涉及的科目较多，一张记账凭证填列不下，可以填制两张或两张以上记账凭证，这时可以采用分数编号法。例如，20××年 12 月 15 日，分配材料费用属该月第 16 笔转账业务，且需填制两张转账凭证，则这笔经济业务所编转账凭证的编号应分别是"转字 $16\frac{1}{2}$"和"转字 $16\frac{2}{2}$"分母表示该笔经济业务填制记账凭证的总张数，分子表示第几张凭证，分数前的整数表示该笔转账业务的编号。分数编号法也适合于单式记账凭证的编号，它既可以与顺序编号法结合使用，也可以与字号编号法结合使用。但不论采用哪种方法编号，都应在每月最末一张记账凭证的编号旁加注"全"字，以防记账凭证散失。

6. 注明记账凭证的附件

记账凭证一般应附有原始凭证，并注明其张数。凡属收、付款业务的记账凭证都必须有原始凭证；转账业务一般也应附原始凭证，如赊销、赊购、材料领用、产品入库、各项摊提等，只有当更正错账和期末结账时才可以不附原始凭证。

附件的张数要用阿拉伯数字填写，并在记账凭证上注明。记账凭证张数计算的原则是：没有经过汇总的原始凭证，按自然张数计算，有一张算一张；经过汇总的原始凭证，每一张汇总单或汇总表算一张。例如，某职工填报的差旅费报销单上附有车票、船票、住宿发票等原始凭证 26 张，这 26 张原始凭证在差旅费报销单上的"所附原始凭证张数"栏内已做了登记，它们属于附件的附件，在计算记账凭证所附原始凭证张数时，这一张差旅费报销单连同其所附的 26 张原始凭证一起算作一张。财会部门编制的原始凭证汇总表所附的原始凭证，一般也作为附件的附件处理，原始凭证汇总表连同其所附的原始凭证算在一起作为一张附件。但是,属收、付款业务的,其附件张数的计算要做特殊处理,应把汇总表及所附的原始凭证或说明性质的材料均算在张数内,有一张算一张。当一张或几张原始凭证涉及几张记账凭证时,可将原始凭证附在其中一张主要的记账凭证后面,并在摘要栏内注明"本凭证附件包括××号记账凭证业务"字样,在未附原始凭证的记账凭证摘要栏内注明"原始凭证附于××号记账凭证后面"字样,以备查阅,或附上该原始凭证的复印件。

(三)记账凭证的审核

为了保证记账凭证符合记账要求和账簿记录的正确性,在记账前必须对记账凭证认真审核。对于记账凭证的审核,主要从形式和内容两方面入手。

1.记账凭证的形式审核

从形式上审核记账凭证,主要是为了确保凭证的填写符合填制要求、各项要素填写齐全并且有关人员已经签章。这个过程是会计工作中非常重要的一环,它确保了会计记录的准确性和可靠性,以及遵循财务会计的规范和标准。

2.记账凭证的内容审核

(1)根据国家财经法规、方针政策和本单位规章制度审核记账凭证所反映的经济业务是否合法、合理。

(2)审核记账凭证所填列的会计分录是否正确,包括会计科目运用是否恰当、对应关系是否清晰、借贷金额是否平衡等。

(3)审核所附的原始凭证的内容和张数是否与记账凭证所填列的相关内容相符,原始凭证的合计金额与记账凭证金额是否一致,即审核证证是否相符。

此外,对于电算化账务系统,审核凭证比手工账务系统更加重要。因为在电算化账务系统中,编制并输入记账凭证几乎是唯一的人工操作,所有的账簿数据都是由计算机自动计算汇总产生的,用户无法在记账过程中再次确认和计量。因此,只有做好记账凭证的审核工作,才能确保账簿数据和报表数据正确。

无论是什么形式的账务系统,只有将记账凭证审核无误才能据以登记账簿。如发现记账凭证有错误,应及时查明原因,按规定方法更正。

五、会计凭证的传递和保管

(一)会计凭证的传递

会计凭证的传递是指会计凭证从填制(或取得)到归档保管的整个过程中,在本单位内部各有关部门和人员之间,按规定的时间、路线办理业务手续和进行处理的过程。合理组织会计凭证的传递活动,能及时、真实地反映和监督经济业务的发生和完成情况,有利于各部门和有关人员分工协作,使经济活动能够在正确的轨道上运行;有利于考核经办业务的有关部门和人员是否按照规定的手续办事,从而强化经营管理上的责任制,提高经营管理水平,提高经济活动的效率。

企业的会计凭证是从不同渠道取得或填制的,所记载的经济业务不同,涉及的部门和人员不同,办理的业务手续也不同。为了既保证经济业务有序进行,又保证会计凭证及时处理,有必要为各种会计凭证规定一个合理的传递程序,使经济业务和会计工作环环相扣,相互监督,提高工作效率。

会计凭证的传递主要涉及传递程序和传递时间两方面内容。要制定合理的凭证传递程序和时间应遵循的总体原则,在满足内部控制制度的要求的同时,尽量提高工作效率。各单位会计凭证传递的具体要求,要视其经济业务特点、内部机构的设置、人员分工以及管理上的要求而定,一般应考虑以下两个方面:

1. 合理设计会计凭证的传递环节

在日常经济活动中,各单位的经济业务往往环节众多且程序复杂,并不存在适合各单位使用的统一的凭证传递程序。但是,每一项业务都必须按照内部牵制要求进行环节控制。会计凭证的传递包括原始凭证传递和记账凭证传递,一般来说,原始凭证的传递程序相对较为复杂,涉及企业的业务部门、管理部门和会计部门,而记账凭证一般只会在会计部门内部传递,其传递程序较为简单。

合理设计原始凭证的传递程序,能够有效实现对相关业务环节的职责牵制、分权牵制和物理牵制;正确设计记账凭证的传递程序,能够有效发挥会计的簿记牵制作用,从而使会计控制真正起到内部控制的作用。原始凭证的传递程序应恰当地体现在凭证各个联次的用途上,分别将其送交有关部门,这样既可以保证有关部门及时进行业务处理,避免因等待凭证而延误时间,又便于有关部门各自将所需的凭证归档保管,互不冲突。

例如,对于外购原材料并验收入库的业务,一般应由单位的供应部门填制一式数联的收料单,然后交仓库使其据以验收材料;仓库保管人员验收后填列实收数,并先由指定人员复核,再由仓库记账人员登记入账;随后,仓库将收料单的验收联送供应部门核对和记录,将收料单的记账联送交会计部门,会计部门审核后据以编制记账凭证。在明确凭证传递环节的基础上,还要规定凭证传递的每一环节所涉及的部门和人员应办理的手续和相应的责任。如对于销售业务,应规定发货票上各联次应经过的销售、运输、仓库和会计等部门应完成哪些手续、负什么责任。

2. 合理确定会计凭证在各环节停留的时间

会计凭证传递除了符合内部牵制要求外,还要讲求经济业务和会计处理的工作效率。内部牵制是一种控制手段,其本身并不是目的。凭证若经过不必要的环节或在某些环节滞留时间过长,就会影响凭证的传递速度,进而影响经济业务的效率和经济活动目标的实现。因此,各单位要根据有关部门和人员办理经济业务各项手续的必要时间,同相关部门和人员协商确定会计凭证在各环节停留的时间,规定凭证在各环节停留的合理时间,防止拖延和积压会计凭证,以确保凭证的及时和准确传递。此外,为了保证会计核算的及时性和真实性,所有会计凭证的传递都必须在报告期内完成,不允许跨期传递。

（二）会计凭证的保管

会计凭证的保管是指会计凭证在登记入账后的整理、装订和归档备查工作。会计凭证是重要的会计档案和经济资料，各单位都必须加以妥善保管，不得丢失或随意销毁。根据相关规定，会计凭证的保管方法和要求如下：

（1）装订会计凭证。在装订之前，原始凭证一般是用回形针或大头针固定在记账凭证后面，在这段时间内，要及时传递凭证，严防在传递过程中散失。应定期（每日、每旬或每月）将记账凭证按编号顺序整理，检查有无缺号和附件是否齐全，然后装订成册。装订时应加上封面和封底，在装订线上贴上封签，加盖会计人员印章，不得任意拆装。在会计凭证封面上应注明单位名称、所属年度和月份、起讫日期以及记账凭证种类、张数、起讫编号等。

（2）专人保管。会计凭证在装订后存档前，应由会计部门指定人员负责保管，但出纳不得兼管会计档案。年度终了，可暂由会计部门保管1年（最长不超过3年），期满后应由会计部门编造清册，将其移交给本单位档案部门，由档案部门保管。保管时，应防止受损、弄脏、霉烂以及鼠咬虫蛀等。

（3）特殊原始凭证的归档。对于某些重要原始凭证，如各种经济合同和涉外文件等凭证。为了便于日后查阅，应另编目录，单独装订保存，同时在记账凭证上注明"附件另订"；对于性质相同、数量过多或各种随时需要查阅的原始凭证，如收料单、发料单、发货票等，可以不附在记账凭证后面，单独装订保管，在封面上注明记账凭证种类、日期、编号，同时在记账凭证上注明"附件另订"和原始凭证的名称及编号。

（4）调阅规定。作为会计档案，原始凭证不得外借。如果其他单位因特殊原因需要使用原始凭证，经本单位负责人批准，可以查阅或者复制，并填写"会计档案调阅表"，详细填写调阅会计凭证的名称、调阅日期、调阅人姓名和工作单位、调阅理由、归还日期、调阅批准人等。调阅人员一般不准将会计凭证携带外出。需复制的，要说明所复制的会计凭证名称、张数，经本单位领导同意后在本单位财会人员监督下进行，并登记与签字。

（三）会计凭证的保管期限

从会计年度终了的第一天算起，原始凭证、记账凭证、汇总凭证和会计档案移交清册的保管期限均为30年，银行对账单和银行存款余额调节表的保管期限均为10年。应严格遵守会计凭证的保管期限要求，期满前不得销毁。对于保存期满的会计凭证，也不得自行销毁，应履行必要的销毁程序。保管期满的会计凭证，应由本单位档案机构会同会计机构提出销毁意见，编制会计档案销毁清册，并由本单位负责人在销毁清册上签署批准意见，然后再履行规定的监理程序，方能销毁保管期满的会计凭证。

第三节　登记会计账簿

"会计账簿是以会计凭证为依据,由一定格式和相互联系的若干账页所组成,对经济业务进行全面、系统、序时、分类记录和反映的簿籍。根据会计凭证,将所有的经济业务的所有信息和内容按其发生的时间顺序,分门别类地记入有关账簿的方法就是登记账簿。"[1]设置和登记账簿是会计核算的一种专门方法,也是会计核算中不可缺少的环节,任何会计主体都必须设置会计账簿。

一、会计账簿的作用表现

会计账簿作为记录会计信息的重要载体,其作用主要表现在以下四个方面。

(一)提供连续、系统、全面、分类的会计信息

会计凭证是会计记录经济业务的重要工具。它们用于将会计主体的经济业务信息转化为会计信息。然而,这些会计信息在填制会计凭证时是零散的、片段化的,无法提供全面、连续、系统的会计信息。因此,会计凭证只能作为最初的会计信息载体。

为了解决会计凭证所存在的局限性,企业需要设置和登记账簿。通过账簿的设置和登记,企业可以将所有经济活动按照时间顺序和分类进行记录。这样做既可以对经济活动进行序时核算,也可以进行分类核算。通过账簿记录,企业可以提供各项总括指标和明细指标,从而连续、系统、全面、分类地提供会计主体某一时期内的全部经济业务核算资料。

账簿记录了企业的各种经济业务,如收入、支出、资产、负债等。常见的账簿包括总账、明细账、日记账等。总账用于记录企业的全部经济业务,按照科目进行分类,并提供总体的经济状况和资金状况。明细账则对总账中的每个科目进行详细记录,包括具体的金额和发生时间等。日记账则按照时间顺序记录企业的每笔经济业务,包括借方和贷方金额。

通过账簿记录和核算,企业可以获得更全面、准确的会计信息。它们不仅提供了经济活动的时间顺序和分类信息,还可以计算各项指标,如资产负债表、利润表、现金流量表等。这些指标可以帮助企业进行经济分析、决策和报告,同时也满足了法律、税务和监管机构对会计信息的要求。

(二)为编制会计报表提供依据

会计凭证提供了大量零散的会计信息,这些信息通过设置和登记账簿得到了归类和

---

[1] 段华.基础会计理论与实务[M].上海:复旦大学出版社,2015.

整理。这样的处理使得会计报表的编制得以提供有关账户的明细和总括资料。进一步通过对这些信息的汇总和整理，就能够生成完整的会计报表，以更综合地反映会计主体在一定时期内资产、负债、所有者权益的增减变动和结存情况，以及收入、费用、利润等经营成果情况。

会计账簿在编制会计报表中扮演着不可或缺的角色，起到了连接会计凭证和会计报表的桥梁和纽带作用。

（三）为财务分析和财务检查提供依据

账簿通过对零散的会计信息归类整理，所提供的核算资料比会计报表信息更为具体和详细，为财务分析和财务检查提供依据。利用账簿提供的会计信息，可以分析企业资金的运用情况，考核各种预算的执行和完成情况，有利于企业改善自身经营管理；可以检查企业会计活动及会计信息形成的合法性、准确性和完整性，并对会计信息质量作出评价。

（四）作为历史会计信息资料方便查证

计账簿是会计工作中非常重要的一部分，它是会计主体储存历史会计信息的档案。与会计凭证资料相比，会计账簿资料更容易查阅，比会计报表资料更为系统和全面，因此更便于有关部门和人员进行查证。

（1）储存历史会计信息。会计账簿记录了会计主体的全部业务活动和交易，包括收入、支出、资产、负债等方面的信息。这些信息对于了解企业过去的经济状况、经营情况以及财务活动至关重要。会计账簿的记录能够帮助管理者分析经营绩效、制定未来发展战略，并为决策提供依据。

（2）便于查阅。会计账簿中的信息按照时间顺序进行组织和记录，方便查找和追溯特定交易或业务活动的历史记录。无论是内部管理者、审计师还是税务机关，都可以通过查阅会计账簿快速了解企业的财务状况和经营情况。这种便捷性使得会计账簿成为评估企业信用、进行财务分析和监管的重要工具。

（3）系统和全面性。相比于会计凭证资料，会计账簿资料更加系统和全面。会计凭证是单个交易的记录，而会计账簿将这些交易按照一定的分类方式整理和归纳，形成系统的记录和汇总。通过会计账簿，可以查看不同科目下的所有交易明细，从而全面了解企业各个方面的财务状况。

（4）便于查证。会计账簿作为历史会计信息的储存，对于相关部门和人员来说，具有很高的查证价值。例如，审计师可以通过查阅会计账簿核实凭证的真实性和准确性，确保企业财务报告的可靠性。税务机关也可以利用会计账簿来查验企业的纳税情况，避免偷税漏税的行为。

二、会计账簿的类别划分

按照用途、格式和形式的不同，会计账簿可分为不同的种类。为了正确使用各种账

簿,有必要介绍账簿的不同分类。

(一)按照用途进行划分

按照用途不同,会计账簿一般可分为序时账簿、分类账簿和备查账簿。

1.序时账簿

序时账簿,也称日记账或流水账,是按照经济业务发生和完成的先后顺序,逐日逐笔进行连续登记的账簿。在会计核算中,先后顺序是指收到会计凭证的先后顺序,即记账凭证编号的先后顺序。序时账簿可以用来及时、详细地反映经济业务的发生和完成情况,提供连续、系统的会计资料,也可以用来和分类账的有关账户相互核对。序时账簿按其记录经济业务范围的不同,又分为普通日记账和特种日记账两种。

(1)普通日记账,又称分录簿,是指直接以原始凭证为依据,按照发生的时间顺序以会计分录形式将经济业务登记入账的账簿,其起到了记账凭证的作用。因此,普通日记账具有日记账簿和分录簿的双重性质。普通日记账可以连续、全面地反映一个单位的经济业务动态,十分便于企业决策管理部门使用。但是,根据日记账逐笔登记分类账的工作量较大,不便于分工记账,比较适合电算化会计的账务处理。

(2)特种日记账,就是专门用来序时登记某一特定经济业务的日记账。通常,若某种业务特别重要而又频繁发生,需要严加控制、经常复核,则需要对这种业务设置特种日记账,并由专人负责登记。如现金收支业务、银行存款收支业务、购货业务、销货业务,相应地就可设置现金日记账、银行存款日记账、购货日记账和销货日记账。

2.分类账簿

分类账簿,简称分类账,是对各项经济业务按账户分类登记的账簿。分类账按其核算指标的详细程度,可分为总分类账和明细分类账两种。

(1)总分类账,简称总账,是根据总分类科目设置的,用来总括反映全部经济业务的账簿。在实际工作中,每个会计主体应该设置一本总账,包括所需的所有会计账户。

(2)明细分类账,简称明细账,是根据总账科目设置,按其二级或明细科目设置的,用来分类登记某一类经济业务,提供详细核算资料的账簿。在实际工作中,每个会计主体可以根据经营管理的需要,为不同的总账账户设置明细账。还有一种将序时账簿和分类账簿相结合的账簿,即联合账簿。对于经济业务比较简单、总分类账户不多的单位来说,为了简化记账工作,也可以把序时记录和总分类记录结合起来,在同一本账簿中进行登记。这种同时具备日记账和总分类账两种用途的账簿称为联合账簿。日记总账就是典型的联合账簿。

3.备查账簿

备查账簿,又称辅助账,是指对某些在日记账和分类账中不能登记或记录不全,而在管理上需要掌握的经济业务,为便于备查而进行补充登记的账簿。它可以对某些经济业务提供必要的详细参考资料,如"经营性租入固定资产登记簿""应收票据备查簿""应付票据备查簿""受托加工材料登记簿""代管商品物资登记簿"等。备查账簿没有固定的格式,可根据实际需要灵活设置,而且并非每个单位都必须设置。备查账簿不受分类账控制,与其他账簿之间不存在严密的依存、勾稽关系。

(二)按照外表形式进行划分

所谓账簿的外表形式,就是指账簿的账页组成方式。按账簿外表形式的不同,会计账簿可分为订本式账簿、活页式账簿和卡片式账簿三种。

1. 订本式账簿

订本式账簿,简称订本账,是指在账簿启用前就把编有顺序号的若干账页固定并装订成册的账簿。采用订本式账簿能够避免账页散失和账页抽换,从而保证账簿资料的安全与完整。但由于账页固定,订本式账簿不能根据记账需要增减账页,因此必须预先估计每一个账户需要的页数,以此来保留空白账页,多则浪费,少则不够,从而会影响账户的连续登记。此外,同一本账在同一时间内只能由一人登记,不便于分工记账。订本账主要适用于现金日记账、银行存款日记账和总分类账。

2. 活页式账簿

活页式账簿,简称活页账,是指将分散的账页装存于账夹内但不固定,可以随时增减账页的账簿。活页式账簿的特点正好与订本账相反,其优点主要是可以根据需要增减或重新排列账页,便于分工记账,提高会计工作效率;缺点主要是账页容易散失,容易被抽换。为保证账簿资料的安全与完整,在使用活页账之前,应按账页顺序编号,并由记账员或会计主管人员签章,在不再继续登记时,应加上目录并装订成册。活页账主要适用于各种明细分类账。

3. 卡片式账簿

卡片式账簿,简称卡片账,是指由分散的硬纸卡片作为账页、存放在卡片箱中的一种账簿。卡片账在使用之前不需装订,根据记录需要可以增添卡片数量,可以跨年度使用,不一定需要每年更换新账。在使用卡片账时,为防止散失和抽换,应按顺序编号,并由有关人员在卡片上签章,同时存入卡片箱内由专人保管。卡片账的优缺点与活页账相同。在使用完毕更换新账后,应将其封扎存档,妥善保管。在会计实务中,它主要适用于记载内容比较复杂的财产物资明细账,如固定资产明细账、低值易耗品明细账等。

三、会计账簿的设置与登记

设置账簿,简称建账,就是要建立会计主体的账簿体系。一般来说,会计账簿的组织要适应企业的规模和特点,符合单位内部经营管理的需要,并能满足直接提供编制会计报表资料的需要;同时还应该简洁明了,便于审核、查阅和保管。在此基础上,设置账簿要求具体确定应设置哪些总分类账簿和明细分类账簿,并为每一账户确定账页的格式、内容及登记方法。

在会计核算方法中,账簿的格式大多用 T 形账户代替。但是在会计实务中,并非所有的账簿记录都登记在相同格式的账页中,原因在于:①不同账簿有不同的用途,不同用途的账簿有不同的要求,如分类账和日记账;②即使在分类账内部,不同账户的性质也不同,如总分类账户和明细分类账户,财产物资类明细账、费用类明细账和债权债务类明细账,等等;③不同单位经营管理的特点不同,需要账簿记录所提供的会计信息能满足其特有的要求,因此,在登记账簿时应根据不同情况选择不同格式的账页。

(一)日记账

日记账有普通日记账和特种日记账两种,其特点是序时登记,即逐日逐笔地登记经济业务,以便及时、详细地反映经济业务的发生和完成情况,提供连续的会计资料。

1.普通日记账

普通日记账的设置分两种情况:一种是企业不设置特种日记账,只设置普通日记账;另一种是普通日记账与特种日记账同时设置。在第一种情况下,企业不设特种日记账,普通日记账要序时地逐笔登记企业的全部经济业务;在第二种情况下,除普通日记账外,企业还要设置现金日记账、银行存款日记账、赊销日记账和赊购日记账等特种日记账,普通日记账只序时登记除特种日记账以外的经济业务,即货币资金收付和赊购、赊销业务由相应的特种日记账登记,除赊购、赊销以外的转账业务则由普通日记账登记。

但是,无论对于哪一种情况下的普通日记账,企业一般都不必填制记账凭证,而是将会计分录登记到各种日记账中,即用日记账代替记账凭证,然后再根据日记账登记各种分类账。在这种情况下,记账程序变成"原始凭证—普通日记账—分类账",我国一般不采用这种记账程序,而国外使用较广。填制记账凭证是我国会计法中规定的法定会计核算环节,因此我国会计的记账程序应该为"原始凭证—记账凭证—分类账"。

普通日记账的账页格式是两栏式,即只设"借方金额"和"贷方金额"两个金额栏,不设余额栏,不需要结出余额。

2.特种日记账

特种日记账是专门用来序时登记某一特定经济业务的日记账,如现金收款业务、银行存款收付款业务、赊购业务和赊销业务等,这些业务在企业大量重复发生,将它们从普通日记账中分割出来,专设现金日记账、银行存款日记账、赊销日记账和赊购日记账,这样既有利于会计分工记账,又可以对这些业务进行专门控制。

根据企业是否设置记账凭证,特种日记账可分成两种不同的情形,初学者必须注意加以区分。对于不设置记账凭证的企业,特种日记账和普通日记账一起共同作为记载会计分录的账簿,它们一方面根据原始凭证登记,另一方面又作为登记分类账的依据,这种特种日记账实际上起着记账凭证的功能,相应的账务处理程序称为普通日记账账务处理程序;对于设置记账凭证的企业,特种日记账不是根据原始凭证而是根据记账凭证登记的,它们也不能作为分类账登记的依据,而仅仅用来详细登记库存现金、银行存款收付等业务,以便加强对货币资金的控制,并能方便地与"库存现金"和"银行存款"等总分类账户核对,起到了明细账的作用。

我国会计制度要求设置记账凭证,所以我国企业采用的是特种日记账。因此,接下来阐述的特种日记账主要是指现金日记账和银行存款日记账。

（1）现金日记账。现金日记账专门用于记录库存现金每天的收入、支出和结存情况，由出纳人员根据审核以后的现金收款凭证、现金付款凭证等逐日逐笔按顺序进行登记，其所记载的内容必须与会计凭证相一致，不得随意增减。设置和登记现金日记账，可以了解和掌握单位库存现金每日收支和结存情况，并可及时核对，以保证现金的安全。

现金日记账一般按币种设置。如果一个单位的库存现金只有人民币一种，则可只设一本现金日记账；若还有外币库存现金，则有几种就设置几本现金日记账，以分别反映不同币种现金的收付和结存情况。登记现金日记账时应逐笔、序时登记，做到日清月结。为了及时掌握现金收付和结余情况，现金日记账必须当日账务当日记录，每日终了，出纳人员应计算全日的现金收入、支出和结余额，并与库存现金实际数核对。要注意，现金日记账不得出现贷方余额或红字余额。对于现金收支频繁的单位，还应随时结出余额，以方便掌握库存现金的实际动态。

现金日记账必须采用订本式账簿，其账页格式可分为三栏式和多栏式两种，在实际工作中普遍采用的是三栏式现金日记账。三栏式现金日记账是指在同一张账页上分设"收入""支出""结余"（或者"借方""贷方""余额"）三个金额栏目的日记账。多栏式现金日记账是为了便于反映每笔收支的来源和用途，以便分析和汇总对应科目的金额，也可以采用多栏式现金日记账，即分别按照对方科目对收入栏和支出栏设专栏进行登记。这种账簿可以通过有关专栏的定期汇总，将其合计数过入有关总分类账，无须逐笔过账；其他栏目的账户则仍需逐笔过账。在多栏式现金日记账中，由于经常重复出现的对应账户都已设置专栏，故可以大大减少总分类账的登账工作量。

（2）银行存款日记账。银行存款日记账是专门用来记录银行存款增加、减少和结存情况的账簿。设置和登记银行存款日记账，可以加强对银行存款的日常监督和管理，保证银行存款的安全。

银行存款日记账应按企业在银行或信用社开立的不同账号和币种分别设置，以管理单位不同账户和币种的银行存款收付业务。银行存款日记账通常是由出纳人员根据审核无误的银行收款凭证和付款凭证逐日逐笔按顺序登记的，要做到日清月结，每日终了结出余额，以便检查和监督各种收支款项，并定期与银行送来的对账单逐笔核对。

与现金日记账一样，银行存款日记账也必须采用订本式账簿，其账页格式既可以采用三栏式，也可以采用多栏式。多栏式银行存款日记账可只设一本银行存款日记账或分别设置银行存款收入日记账和银行存款支出日记账。银行存款的收付需要根据银行结算凭证进行，为了便于与银行对账并加强对单位票证的管理，银行存款日记账要专设"结算凭证——种类、号数"栏。

（二）分类账

设置与登记分类账，可以分类反映全部经济业务，提供资产、负债、所有者权益、收入、费用等方面每一个账户总括的详细的会计核算资料，为会计信息使用者提供系统的会计信息。按照账户所反映内容的详细程度不同，分类账分为总分类账和明细分类账两类。

1. 总分类账

总分类账,简称总账,是按总分类账户进行分类登记的账簿。为了全面、总括地反映经济活动的情况,并为编制会计报表提供必要的数据,任何单位都必须设置总分类账。

总分类账一般采用订本式账簿,并按照一级科目的编号顺序分设账户,为每个账户预留若干账页,以集中登记属于各账户的经济业务及其变动情况。总分类核算只运用货币计量,常用三栏式账页。三栏式总分类账设有"借方""贷方""余额"三个金额栏,有反映对方科目栏和不反映对方科目栏两种格式。

总分类账是会计人员根据审核无误的记账凭证直接或汇总登记的,其登记依据和方法与各单位所采用的账务处理程序有关。一般来说,总分类账的登记方法有以下几种:①逐笔登记法,即总账直接根据记账凭证逐笔登记;②汇总登记法,即定期将所有记账凭证汇总,按照一定方法编制汇总记账凭证(包括汇总收款凭证、汇总付款凭证和汇总转账凭证),月末根据其合计数登记总账;③汇总登记与逐笔登记相结合,即对经常重复发生的业务采用汇总登记法,对较少发生的业务采用逐笔登记法;④以表代账,即以科目汇总表代替总分类账。还有一种总账是日记账和总分类账相结合的联合账簿,即多栏式日记总账。

2. 明细分类账

明细分类账账簿是根据明细会计科目设置的簿籍。在总分类账的基础上,设置与登记明细分类账,可以提供明细的会计核算资料。

明细分类账一般采用活页式账簿,也有采用卡片账的,如固定资产卡片可作为固定资产明细账。明细分类账的格式,应根据它所反映的经济业务内容的特点、实物管理上的要求来设计。常用的明细分类账有三栏式、数量金额式、多栏式和平行式等多种格式,会计人员应根据记账凭证、原始凭证或原始凭证汇总表,或者定期登记,或者逐日逐笔登记。

(1)三栏式明细分类账。三栏式明细分类账只设"借方""贷方""余额"三个金额栏,其格式与三栏式总分类账基本相同。它适合于那些只需要金额核算,不需要数量核算的债权、债务等明细分类账户,如应收账款明细账、应付账款明细账、其他应收款明细账、短期借款明细账、长期借款明细账、其他应付款明细账等。

(2)数量金额式明细分类账。数量金额式明细分类账的账页,在"收入""支出""结余"栏内,分别设有"数量""单价""金额"专栏。这种格式适合于既要进行金额核算,又要进行数量核算;既有价值指标,又有实物指标的各种财产物资,如"原材料""库存商品"等明细分类账户,它们应按品种、规格分别设置,列明品名、规格、存放位置、储备定额和最高、最低储备量等。

(3)多栏式明细分类账。多栏式明细分类账是根据管理需要,在一张账页内不仅按借、贷、余(或收、支、余)三部分设置金额栏,还要按明细科目在借方或贷方设置许多金额栏,以集中反映有关明细项目的核算资料。这种格式通常适合在管理上需要了解构成内容的成本费用、收入类账户的明细核算,并将其内容设置成专栏。其专栏的设置一般取决于明细分类账户的数目及其所包含的经济内容,以及管理上需要对这些经济内容了解和掌握的详细程度。多栏式明细分类账主要适合成本费用、收入类账户的明细核算,成本费用类多栏式明细分类账应按借方设置专栏,如"在途材料""生产成本""制造费用""在建工程""管理费用""财务费用""营业外支出"等;收入类明细分类账应按贷方设置专栏,如"主营业务收入""营业外收入"等;还有些账户可以同时按借方和贷方设置专栏,如"应交税费—应交增值税""本年利润"等。

与三栏式明细分类账相比,多栏式明细分类账能够在一张账页上反映某一级账户的所有下一级明细项目,登记和查阅均十分方便。但它不能随意增加或改变专栏名称,因此多栏式明细分类账比较适合明细科目能够预先确定并且相对固定的账户。如"生产成本"按成本计算对象设账页后,再按成本项目设专栏,其中成本项目中的"直接材料""直接人工""制造费用"能够预先设定且固定不变。

(4)平行式明细分类账。平行式明细分类账,也称横线登记式明细分类账,其账页的基本格式是设置"借方"和"贷方"两栏。当经济业务发生时在一方登记,与其相应的业务则不管何时发生,均在同一行次的另一方平行登记,以加强对这一类业务的监督。比如,职工预支和报销差旅费业务,在登记职工预支款业务后,无论职工何时报销或归还,都在同一行次中登记报销或款项收回情况。平行式明细分类账主要适合往来款项等账户的明细核算,如"其他应收款""其他应付款"等。

明细分类账除了上述常用的四种格式外,还可根据不同的经济业务和管理上的需要采用其他专门格式,如开展分期收款销售业务的企业,其应收账款明细账要采用累计金额式明细账;同时涉及人民币和外币两种货币记账的企业,其相关的明细账要采用复币式明细账。

(三)备查账簿

有些经济业务,在日记账和分类账中不予登记,但在管理上需要加以控制或掌握情况,这就需要设置备查账簿,以补充日记账和分类账记录的不足。

备查账簿的种类和格式比较灵活,可根据单位的实际需要设计。它一般有下列三种类型:

(1)代管财物登记簿。有些财产物资,企业虽没有所有权,但企业对其负有保管和使用的责任,因而需要设置备查账簿并进行登记,此类备查账簿有包装物登记簿、代加工材料登记簿、代管商品物资登记簿等。

(2)账外财物登记簿。某些工具、用具,其单位价值比较低,领用时在会计上做一次性费用处理。然而这些工具、用具使用期一般比较长,这就意味着这些财产物资尽管仍在企业内被使用,但是会计账面已不反映其实物形态和价值。为了加强管理,防止出现漏洞和浪费,可以设置账外财物登记簿,记录领用日期、领用人、领用数量、报废日期等情况,以加强控制。

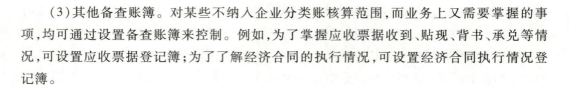

（3）其他备查账簿。对某些不纳入企业分类账核算范围，而业务上又需要掌握的事项，均可通过设置备查账簿来控制。例如，为了掌握应收票据收到、贴现、背书、承兑等情况，可设置应收票据登记簿；为了了解经济合同的执行情况，可设置经济合同执行情况登记簿。

四、账簿的启用、登记与错账更正

（一）账簿的启用

账簿是重要的会计档案。为了确保账簿记录的真实、完整和合法，明确记账责任，会计人员在启用账簿时，应在账簿封面上写明单位名称和账簿名称，并在账簿扉页的"账簿启用及交接表"或"账簿启用和经管人员一览表"上填写账簿启用及交接等相关内容。具体包括：启用日期、账簿页数以及记账人员、会计机构负责人和会计主管人员的姓名，并加盖人名章和单位公章。

会计人员在填写"账簿启用及交接表"时，应遵循以下规则：

（1）启用订本式账簿，应当从第一页到最后一页按顺序编写页数（预先印定页数的账簿除外），不得跳页、缺号；启用活页式账页，应当按账户顺序编号，并需定期装订成册，装订后再按实际使用的账页顺序编写页码，另加目录，并记明每个账户的名称和页次。扉页的起止页数可于装订时填写。银行存款日记账启用后还要将开户银行的全称、银行账号等内容填写完整。

（2）填写记账人员和会计机构负责人、会计主管人员的姓名，并加盖人名章和单位公章。

（3）记账人员或会计机构负责人、会计主管人员调动工作时，在办好账簿移交手续后，在启用表上应当注明交接日期、接办人员或监交人员姓名，并由交接双方人员签名或盖章，以明确相关人员的责任。

（二）账簿的登记

1. 账簿登记的基本要求

为了保证账簿记录的正确性，记账时必须根据审核无误的会计凭证，按规定方法进行登记。账簿登记的基本要求如下：

（1）账簿登记及时。一般来说，登记账簿的时间间隔越短越好。①总账登记，应视单位的账务处理程序而定。有的按照记账凭证逐日或定期登记，有的根据汇总凭证或汇总表定期登记。②明细账和日记账登记，应根据原始凭证或原始凭证汇总表、记账凭证每日登记或定期（每隔3日或5日）登记。但是为了及时核对各种财产余额，随时与债权债务单位结算，现金日记账和银行存款日记账必须每日逐笔登记，债权债务和财产明细账也必须每天登记。

（2）账簿登记完整。登记账簿时，应当将记账凭证的日期、编号、经济业务内容摘要、金额和其他有关资料逐项登记入账。每一笔业务登记完毕后，都要在记账凭证上签名或盖章,并在"过账"栏内注明相应账簿的页码或记账符号"√",表示已登记入账,以免重复或漏记,且便于凭证与账簿之间互相比较。实物类明细账应填写编号、品名、规格、单位、数量、单价等,固定资产明细账除了按实物类明细账的要求填写外,还应填写使用年限、预计残值(率)、月折旧额(率)、存放地点等项。

(3)账簿登记连续。各种账簿应按页次顺序连续登记,不得跳行、隔页。如果发生跳行、隔页,应当将空行、空页画线注销,或者注明"此行空白""此页空白"字样,并由记账人员签名或者盖章。不得任意撕毁订本式账簿的账页,也不得任意抽换活页式或卡片式账簿的账页,以防舞弊。

(4)书写规范。字迹要清楚、工整,文字和数字上面要留有适当空格,不要写满格,一般占格高的1/2左右,以保证账簿的清晰、整洁和美观,并为更正错误留出余地。要用蓝黑墨水或者碳素墨水书写,不得使用圆珠笔(银行的复写账簿除外)或者铅笔书写。

用红色墨水登记账簿可以在下列情况中出现(指金额):①按照红字冲账的记账凭证,用红字冲销错误记录;②在不设"借""贷"等栏的多栏式账页中,用红字登记减少数;③三栏式账户"余额"栏前若未印明余额方向,在"余额"栏内用红字登记负数余额。此外,根据国家会计制度的有关规定,用红色墨水登记账簿还用于其他会计记录,如期末结账时,用红色墨水画红线;更正错账时,画红线更正;在账簿登记发生跳行隔页时,红色墨水画对角线注销空行或空页。

2.账簿登记的若干技术

(1)日期栏。在填写日期时,每一页的第一笔业务的年、月应在"年""月"栏中填写齐全,只要不跨年度或月份,以后本页再登记时,只需填"日",一律不填写月份。当同页跨月登记时,应在上月的月结线下的月份栏内填写新的月份。

(2)余额栏。凡需要结出余额的账户,结出余额后,应当在"借"或"贷"等栏内写明"借"或"贷"等字样。没有余额的账户,应当在"借"或"贷"等栏内写"平"字,并在余额栏内用"0"表示,一般来说,在"余额"栏内标注的"0"应当放在"元"位。现金日记账和银行存款日记账必须逐日结出余额。

(3)转页处理。当一账页登记完毕结转下页时,应当在下页的第一行摘要栏内注明"承前页"字样,即进行转页处理。按"承前页"所承的时期不同,转页处理有两种方法:一种是"承前页"只承前页发生额合计数及余额;另一种是承本月(日记账为本日)连续累计发生额及余额。采用第一种方法,当某一账页登记完毕时,应将该页的合计数及余额填写在该页最后一行的有关栏内,并在这行的摘要栏内注明"过次页"字样,然后在下页第一行有关栏内转抄上页的合计数及余额,并在摘要栏内注明"承前页"字样。也可以不设"过次页",直接将本页合计数及余额写在下页第一行有关栏内,并在摘要栏内注明"承前页"字样。采用第二种方法,"承前页"的金额是本月(日记账为本日)连续累计发生额及余额,其登记方法与第一种处理方法相同。一般来说,对于会计人员月末结账的工作效率而言,第二种处理方法更为有效。

(4)错账更正。账簿登记中如果发生错误,不准涂改、挖补、刮擦或者用药水消除字

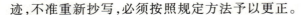

迹,不准重新抄写,必须按照规定方法予以更正。

（5）便捷符号。为了提高工作效率,记账时允许使用一些便捷符号。单价可用"@"表示,如单价为18元,可写作"@18元";号码顺序可用#表示,如第35号,可写成"#35",但不能写作"35#"。

3. 总分类账和明细分类账的平行登记

总分类账户是根据总分类科目设置的,用来对会计要素的具体内容进行总括分类核算,它对明细分类账户起着统驭的作用。明细分类账户是根据明细分类科目设置的,用来对会计要素的具体内容进行明细分类核算,对总分类账起着说明和补充作用。总分类账户及其明细分类账户反映的内容是相同的,只是核算指标的详细程度不同,因而应保持总账与明细账记录的一致性,采取平行登记的方法。所谓总分类账和明细分类账的平行登记,是指对所发生的每项经济业务,都要根据会计凭证,既记入相关总分类账户,又记入其明细分类账户的一种登记方法。平行登记,一方面可以满足对总括资料和详细核算资料相互核对的要求,另一方面也可以及时检查会计记录的正确性。平行登记方法是企业内部牵制制度在会计核算方面的具体运用。

平行登记的要点通常可以归纳为四个"同",即同时期、同依据、同方向和同金额,具体阐述如下:

（1）同时期登记。同时期登记又称双重登记,是指对同一笔经济业务,必须在同一会计时期内登记,即既要记入有关的总分类账户,也要记入其所属的明细分类账户,不能漏记或重记。这里所指的同时期是指同一会计期间（如同一个月）而非同时刻。

（2）同依据登记。总分类账户及其明细分类账户是对同一笔业务不同程度的反映,登账时所依据的是同一原始凭证,分别以总括指标和详细指标的形式反映同一项内容。

（3）同方向登记。同方向登记,是指对同一笔经济业务,在登记总分类账户和明细分类账户时,其各自的记账方向必须一致。如果总分类账户登记在借方,其明细分类账户也应记在借方;如果总分类账户登记在贷方,其明细分类账户也应登记在贷方。

（4）同金额登记。同金额登记,是指将一笔经济业务记入所属几个明细分类账户时,记入总分类账户的金额,必须与记入所属几个明细分类账户的金额之和相等。

总分类账与其明细分类账的平行登记能保证总分类账和明细分类账之间期初余额、本期发生额及期末余额均相等。利用这一平行登记原理,可以检查总分类账及其明细分类账记录的正确性和完整性。

（三）错账更正

在记账过程中,由于种种原因会发生各种各样的差错。发现错账时,应按照规定的方法予以更正。由于错账发生的原因、性质及类型不同,更正错账的方法也不同。常用的错账更正方法有三种:划线更正法、红字更正法和补充登记法。

1. 划线更正法

划线更正法又称红线更正法,是指用红墨水划线注销原有错误记录,然后在划线处的上方写上正确记录的一种方法。它主要适用于结账前发现账簿上所记录的文字或数字有错误,而记账凭证无错误,即纯属过账时文字、数字的笔误或方向错误及数字计算错误的情况。

划线更正法更正错账时,应先在错误的文字或者数字上画一条红色横线,表示注销,但必须使原有字迹仍清晰可辨,以备查考;然后,在划线处的上方用蓝字填写正确的文字或者数字,并由记账人员在更正处盖章,以明确责任。划线更正时应注意:对于文字差错,可只划去错误的部分,不必将与错字相关联的其他文字划去;但对于数字差错,必须将错误的数字全部划掉,不得仅划去其中的个别错误数字。例如,在过账时把 5634 元误记为 5643 元,不能只划去"43",改为"34",而是要把"5643"全部用红线划去,并在其上方写上正确的"5634"。

2. 红字更正法

红字更正法又称红字冲销法、赤字冲账法或红笔订正法,是指用红字冲销或冲减原有的错误记录,以更正或调整记账错误的一种方法。这种方法适用于原记账凭证有错误,并已根据错误的记账凭证登记入账的情况。它具体又可以分成以下两种情况:

(1)记账后,发现原记账凭证中会计科目用错,并已根据错误的记账凭证登记入账,则用红字更正法进行更正。更正时,先用红字金额填制一张内容与原错误凭证完全相同的记账凭证,在"摘要"栏注明"冲销某月某日第×号凭证错误"字样,并据以用红字金额登记入账,以冲销原错误记录;然后用蓝字填制一张正确的记账凭证,在"摘要"栏注明"更正某月某日第×号凭证错误"字样,并据以用蓝字金额登记入账。

(2)记账后发现记账凭证中会计科目没有错误,只是金额多记了,也应采用红字更正法予以更正。更正时只需一步就能完成,即将多记的金额用红字填制一张与原错误凭证会计科目相同的记账凭证,在摘要栏注明"冲销某月某日第×号记账凭证多记金额"字样,并据以用红字金额登记入账,冲销多记的金额。

3. 补充登记法

记账以后,若发现原记账凭证会计科目无错误,只是所记金额小于应记金额,可用补充登记法更正。补充登记法是通过补记差额更正账簿记录错误的一种方法。更正时,只要将少记的金额用蓝字填制一张记账凭证,然后据以登记入账,并在摘要栏内注明"补记某月某日第×号记账凭证少记金额",就补记了少记的金额,更正了错账。

采用红字更正法和补充登记法更正错账,能够正确反映账户的对应关系,保证账户发生额的正确性,避免虚增虚减情况的产生。对于电算化会计所发生的错账,只能采用红字更正法和补充登记法更正,划线更正法不适用。

五、账簿的对账与结账

为了考察某一会计期间(如月份、季度、年度)经济活动的情况,考核经营成果,方便编制会计报表,必须使用真实、正确、完整的账簿资料,必须定期进行对账与结账工作。

（一）账簿的对账

账簿记录要正确无误,但是在记账、过账、计算等会计核算过程中难免会出现差错、疏漏等情况,造成各种账簿之间、账簿记录与会计凭证之间以及账簿记录与实物、款项之间不符合,以至于后续的会计核算工作无法进行。为了确保账簿记录的真实性、完整性、正确性,在有关经济业务入账之后,亦即在后续的结账和编报之前,还要进行经常的或定期的对账工作,以保证账证相符、账账相符和账实相符。

对账就是对账簿记录所进行的核对工作,包括账证核对、账账核对和账实核对三方面内容。

1.账证核对

账证核对是指各种账簿的记录与有关原始凭证和记账凭证相核对。这是保证账簿记录真实、正确、完整的基础。这种核对主要是在日常编制凭证和记账过程中进行的,体现在复核账簿记录与会计凭证的内容、金额、会计科目、记账方向等是否相符。月末对账时可以重点抽查,如果发现账证不符,就应重新进行账证核对,以保证账证相符。

2.账账核对

账账核对是指各种账簿之间的有关数字的相核对,主要包括以下内容:

总分类账有关账户核对,主要核对总分类账全部账户的本期借方发生额合计数与贷方发生额合计数是否相等,借方期末余额合计数与贷方期末余额合计数是否相等。这种核对可以通过总分类账户的试算平衡进行。

总分类账与明细分类账核对,主要核对总分类账全部账户的本期发生额与其各明细分类账户的本期发生额之和是否相等,总分类账全部账户的期末余额与其各明细分类账户的期末余额之和是否相等。这种核对可以通过编制明细账本期发生额及余额表等进行。

总分类账与日记账核对,主要核对总分类账中"现金"和"银行存款"账户的本期发生额及期末余额与现金日记账、银行存款日记账相对应数字是否相等。

会计部门的财产物资明细账的期末余额与财产物资保管、使用部门的有关保管明细账(卡)的期末结余额核对。

3.账实核对

账实核对是指各种货币资金、财产物资和结算款项的账面余额与实存数额相核对,主要包括以下内容:

(1)现金日记账的账面余额,应每日与现金实际库存数额相核对,并填写库存现金核对情况报告单作为记录。

(2)银行存款日记账的账面余额与开户银行对账单核对。每收到一张银行对账单,经管人员就应在三日内核对完毕,每月编制一次银行存款余额调节表。

(3)各种财产物资明细账的账面余额与财产物资的清查盘点实存数额核对。有价证券明细账的账面余额应与单位实有证券相核对,至少每半年核对一次;商品、产品、原材料等财产物资明细账的账面余额应定期与实存数额相核对,年终要进行一次全面的核对清查。

各种应收款、应付款、银行借款等往来款项明细账的账面余额应与有关债权债务单位(或个人)相核对,清理结果要及时以书面形式报告。

要进行这一系列账实核对工作,需掌握各项财产物资的实有数。在实际工作中,一般要通过财产清查来掌握各项财产物资的实有数。因此需掌握有关财产清查的内容、方法等。

(二)账簿的结账

结账,就是在将一定时期(月度、季度、年度)内所发生的经济业务全部登记入账的基础上,结算出各账户的本期发生额和期末余额。结账工作可以将持续不断的经济活动按照会计期间进行分期总结和报告,反映一定会计期间的财务状况和经营成果,为编制会计报表提供依据。结账工作通常按月进行,年度终了还要进行年终结账。此外,当企业因撤销、合并、分立等原因办理账务交接时,也需要办理结账。

结账工作通常包括两方面内容:一是结清或结计各种收入、费用类账户的本期发生额,并据以计算本期损益;二是计算各种资产、负债和所有者权益类账户,结出其本期发生额和期末余额,并将余额转为下期的期初余额。

1.结账前的准备

为了做好结账工作,结账前应做好以下五点准备工作:

(1)结账前,首先必须将本期内发生的经济业务全部登记入账,如果发现漏账、错账,应及时补记、更正。要做好对账工作,只有在核对无误的前提下才能进行结账。

(2)检查是否按照权责发生制的要求对本期内所有的转账业务编制记账凭证,进行账项调整,并据以记入有关账簿,不得提前结账或推迟结账。

(3)进行必要的成本计算和结转,如制造费用的计算和结转、完工产品成本的计算和结转、已售产品成本的计算和结转等。

(4)在本期全部经济业务都已入账的基础上,分别计算出日记账、明细分类账和总分类账的本期发生额和期末余额。

(5)根据各明细分类账的记录分别编制明细分类账户本期发生额及余额表,根据总分类账的记录编制总分类账户本期发生额及余额表,进行试算平衡。

2.结账的内容

(1)收入、费用类账户的结账。

①各收入、费用类账户属于"虚账户",期末需要结清。结账的任务是将其余额结为零。

②结计出各收入、费用类账户的本期发生额合计数。

③编制结账分录。按照损益类账户结转方法,编制结账分录,即将各收入、费用类账户的余额分别转入"本年利润"账户。

④过账与结账。将结账分录所涉及的各损益类账户和"本年利润"账户发生额分别过入分类账,使各损益类账户余额变成零,"本年利润"账户的贷方合计与借方合计的差额即为本期利润(负数表示亏损),反映从年初起本年累计实现的利润(或亏损)额。年终结账时,还应该结转"本年利润"账户和"利润分配"账户,以计算全年实现的利润和分配的利润。

(2)资产、负债和所有者权益类账户的结账。资产、负债和所有者权益类账户属于"实账户",这些账户在某一时刻的余额反映其实际拥有的数额,结账工作的任务是结算出各账户的本期发生额和期末余额,并将余额转为下期的期初余额。

3.结账的方法

在会计实务中,通常采用划线结账法结账。划线是结账的标志,一方面突出了特定时期的有关数字(如本期发生额和期末余额);另一方面标志着会计分期,即将本期与下期的记录明显分开,表示本期的会计记录已经截止或结束。划线结账按时间可分为月结账和年结账。

(1)月结账。月结账是以一个月为结账周期,每个月月末对本月发生的经济业务情况进行总结。月结账的具体做法是在每个月月末各账户最后一笔记录的下面画一条通栏单红线,并在单红线下的"摘要"栏内注明"本月合计"字样,随后结出本期发生额和期末余额,然后在这些记录下面再画一条通栏单红线,以表示本月的账簿记录结束。紧接着下一行,在"摘要"栏内注明"期初余额"字样,并在"余额"栏内将上期的期末余额数转入。应注意,划线时应划通栏线,不应只在金额部分划线。

除了上述的一般情况外,某些账户的结账和划线有特殊要求:第一,某些明细账户的每一笔业务都需要随时结出余额,如各项应收款明细账和各项财产物资明细账等,每月最后一笔余额即为月末余额,这种情况就不需要按月结计本期发生额,月末结账只需在最后一笔经济业务记录之下画一条单红线,表示本月的账簿记录已经终止,不需要再结计一次余额。第二,对于需要逐月结算本年累计发生额的账户,如各种损益账户,应逐月计算自年初至本月末的累计发生额,登记在月结线的下一行,在"摘要"栏内注明"本年累计"字样,并在下面画通栏单红线。第三,如果本月只发生一笔经济业务,则只要在这笔记录下画一条单红线,表示与下月的发生额分开即可,不需另结出本月合计数。当然,本月没有发生额的账户,不必进行月结(不画结账线)。

(2)年结账。年结账是以一个月为结账周期,年末对本年度发生的经济业务情况及结果进行总结。每年的12月31日,应当将全年12个月的月结数的合计数填列在12月的月结数字下,并在"摘要"栏内注明"本年合计"或"年度发生额及余额",并在下面画双红线,表示年底封账。对于有余额的账户,应将余额结转下一年,在年结数(双红线)的下一行"摘要"栏内注明"结转下年"字样;同时在下年度新账的"余额"栏中直接抄列上年结转的余额,并在"摘要"栏内注明"上年结转"或"年初余额"字样。

对于需要结出本年累计发生额的账户,由于12月末的"本年累计"就是全年累计发生额,因此应当在全年累计发生额下直接划通栏双红线。而对于总账账户,平时只需结计月末余额,年终结账时,要根据所有总账账户结计全年发生额和年末余额,在"摘要"栏内注明"本年合计"字样,并在合计数下画双红线。用科目汇总表代替总账的单位,年终结账时,应当汇编一张全年合计的科目汇总表。

思考与练习

1. 简述借贷记账法的特点。

2. 简述借贷记账法的记账规则。

3. 会计凭证有哪些实际作用?

4. 会计账簿都有哪些类型?

第四章

企业主要经济业务的核算

　　企业是国民经济运行的基本细胞,企业的经济核算是企业进行经济管理和国民经济整体核算的基础。企业主要经济业务包括筹资、采购、生产、销售、利润的形成与分配等。市场经济条件下,充分发挥经济核算在企业经营管理中的作用,增强企业的竞争能力,尤为重要。

第一节　筹资经济业务的核算

一、企业主要经济业务概述

　　制造业是以产品的生产和销售为主要活动内容的经济组织,经济业务的内容最为完整,主要包括采购、生产、销售三个主要阶段;其资金运动过程,主要包括资金投入、资金周转、资金退出三个主要环节。企业要想进行生产经营活动,生产适销对路的产品,必须筹集一定数量的资金,而这些资金都是从一定的渠道取得的。经营资金在生产经营过程中被具体运用时,表现为不同的占用形态,一般可分为货币资金、长期资金、储备资金、生产资金、成品资金、结算资金等形态,而且随着生产经营过程的不断进行,这些资金形态不断转化,形成经营资金的循环与周转。企业会从各种渠道筹集生产经营所需要的资金,这些渠道主要包括接受投资者的投资和向债权人借入款项。完成筹资任务即接受投资或者形成负债,然后将筹集到的资金投入企业开展正常的经营业务,进入采购、生产和销售过程。

　　企业一开始筹集到的资金主要为货币资金形态,所以也可以说,货币资金形态是资金运动的起点。企业利用筹集到的资金进入采购过程,进行企业生产的前期准备工作。在这个过程中,企业用货币资金购买机器设备等固定资产形成长期资金,购买原材料等资产形成储备资金,为生产产品做好物资上的准备。由于固定资产一旦购买完成将长期供企业使用,因而供应过程的主要核算内容是用货币资金(或形成结算债务)购买原材料的业务,包括主要采购成本计算、支付价款和税款、材料验收入库结转成本等。完成采购

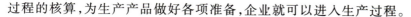

过程的核算,为生产产品做好各项准备,企业就可以进入生产过程。

生产过程是制造业企业经营过程的中心环节。在生产过程中,劳动者运用各项生产资料进行加工生产,其过程中产生各项生产耗费,最终生产出适销对路的各类产品。从消耗或者加工对象的实物形态及其变化来看,原材料等生产资料通过加工形成产品,随着生产过程不断进行,在产品最终转化为产成品。从价值形态来看,生产过程中发生的各项生产耗费形成企业的生产费用,主要包括生产产品耗费材料形成的材料费用,工人生产劳动发生的工资福利等人工费用,使用厂房、机器等资料形成的折旧费用等。生产过程中发生的生产费用的总和构成产品的生产成本。其资金形态从储备资金、固定资金和一部分货币资金形态转化为生产资金形态,最终产品生产完成验收入库,由生产资金形态转化为成品资金形态。生产费用的发生、归集、分配以及完工后产品生产成本的计算构成了生产过程核算的基本内容。

销售过程是产品价值实现的过程。销售过程中企业通过出售产品实现营业收入,按照销售价格与客户办理各种款项的结算,收回款项后,使得成品资金转化为货币资金的形式,完成了一次资金的循环。在销售过程中的主要核算内容,除了取得营业收入,还包括结转营业成本,同时支付广告费等销售费用,计算各项税金等。

对于企业而言,生产和销售产品是其主要的经济业务,其中销售产品是主营业务,在销售产品之外,企业还会发生一些如销售材料、出租固定资产等其他业务,以及进行对外投资以获取收益的投资业务。主营业务、其他业务以及投资业务构成了企业的经营业务,在营业活动之外企业还会发生一些非营业业务,从而获得营业外的收入或发生营业外的支出。企业在生产经营过程中所获得的各项收入遵循要求抵偿了各项成本、费用之后的差额,形成了企业利润。企业实现的利润一部分要上缴国家,形成国家的财政收入,另一部分即企业的税后利润,最后要按照规定的程序对利润进行合理的分配,一部分资金退出企业,一部分资金重新投入企业继续进行资金周转。

总之,资金投入、资金周转、资金退出过程中发生的主要经济业务内容包括:筹资过程业务、采购过程业务、生产过程业务、销售过程业务、利润形成与分配业务。

二、企业筹资经济业务的核算

(一)企业筹资经济业务的内容

筹资业务是指企业为了满足生产经营对资金的需求而发生的筹措资金的业务活动。一个企业的生存和发展,离不开资产要素,资产是企业进行生产经营活动的物质基础。对于任何企业而言,形成其资产的资金来源主要有两个渠道:权益资金和债权资金。

(1)权益资金,主要通过投资者的投资及其增值、发行股票、企业内部留存收益等方式来形成,具体反映为企业的实收资本(或股本)、资本公积、其他综合收益、盈余公积和未分配利润等项目,形成企业的所有者权益。

(2)债权资金,主要通过向银行等金融机构借款、发行债券、商业信用等方式形成的,具体反映为企业的短期借款、长期借款、应付债券和各类应付款项等项目,形成企业的债权人权益,即负债。

筹资业务过程主要涉及的经济业务可以总结为投入资本和借入资金两类。投入资本是指企业所有者按照企业章程、合同或协议的约定,实际投入企业的资本,即企业在工商行政管理部门登记注册的资金。有限责任公司称之为实收资本,股份有限公司称之为股本。实收资本是企业投资者作为资本投入企业中的各种资产的价值反映,投资者投入企业的资本可以是货币资金,也可以是设备、原材料等实物资产,还可以是知识产权、土地使用权等无形资产。借入资金是指企业通过发行债券、向银行或其他金融机构借款等方式筹集的资金。企业从银行取得的借款,按偿还期的长短分为短期借款和长期借款。短期借款一般用于企业生产经营临时周转需要,又称流动资金借款,偿还期一般在 1 年以内(含 1 年)。长期借款一般用于特定的项目,如购置大型设备、技术改造等,偿还期一般在 1 年以上。

(二)企业投入资本业务的核算

1. 企业投入资本业务账户

为了明确核算和监督投资者投入资本及其变动情况,企业一般需要设置以下账户:

(1)"银行存款"账户。"银行存款"账户核算企业存放银行或其他金融机构的各类款项的收付和结存情况。"银行存款"账户性质为资产类账户。"银行存款"账户结构为借方登记银行存款的增加数,贷方登记银行存款的减少数,期末余额在借方,表示企业期末银行存款的实有数额。"银行存款"账户一般按开户银行和其他金融机构及存款种类进行明细账核算;有外币存款的企业,按人民币和各种外币设置明细账户,进行明细分类核算。

例如:

登记银行存款的增加数	登记银行存款的减少数
期末余额:期末银行存款的实有数额	

(2)"固定资产"账户。"固定资产"账户核算企业为生产产品、提供劳务、出租或经营管理而持有的,使用寿命超过 1 个会计年度的有形资产的原价,如机器设备、厂房等。"固定资产"账户性质为资产类账户,账户结构为借方登记固定资产增加的原始价值,贷方登记固定资产减少的原始价值,期末借方余额,表示结存的固定资产原始价值。"固定资产"账户一般按固定资产类别和项目设置明细账户,进行明细分类核算。

例如:

增加的固定资产原值	减少的固定资产原值
	期末余额:结存固定资产的原价

(3)"无形资产"账户。"无形资产"账户核算企业为生产产品、提供劳务、出租给他人或为管理目的而持有的,没有实物形态的非货币性长期资产,如专利权、商标权等。账户性质为资产类账户,账户结构为借方登记无形资产增加的原始价值,贷方登记无形资产减少的原始价值,期末借方余额,表示结存的无形资产原始价值。"无形资产"账户一般按无形资产类别和项目设置明细账户,进行明细分类核算。

例如：

无形资产增加的原始价值	无形资产减少的原始价值
	期末余额：结存的无形资产原始价值

（4）"实收资本"账户或"股本"账户。"实收资本"账户或"股本"账户核算所有者投入企业的资本金变化过程及其结果。账户性质为所有者权益类账户。账户结构为贷方登记所有者投入企业资本金的增加，借方登记所有者投入企业资本金的减少，期末余额在贷方，表示所有者投入企业资本金的结余额。由于投资者的投资是一种永久资本，在没有减资的情况下，借方一般没有发生额。"实收资本"账户或"股本"账户一般按照投资者不同设置明细账户，进行明细分类核算。

例如：

实收资本减少额	实收资本增加额
	期末余额：实收资本的实有额

（5）"资本公积"账户。"资本公积"账户核算资本公积的增减变化和结余情况。账户性质为所有者权益类账户，账户结构为贷方登记企业因资本溢价等原因而增加的资本公积数额，借方登记由于按法定程序转增注册资本等原因而减少的资本公积数额，期末余额在贷方，表示企业期末资本公积的结余数。资本公积是投资者投入企业资本金额超过法定资本部分以及直接计入所有者权益的利得和损失部分，"资本公积"按"资本或股本溢价""其他资本公积"等设置明细账户，进行明细分类核算。

例如：

资本公积减少额	资本公积增加额
	期末余额：资本公积的实有额

2.企业投入资本业务处理

投入资金是投资者投入企业的资本金，包括货币和实物等，是所有者权益的主要来源和表现形式，是投资者拥有的根本权益，对企业的盈余分配和净资产处置权利起着直接影响作用。企业收到的投资者以货币形式投入的投资，应按实际收到的金额入账，以实物资产、无形资产等形式投入的投资，应按投资合同或协议约定的价值（但合同或协议约定的价值不公允的除外）金额入账。以下以具体案例阐述企业投入资本业务处理。

【例4-1】B公司接受某单位的投资3000000元，款项通过银行划转。这项经济业务一方面使企业的银行存款增加3000000元，另一方面使企业所有者对公司的投资增加3000000元。因此，该项经济业务涉及"银行存款"和"实收资本"两个账户，银行存款增加是资产的增加，借记"银行存款"账户；投资者投入资本是所有者权益的增加，贷记"实收资本"账户。这项经济业务应编制的会计分录如下：

借：银行存款　3000000

　　贷：实收资本　3000000

【例4-2】B公司接受某投资方投入的一台全新生产设备，确定价值为200000元，假定不考虑相关税费。这项经济业务一方面使企业的机器设备增加200000元,另一方面使企业所有者对公司的投资增加200000元。因此,该项经济业务涉及"固定资产"和"实收资本"两个账户,机器设备增加是资产的增加,借记"固定资产"账户;投资者投入资本是所有者权益的增加,贷记"实收资本"账户。这项经济业务应编制的会计分录如下:

借:固定资产　200000
　　贷:实收资本　200000

【例4-3】B公司接受某单位以一项专利权作为投资,经投资双方共同确认价值为500000元;同时收到某投资者投入资金1000000元,款项存入银行。该投资者投入资本与其在B公司注册资本中应享有的份额一致,假定不考虑相关税费。这项经济业务一方面使企业的专利权增加500000元,银行存款增加1000000元;另一方面使企业所有者对公司的投资增加1500000元。因此,该项经济业务涉及"无形资产""银行存款""实收资本"三个账户,机器设备增加和银行存款增加都是资产的增加,借记"无形资产""银行存款"账户;投资者投入资本是所有者权益的增加,贷记"实收资本"账户。这项经济业务应编制的会计分录如下:

借:无形资产　500000
　　银行存款　1000000
　　贷:实收资本　1500000

【例4-4】B公司收到某投资者投入资金2600000元,存入银行。该投资者在B公司注册资本中应享有的份额为2000000元。这项经济业务是一项接受投资且又涉及超过法定份额资本的业务。一方面,这项经济业务使企业的银行存款增加2600000元;另一方面,使企业所有者对公司的投资即注册资本份额内的资本增加2000000元,同时产生了600000元的资本溢价。因此,该项经济业务涉及"银行存款""实收资本""资本公积"三个账户,银行存款增加是资产的增加,借记"银行存款"账户;投资者投入资本以及资本溢价都是所有者权益的增加,贷记"实收资本""资本公积"账户。这项经济业务应编制的会计分录如下:

借:银行存款　2600000
　　贷:实收资本　2000000
　　　资本公积　600000

(三)企业借入资金业务的核算

1.企业借入资金业务账户

为了明确核算和监督,向债权人借入资金及其变动情况,企业一般需要设置以下账户:

(1)"短期借款"账户。"短期借款"账户核算企业向银行或其他金融机构等借入的,偿还期在1年以下(含1年)的各种借款本金的发生、偿还等情况。账户性质为负债类账户。账户结构为贷方登记取得借款本金的数额,借方登记偿还借款本金的数额,期末贷方余额,反映企业尚未偿还的短期借款的本金。"短期借款"账户一般按借款种类、贷款人和币种设置明细账户,进行明细分类核算。

例如:

偿还借款的本金数额	取得借款的本金数额
	期末余额:尚未偿还的短期借款

(2)"长期借款"账户。"长期借款"账户核算企业向银行等金融机构借入,偿还期限在1年以上的各种借款本息的增减变动及其结余情况。账户性质为负债类账户。账户结构为贷方登记长期借款的增加数(包括本金和各期未付利息)的数额,借方登记长期借款的减少数(偿还的借款本金和利息),期末贷方余额,反映企业尚未偿还的长期借款的本金。"长期借款"账户一般按债权人设置明细账户,进行明细分类核算。

例如:

长期借款的本息偿还额	取得借款的本金数额和未付利息的计算
	期末余额:尚未偿还的长期借款

(3)"应付利息"账户。"应付利息"账户核算企业因借入款项而按约定已经发生的但尚未实际支付的利息费用。账户性质为负债类账户。账户结构为贷方登记企业按照约定利率计算的应付未付的利息,借方登记企业实际支付的利息,期末余额在贷方,反映企业应付未付的利息。

例如:

实际支付利息	计算的应付利息
	期末余额:应付未付的利息

(4)"财务费用"账户。"财务费用"账户核算企业为筹集生产经营所需资金等而发生的各种筹资费用,包括利息支出(减利息收入)、佣金以及相关手续费等。账户性质为损益类账户。借方登记发生的财务费用,贷方登记发生的应冲减财务费用的利息收入等,期末余额应转入"本年利润"账户,结转后账户没有余额。"财务费用"账户一般按照费用项目设置明细账户,进行明细分类核算。

例如:

利息支出、手续费、汇总损失	利息收入、汇总收益
	期末净额转入本年利润

2. 企业借入资金业务处理

企业在生产经营过程中,由于周转资金不足,可以向银行或其他金融机构借款,以补充资金的不足,企业从银行或其他金融机构借入的款项,必须按贷款单位借款规定办理手续支付利息,到期归还。以下以具体案例阐述企业借入资金的业务处理。

(1)短期借款的会计核算。企业为满足其生产经营活动对资金的临时需要而向银行或其他金融机构等借入的,偿还期限在1年以内的各种款项。短期借款必须按期归还本金并按时支付利息。

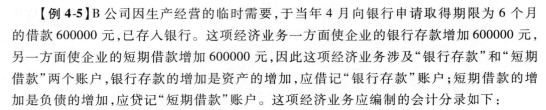

【例4-5】B公司因生产经营的临时需要,于当年4月向银行申请取得期限为6个月的借款600000元,已存入银行。这项经济业务一方面使企业的银行存款增加600000元,另一方面使企业的短期借款增加600000元,因此这项经济业务涉及"银行存款"和"短期借款"两个账户,银行存款的增加是资产的增加,应借记"银行存款"账户;短期借款的增加是负债的增加,应贷记"短期借款"账户。这项经济业务应编制的会计分录如下:

借:银行存款　600000

　　贷:短期借款　600000

在会计核算中,企业应将利息作为期间费用(财务费用)加以确认。如果银行对企业的短期借款按季或半年等较长期间计收利息,或者是在借款到期收回本金时一并计收利息,为了正确计算各期的损益额,企业通常按权责发生制核算基础的要求,采用预提的方法,按月预提借款利息计入预提期间损益(财务费用),待结息期终了或到期支付利息时再冲销应付利息这项负债。

【例4-6】假如B公司取得借款年利率为6%,利息按季度结算,经计算其当年4月应负担的利息为3000元。这项经济业务,首先按照权责发生制核算基础的要求,计算本月已经发生的利息费用,也就是本月应负担的利息额为3000元(600000×6%÷12)。借款的利息费用属于企业的一项财务费用,由于利息是按季度结算的,所以本月的利息由本月来计算并确认,但并不在本月实际支付。因而该经济业务,一方面形成企业本月的一项费用,另一方面形成本月的一项负债,涉及"财务费用"和"应付利息"两个账户,财务费用的增加属于费用的增加,应借记"财务费用"账户;应付利息的增加属于负债的增加,应贷记"应付利息"账户。这项经济业务应编制的会计分录如下:

借:财务费用　3000

　　贷:应付利息　3000

【例4-7】B公司当年6月末用银行存款9000元支付本季度的借款利息(5月、6月份的利息计算和处理方法基本同于4月,此处省略会计处理)。该项经济业务实际上是偿还银行借款利息这项负债的业务,一方面使企业的银行存款减少9000元,另一方面使企业的应付利息减少9000元。因此,这项经济业务涉及"银行存款"和"应付利息"两个账户,银行存款的减少是资产的减少,应贷记"银行存款"账户,应付利息的减少是负债的减少,应借记"应付利息"账户。这项经济业务应编制的会计分录如下:

借:应付利息　9000

　　贷:银行存款 9000

【例4-8】B公司于当年9月用银行存款偿还借入为期6个月的短期借款600000元借款本金(假设不考虑利息核算)。该项经济业务一方面使企业的银行存款减少600000元,另一方面使企业的短期借款减少600000元,因此这项经济业务涉及"银行存款"和"短期借款"两个账户,银行存款的减少是资产的减少,应贷记"银行存款"账户;短期借款的减少是负债的减少,应借记"短期借款"账户。这项经济业务应编制的会计分录如下:

借:短期借款　600000

　　贷:银行存款　600000

【例4-9】B公司于当年9月用银行存款偿还借入为期6个月的短期借款600000元借款本金,并支付第三季度利息。该项经济业务既要偿还短期借款本金,又要支付7月、8月和9月的短期借款利息,其中7月和8月的借款利息均已预提,9月的短期借款利息需要在本期确认财务费用。因此该项经济业务,一方面使企业的银行存款减少609000元,另一方面使企业的短期借款减少600000元,应付利息减少6000元,财务费用增加3000元。这项经济业务涉及"银行存款""短期借款""应付利息""财务费用"四个账户。银行存款的减少是资产的减少,应贷记"银行存款"账户;短期借款和应付利息的减少是负债的减少,应借记"短期借款""应付利息"账户;财务费用的增加属于费用的增加,应借记"财务费用"账户。这项经济业务应编制的会计分录如下:

借:短期借款　600000
　　财务费用　3000
　　应付利息　6000
　　贷:银行存款　609000

（2）长期借款的会计核算

企业向银行或其他金融机构借入的偿还期限在1年以上或超过1年的1个经营周期的借款即为长期借款。长期借款的本金及利息的取得和还款情况,均可在"长期借款"账户登记核算。

【例4-10】B公司某年1月1日从银行贷款800000元,期限为2年,年利率为9%,每半年付息一次,到期还本。实际收到款项790000元,差额10000元为支付的借款手续费。该项经济业务一方面使企业的银行存款增加790000元,另一方面使企业的长期借款增加800000元,其中差额10000元应计为财务费用。因此,这项经济业务涉及"银行存款""财务费用""长期借款"三个账户,银行存款的增加是资产的增加,应借记"银行存款"账户;长期借款的增加是负债的增加,应贷记"长期借款"账户;财务费用的增加应借记"财务费用"。这项经济业务应编制的会计分录如下:

借:银行存款　790000
　　财务费用　10000
　　贷:长期借款　800000

（四）企业筹资经济业务的改进

随着经济全球化的全面发展,国际贸易和国际经济往来日益推进,筹资业务作为经济进程中的重要组成部分,作为企业得以生存和发展的重要财务活动,对于进行正常的生产经营活动,显得尤其重要。企业为了进行正常的生产经营活动,必须满足资金的需求,完整的资金链运动具体包括资金的筹集、投放、使用、收回和分配等一系列活动,筹集资金正是这一系列活动的源头。

同时,筹资核算作为会计核算的一部分,在进行具体经济业务的分录操作时免不了以资产、负债、所有者权益、收入、费用、利润等会计要素展开。但是在会计核算上,由156个会计科目所构成的会计分录的数量已高达两万多种,且大部分皆与实际经济业务操作存在一定的偏差,缺乏一套完整的规范编制分录流程的方法。再者,企业筹资作为一个系统工程,是企业发展战略的重要组成部分之一。因此企业在进行筹资规划时,必须考虑筹资工作进程中的各个环节,进行必要的会计核算处理,这让本就相当复杂的筹资核算显得无理可据。

因此,可结合会计核算智能化以及实际经济业务流程判断,找出决策规律,简化并规范核算过程,使筹资核算简单明了。会计核算智能化及自动生成记账凭证的方法,即是在会计编制凭证工作中把会计信息系统融入经营管理信息系统,实现将经济业务智能化地自动编制为会计记账凭证,全面实现经济业务票据自动生成记账凭证的处理。

会计智能化核算方法的基本思路是以生产经营中的实际经济活动为基础,以会计业务的流程展开,并运用离散数学、关系演算等方法,通过编制决策树的方式,得出决策导航图与相对应的分录汇总表,使理论与现实相结合,让初学者也能迅速编制分录。依据筹资业务决策导航图,在进行筹资业务核算时,先判断企业适用哪种筹资业务活动,并分别划分企业筹资方式与筹资渠道的关系,准确筹划筹资费用,达到最优筹资结构决策。通过结合具体业务流程的思考与分析,并依据筹资业务决策导航图,做出相对应的筹资业务核算分录表。筹资业务核算分录表与传统筹资业务流程相比,不仅判断更为直观,大大提升业务的效率,而且简单明了,便于会计人员记忆与运用。

第二节 采购经济业务的核算

一、企业采购经济业务的内容

制造企业生产经营过程的第一个阶段,即为采购阶段,也称生产准备阶段。企业用货币资金购买各种材料物资保证生产的进行。企业的生产经营活动是以一定的房屋建筑物与机器设备等固定资产、专利权与专有技术等无形资产、原材料等存货为基础的。通过筹资环节企业取得了生产经营所需的资金,再利用这些资金购置固定资产、无形资产,购入原材料等存货,为生产经营做准备。因此,采购环节主要经济业务内容可以总结为购置固定资产业务及材料物资采购业务。由于购置的固定资产以及无形资产可以在较长的时间内使用,不需要重复购置。原材料等存货,在生产经营过程中被不断消耗,需不断补充,因此企业日常的采购活动发生频繁的是采购生产经营所需材料的业务。

采购业务主要是为企业提供生产和管理所需的各种物料和设备,包括生产所需的各种原材料和设备工具以及企业管理部门正常运作所需的办公设备等。会计人员进行采购核算,编制采购核算的记账凭证,是从交易原始信息中选取有用的信息,按照会计准则要求,将业务信息转化为财务信息。分析、研究会计人员编制采购业务记账凭证的思维过程,需要通过分析采购业务信息与记账凭证信息的内在联系,确定采购核算的记账凭

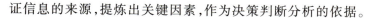

证信息的来源,提炼出关键因素,作为决策判断分析的依据。

（一）采购成本核算

1. 固定资产购置成本

固定资产应当按照成本进行初始计量。固定资产取得时的实际成本是指企业购建固定资产达到预定可使用状态前,所发生的一切合理的必要的支出,如支付的固定资产买价、包装费、运杂费、安装费等,反映了固定资产达到预定可使用状态时的实际成本。

对于建造的固定资产尚未办理竣工决算的,规定自达到预定可使用状态之日起,根据实际成本相关资料,按估计的价值转入"固定资产"并计提折旧。因此是否达到"预定可使用状态"是衡量可否作为固定资产进行核算和管理的标志,而不拘泥于"竣工决算"这个标准,这也是实质重于形式原则的一个具体应用。

2. 材料物资采购成本

购买材料所支付的买价和采购费用是材料物资采购成本的主要构成内容。买价是企业采购材料物资时按发票价格支付的货款。采购费用是企业在采购材料物资过程中发生的各项费用,具体包括运杂费(装卸费、保险费、包装费、仓储费等)以及运输途中的合理损耗、入库前的挑选整理费用等。

采购材料物资支付的买价和发生的采购费用,应按照购入材料的种类加以归集计算各种材料的实际采购成本。在归集费用对,凡能分清是为采购哪种材料所支付的费用的,应直接计入该种材料的采购成本;凡不能分清的,应采用合理的分配标准将费用分配进入各种采购成本中,如某企业在同一供货商处采购两种材料,同时运回该企业,共发生一笔运输费,这时就产生应如何将该笔运输费合理分配计入两种材料成本的问题,需要采用合理的分配标准。该分配标准应与费用的发生有密切的联系,以使实际导致较多费用发生的材料分摊较多。常见的分配标准有采购材料物资的重量、体积、买价、数量等。费用分配公式如下:

$$分配率 = \frac{待分配费用总额}{分配标准总额} \tag{4-1}$$

$$某材料物资应分配的采购费用 = 该材料的分配标准额 \times 分配率 \tag{4-2}$$

【例4-11】B公司购入A材料200千克,单价10元;购入B材料400千克,单价8元。两种材料共发生运杂费660元。若本例中运杂费分配标准为采购材料的重量,则A材料和B材料的实际采购成本应作如下计算:

分配率 = 660 ÷ (200 + 400) = 1.1(元/千克)

A材料应分摊的运杂费 = 200 × 1.1 = 220(元)

B材料应分摊的运杂费 = 400 × 1.1 = 440(元)

采购A材料的实际成本 = 10 × 200 + 220 = 2220(元)

采购B材料的实际成本 = 8 × 400 + 440 = 3640(元)

（二）增值税核算

企业购入固定资产和材料物资以及出售产品等,均涉及增值税的缴纳。增值税是对在中华人民共和国内,销售货物或者提供加工修理修配劳务以及进口货物的单位和个人,就其取得的货物或应税劳务销售额计算税款,并实行税款抵扣制的一种流转税。由于增值税是对商品生产或流通各个环节的新增价值或商品附加值进行征税,所以称之为增值税,是一种价外税,采取两段征收法,分为增值税进项税额和销项税额。

企业应缴纳的增值税采用税款抵扣的办法,根据公式"应纳税额 = 销项税额 − 进项税额"进行计算,纳税人以销项税额抵扣其进项税额的余额,为实际应向税务机关缴纳的增值税税额。

二、企业固定资产购置业务的核算

(一)企业固定资产购置业务核算的账户

为了明确核算和监督固定资产购置业务,企业一般需要设置以下账户。

1."在建工程"账户

"在建工程"账户核算企业安装、建造或改造固定资产过程中发生的需要计入固定资产成本的各项耗费。账户性质为资产类账户。账户结构为借方登记固定资产安装、建造或改造过程中发生的耗费,包括购入的需要安装的固定资产的原价,在安装、建造、改造过程中发生的工程物资、劳务费用以及需要计入固定资产成本的其他各项耗费;贷方登记安装建造或改造完毕转出的固定资产总成本;期末余额一般在借方,反映企业期末正在安装建造或改造的固定资产成本。"在建工程"账户一般按工程内容,如建筑工程、安装工程、在安装设备、待摊支出以及单项工程的设置明细账户,进行明细分类核算。

例如:

工程发生的全部支出	结转完工工程的成本
	期末余额:未完工工程的成本

2."应交税费"账户

"应交税费"账户核算企业按税法规定应缴纳的各种税费的计算与实际缴纳情况,账户性质为负债类账户。账户结构为贷方登记计算出的各项应交而未交的税费的增加,包括计算出的增值税、消费税、城市维护建设税、所得税、资源税、房产税、城镇土地使用税、教育费附加等;借方登记实际缴纳的各项税费;期末余额方向不固定,如果在贷方表示未交税费的结余额,如果在借方表示多交的税费。本账户按照税种设置明细账户,进行明细分类核算。

例如:

实际缴纳的税费	应交未交的税费
期末余额:多交而尚未抵扣的税费	期末余额:未交的税费

3."应付职工薪酬"账户

"应付职工薪酬"账户核算企业按照规定应付给职工的各种薪酬。账户性质为负债类账户。账户结构为贷方登记应支付给职工的薪酬,借方登记实际支出的金额,期末贷方余额反映企业应付未付的职工薪酬。"应付职工薪酬"账户一般可按"工资""职工福利"的项目设置明细账户,进行明细分类核算。

例如:

实际支出的金额	支付给职工的薪酬
	期末余额:应付未付的职工薪酬

(二)企业固定资产购置业务核算的业务

固定资产购入一般分为两种情况:一种是购置不需要安装的固定资产,企业购入不需安装的固定资产,应将固定资产的买价、包装费、运杂费和保险费等作为固定资产的成本计入"固定资产"账户;另一种是购置需要安装的固定资产,企业购入需要安装的固定资产,由于购入后需要发生安装调试成本,因此应将购入的固定资产的成本计入"在建工程"账户,然后将安装调试成本计入"在建工程"账户的借方,安装完毕,达到预定可使用状态并交付使用时,再转入"固定资产"账户。

如果企业自行建造固定资产,则需要将固定资产从建造开始至达到预定可使用状态前发生的必要支出,计入"在建工程"账户,建造完成达到预定可使用状态时,结转固定资产成本。以下以具体案例阐述企业固定资产购置业务核算的业务处理。

【例4-12】B公司购入一台不需要安装的生产用设备,该设备的买价150000元,增值税额19500元,包装运杂费(不核算增值税)等2000元,全部款项使用银行存款支付,设备当即投入使用。由于公司购入一台不需要安装的设备,购买完成之后就意味着该项资产达到了预定可使用状态,在购买过程中发生的货款和包装运杂费支出形成了该资产的采购成本,共计152000元(150000+2000)。采购过程中发生增值税,应作为进项税额记入"应交税费—应交增值税"账户。

该项经济业务的发生,一方面使企业的固定资产增加152000元,增值税进项税额增加19500元,另一方面使企业的银行存款减少171500元。因此,该项经济业务涉及"固定资产""应交税费—应交增值税""银行存款"三个账户。固定资产增加是资产的增加,应借记"固定资产"账户;增值税进项税额增加可以抵扣应交增值税,即负债的减少,应借记"应交税费—应交增值税"账户;银行存款的减少是资产的减少,应贷记"银行存款"账户。这项经济业务应编制的会计分录如下:

借:固定资产　152000

　　应交税费——应交增值税(进项税额)　19500

　　贷:银行存款　171500

【例4-13】B公司购入一台需要安装的生产用设备,该设备的买价550000元,增值税额71500元,包装运杂费等3000元,全部款项使用银行存款支付,设备投入安装。由于公司购入一台需要安装的设备,购买价款以及包装运杂费支出构成购置设备的安装工程成本,设备尚未达到预定可使用状态,因此安装工程成本应计入"在建工程"账户进行归集。

该项经济业务的发生,一方面使得企业的在建工程支出增加553000元(550000+

3000），增值税进项税额增加71500元，另一方面使得企业的银行存款减少624500元（553000＋71500），因此该项经济业务涉及"在建工程""应交税费——应交增值税""银行存款"三个账户。在建工程支出的增加是资产的增加，应借记"在建工程"账户；增值税进项税额增加是负债的减少，应借记"应交税费——应交增值税"账户；银行存款的减少是资产的减少，应贷记"银行存款"账户。这项经济业务应编制的会计分录如下：

借：在建工程　　553000

　　应交税费——应交增值税（进项税额）　　71500

　　贷：银行存款　　624500

【例4-14】B公司的上述设备在安装过程中发生的安装费用包括领用本企业的原材料价值13000元，应付本企业安装工人的薪酬24000元。设备在安装过程中发生的安装费也构成固定资产安装工程支出。

该项经济业务的发生，一方面使得企业固定资产安装工程支出（安装费）增加37000元（13000＋24000），另一方面使得企业的原材料减少13000元，应付职工薪酬增加24000元。因此，该项经济业务涉及"在建工程""原材料""应付职工薪酬"三个账户。在建工程支出的增加是资产的增加，应借记"在建工程"账户；原材料的减少是资产的减少，应贷记"原材料"账户；应付职工薪酬的增加是负债的增加，应贷记"应付职工薪酬"账户。这项经济业务应编制的会计分录如下：

借：在建工程　　37000

　　贷：原材料　　13000

　　应付职工薪酬　　24000

【例4-15】上述设备安装完毕，达到预定可使用状态，并经验收合格办理竣工决算手续，现已交付使用，结转工程成本。工程安装完毕，交付使用，意味着固定资产已达到可使用状态，应将安装成本590000元（553000＋37000）全部转入固定资产成本。

该项经济业务的发生，一方面使得企业固定资产成本增加590000元，另一方面使得企业的在建工程成本减少590000元。因此，该项经济业务涉及"在建工程""固定资产"两个账户。固定资产成本增加是资产的增加，应借记"固定资产"账户；在建工程成本的结转是资产的减少，应贷记"在建工程"账户。这项经济业务应编制的会计分录如下：

借：固定资产　　590000

　　贷：在建工程　　590000

三、材料物资采购业务的核算

（一）材料物资采购业务核算的账户

1."在途物资"账户

"在途物资"账户核算企业采用实际成本进行材料物资日常核算时，外购材料的买价和各种采购费用。账户性质为资产类账户。账户结构为借方登记购入材料的买价和采购费用(实际采购成本),贷方登记结转完成采购过程、验收入库材料的实际采购成本,期末余额一般在借方,反映尚未运达企业或者已经运达企业但尚未验收入库的在途材料的成本。"在途物资"账户一般按供应单位和购入材料的品种或种类设置明细账户,进行明细分类核算。

例如:

购入材料、买价、采购费用	结转验收入库材料的实际采购成本
	期末余额:在途材料的成本

2."原材料"账户

"原材料"账户核算企业库存材料实际成本的增减变动及其结存情况。账户性质为资产类账户。账户结构为借方登记已验收入库材料实际成本的增加,贷方登记发出材料的实际成本(即库存材料实际成本的减少),期末余额在借方,反映库存材料的实际成本。"原材料"账户一般按材料的品种设置明细账户,进行明细分类核算。

例如:

入库材料的实际成本	发出材料的实际成本
	期末余额:库存材料的成本

3."库存现金"账户

"库存现金"账户核算企业库存现金的增减变动及结存情况。账户性质为资产类账户。账户结构为借方登记实际收到的金额,贷方登记实际支出的金额,期末余额在借方,反映库存现金的实际数额。

例如:

登记实际收到的金额	登记实际支出的金额
期末余额:库存现金的实际数额	

4."应付账款"账户

"应付账款"账户核算企业因购买原材料、商品和接受劳务供应等经营活动应支付的款项。账户性质为负债类账户。账户结构为贷方登记应付供应单位款项的增加(即应付未付的款项),借方登记应付供应单位款项的减少(即应付款项的清偿),期末余额一般在贷方,反映尚未偿还的应付账款结余额,若为借方余额则表示预付的款项。"应付账款"账户一般按照供应商的名称设置明细账户,进行明细分类核算,反映企业与不同供应商之间的结算关系。

例如:

偿还应付供应单位款项(减少)	发生应付供应单位款项(增加)
	期末余额:尚未偿还的应付款

5."应付票据"账户

"应付票据"账户核算企业采用商业汇票结算方式,购买材料物资等而开出、承兑商业汇票的增减变动及其结余情况。账户性质为负债类账户。账户结构为贷方登记企业开出承兑商业汇票的增加,借方登记到期商业汇票的减少,期末余额在贷方,反映尚未到期的商业汇票的期末结余额。"应付票据"账户一般按照债权人设置明细账户,进行明细分类核算,同时设置"应付票据备查簿",详细登记商业汇票的种类号数、出票日期、到期日、票面金额、交易合同号和收款人姓名或收款单位名称以及付款日期和金额等资料。应付票据到期结清时,在被查账簿中注销。

例如:

到期应付票据的减少	开出、承兑商业汇票的增加
	期末余额:尚未到期的商业汇票结余额

6."预付账款"账户

"预付账款"账户核算企业因购买材料,商品和接受劳务等,按照合同规定向供应单位预付购料款而与供应单位形成的结算债权的增减变动及其结余情况。账户性质为资产类账户。账户结构为借方登记向供应商预付或补付的款项,贷方登记收到供应商发来的材料或收回预付货款。期末余额一般在借方,反映企业预付的款项;期末余额如为贷方余额,则反映企业尚未补付的款项,属于应付账款,预付账款不多的企业可以不设置本账户。"预付账款"账户一般按供应单位的名称设置明细账户,进行明细分类核算。

例如:

预付给供应单位的货款	收到供应单位货物而冲抵的预付款项
	期末余额:尚未结算的预付款

(二)材料物资采购业务核算的业务

购进材料时,可能发生的情况包括:材料验收入库的同时支付款项;材料已验收入库,货款尚未支付;前期支付材料款项,本期材料验收入库;支付材料采购费用;结转材料采购成本等经济业务。以下以具体案例阐述材料物资采购业务核算的业务处理。

【例4-16】B公司向中通公司购入A材料3000千克,单价13元/千克,共计买价39000元,增值税额5070元,发生运输费5000元。上述款项尚未支付,材料未到(本教材不考虑运费涉及的增值税)。该项经济业务发生的买价和运输费构成了A材料的采购成本,共计44000元(39000+5000)。采购过程中发生增值税,应作为进项税额计入"应交税费—应交增值税"账户。

该项经济业务的发生,一方面使企业的材料增加,由于材料尚未到公司,因此企业在途物资增加44000元,同时增值税进项税额增加5070元;另一方面由于款项尚未支付,使公司的应付账款增加49070元。因此,该项经济业务涉及"在途物资""应交税费—应交增值税""应付账款"三个账户。在途物资增加是资产的增加,应借记"在途物资"账户;增值税进项税额增加可以抵扣应交增值税,即负债的减少,应借记"应交税费—应交增值税"账户;应付账款的增加应贷记"应付账款"账户。这项经济业务应编制的会计分录如下:

借:在途物资——A材料 44000

应交税费——应交增值税(进项税额) 5070

贷:应付账款——中通公司 49070

【例4-17】上述购入的A材料运达并已验收入库,结转实际采购成本:该经济业务应将A材料的采购成本44000元转入"原材料"账户。一方面使原材料增加,另一方面在途物资减少。原材料的增加是资产的增加,应借记"原材料"账户;在途物资的减少是资产的减少,应贷记"在途物资"账户。这项经济业务应编制的会计分录如下:

借:原材料——A材料 44000

贷:在途物资——A材料 44000

【例4-18】B公司向环宇公司采购B、C两种材料,B材料30000千克,单价4元/千克,共计买价120000元;C材料20吨,单价10000元/吨,共计买价200000元;增值税额41600元,上述款项由银行存款支付,材料尚未入库。该项经济业务发生的买价是材料的采购成本,B材料成本120000元,C材料成本200000元。采购过程中发生增值税,应作为进项税额计入"应交税费——应交增值税"账户。

该项经济业务的发生,一方面使企业的材料增加,由于材料尚未到公司,因此公司在途物资增加,同时增值税进项税额增加41600元;另一方面使企业的银行存款减少361600元(120000+200000+41600)。因此,该项经济业务涉及"在途物资""应交税费—应交增值税""银行存款"三个账户。在途物资增加是资产的增加,应借记"在途物资"账户;增值税进项税额增加可以抵扣应交增值税,即负债的减少,应借记"应交税费——应交增值税"账户;银行存款的减少是资产的减少,应贷记"银行存款"账户。这项经济业务应编制的会计分录如下:

借:在途物资——B材料 120000

在途物资——C材料 200000

应交税费——应交增值税(进项税额) 41600

贷:银行存款 361600

【例4-19】B公司用银行存款支付上述B、C材料的运输费:20000元,按B、C材料重量比例进行分配。上述采购材料支付的运费属于材料采购成本的构成内容,应将其计入B、C两种材料的采购成本中。由于运输费是B、C两种材料共同发生的,应选择一定的标准在两种材料之间进行分配,由B、C材料分别承担运输成本,分配标准为材料重量比例,具体分配过程如下:

分配率=20000÷(30+20)=400

B材料应负担的运输费=400×30=12000(元)

C材料应负担的运输费=400×20=8000(元)

根据分配结果将其分别计入B、C材料的采购成本中。

该项经济业务一方面使企业材料采购成本增加,另一方面使企业银行存款减少。因此,该项经济业务涉及"在途物资""银行存款"两个账户。在途物资的增加是资产的增

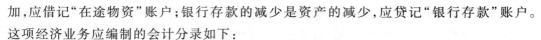

加,应借记"在途物资"账户;银行存款的减少是资产的减少,应贷记"银行存款"账户。这项经济业务应编制的会计分录如下:

借:在途物资——B 材料　12000

　　在途物资——C 材料　8000

　　贷:银行存款　20000

【例 4-20】上述购入的 B、C 材料运达并已验收入库,结转实际采购成本。该经济业务应将 B 材料的采购成本 132000 元(120000 + 12000),C 材料的采购成本 208000 元(200000 + 8000)转入"原材料"账户。一方面使原材料增加,另一方面在途物资减少。原材料的增加是资产的增加,应借记"原材料"账户;在途物资的减少是资产的减少,应贷记"在途物资"账户。这项经济业务应编制的会计分录如下:

借:原材料——B 材料　132000

　　原材料——C 材料　208000

　　贷:在途物资——B 材料　132000

　　　在途物资——C 材料　208000

【例 4-21】B 公司以银行存款归还之前欠中通公司的 A 材料购料款 49070 元。该项经济业务的发生,一方面使企业的应付账款减少,"应付账款"是负债类账户,负债的减少应借记"应付账款"账户;另一方面使企业的银行存款减少,"银行存款"是资产类账户,资产的减少应贷记"银行存款"。这项经济业务应编制的会计分录如下:

借:应付账款——中通公司　49070

　　贷:银行存款　49070

【例 4-22】B 公司按照合同规定,用银行存款预付给环宇公司订货款 18000 元。该项经济业务的发生,一方面使得企业预付的订货款增加 180000 元,另一方面使得企业的银行存款减少 180000 元,因此该项经济业务涉及"预付账款"和"银行存款"两个账户。预付订货款的增加是资产(债权)的增加,应借记"预付账款"账户;银行存款的减少是资产的减少,应贷记"银行存款"。该项经济业务应编制的会计分录如下:

借:预付账款——环宇公司　180000

　　贷:银行存款　180000

【例 4-23】B 公司收到环宇公司运来的之前已预付货款的 B 材料 50000 千克,随货物附来的发票注明该批 B 材料的价款 300000 元,增值税额 39000 元,材料尚未验收入库,除冲销原预付款 180000 元外,不足款项立即用银行存款支付。

该项经济业务的发生,一方面使得企业的材料采购支出增加 300000 元,增值税进项税额增加 39000 元;另一方面使得企业的预付款减少 180000 元,银行存款减少 159000 元(339000 - 180000)。因此,该项经济业务涉及"在途物资""应交税费——应交增值税(进项税额)""预付账款""银行存款"四个账户。材料采购支出的增加是资产的增加,应借记"在途物资"账户;增值税进项税额的增加是负债的减少,应借记"应交税费——应交增值税(进项税额)"账户;预付款的减少是资产的减少,应贷记"预付账款"账户;银行存款的

减少是资产的减少,应贷记"银行存款"账户。这项经济业务应编制的会计分录如下:

　　借:在途物资——B 材料　300000

　　　　应交税费——应交增值税(进项税额)　39000

　　　　贷:预付账款　180000

　　　　银行存款　159000

　　B 材料验收入库,应作如下会计分录:

　　借:原材料——B 材料　300000

　　　　贷:在途物资——B 材料　300000

【例 4-24】B 公司签发并承兑一张商业汇票购入 A 材料 17000 千克,该批材料的含税总价款 293800 元,增值税税率 13%。该笔经济业务中出现的是含税总价款 293800 元,应将其分解为不含税价款和税额两部分:

　　不含税价款 = 含税价款 ÷ (1 + 税率) = 293800 ÷ (1 + 13%) = 260000(元)

　　增值税税额 = 293800 - 260000 = 33800(元)

　　该项经济业务的发生,一方面使得企业的材料采购支出增加 260000 元,增值税进项税额增加 33800 元;另一方面使得企业的应付票据增加 293800 元。因此,该项经济业务涉及"在途物资""应交税费—应交增值税""应付票据"三个账户,材料采购支出的增加是资产的增加,应借记"在途物资"账户;增值税进项税额的增加是负债的减少,应借记"应交税费—应交增值税"账户;应付票据的增加是负债的增加,应贷记"应付票据"账户。该项经济业务应编制的会计分录如下:

　　借:在途物资——A 材料 260000

　　　　应交税费——应交增值税(进项税额)33800

　　　　贷:应付票据 293800

　　A 材料验收入库,应作如下会计分录:

　　借:原材料——A 材料　260000

　　　　贷:在途物资——A 材料　260000

第三节　生产经济业务的核算

一、企业生产经济业务的内容

　　企业的主要经济活动是生产符合社会需要的产品生产过程,同时也是生产的耗费过程。生产业务是制造业企业的核心经济业务,这个过程中生产人员运用房屋建筑物与机器设备等固定资产对原材料进行加工,生产出市场所需的产品。生产过程既是产品的制造过程,也是固定资产、原材料和劳动力等的消耗过程。企业在生产过程中发生的,用货币形式表现的生产耗费称作生产费用,这些费用最终都要归集分配到一定种类的产品上去,从而形成各种产品的成本。企业为生产一定种类、一定数量产品所支出的各种生产费用的总和,对象化于产品就形成了这些产品的成本。由此可见,费用与成本有着密切的联系,费用的发生过程也就是成本的形成过程,费用是产品成本形成的基础。但是,费用与成本之间也有一定的区别,费用是在一定期间为了进行生产经营活动而发生的各项耗费,费用与发生的"期间"直接相关;而成本则是为生产某一产品或提供某一劳务所消耗的费用,成本与"成本对象"之间相关。

(一)生产费用

产品生产过程中发生的一切资金耗费称为生产费用,生产费用按其计入产品成本的方式不同,可以分为直接费用和间接费用。直接费用是指企业生产产品过程中实际消耗的直接材料和直接人工。间接费用是指企业为生产产品和提供劳务而发生的各项间接支出,通常称为制造费用。各成本项目的具体内容如下:

(1)直接材料。直接材料是指企业在产品生产和提供劳务过程当中消耗的直接用于产品生产,并构成产品实体的原材料及主要材料、外购半成品和辅助材料。

(2)直接人工。直接人工是指企业在生产产品和提供劳务过程当中发生的,直接从事产品生产的工人工资及其他各种形式的职工薪酬。

(3)制造费用。制造费用是指企业各个生产车间为组织和管理生产而发生的各项间接费用,包括生产车间管理人员的工资等职工薪酬,生产车间固定资产折旧费、办公费、差旅费、水电费、劳动保护费、机物料消耗、季节性和修理期间的停工损失等。

(二)期间费用

期间费用是指企业在生产经营过程中发生的,与特定产品生产没有直接关系,不能直接归属于某种产品成本,而应计入当期损益的各种费用,包括管理费用、销售费用和财务费用。

二、产品制造成本的计算

产品制造成本是指为生产一定种类、数量的产品所发生的耗费,是对象化的费用。生产过程发生的主要经济业务是归集和分配生产费用,计算产品生产成本。产品生产成本公式如下:

产品生产成本 = 直接费用(直接材料、直接人工) + 间接费用(制造费用)　(4-3)

直接为产品生产而发生的各项费用,直接计入产品成本。生产车间为组织和管理产品生产而发生的间接费用,月末归集分配后再计入产品成本;企业行政管理部门为组织和管理生产经营活动而发生的管理费用,属于期间费用不计入产品成本,月末直接计入当期损益。

三、存货发出成本的计算

作为生产储备的材料,属于企业的存货,确定发出材料的数量和成本,属于存货数量的确定和发出存货计价的问题。相同的存货可能在不同时间、不同批次购进或生产,其单位成本不尽相同,在实务中一般根据不同的存货流转假设来确定发出存货的成本。存货流转假设主要有先取得的存货先发出、存货均匀发出等假设。在不同的存货流转假设基础上,产生了不同的存货发出计价方法,如先进先出法、加权平均法和个别计价法等。

(一)先进先出法

先进先出法是假设先入库的存货先发出,即按照存货入库的先后顺序,用先入库存货的单位成本,确定发出存货成本的一种方法。采用先进先出法对存货进行计价,其优点是可以将发出存货的计价工作分散在平时进行,减轻了月末的计算工作量;随时确定发出存货的成本,保证了产品成本和销售成本计算的及时性;期末存货的计价标准为后入库存货的价格,从而使反映在资产负债表上的存货价值比较接近当前的市价。其缺点是在物价上涨时,本期发出存货成本要比当前市价低,从而使本期利润偏高,高估存货价值;反之,则会低估当期利润和存货价值。

(二)加权平均法

加权平均法是把可供发出的存货总成本平均分配给所有可供发出的存货数量,因此本期发出存货成本和期末存货成本都要按这一平均单价计算。在平均单价的计算过程中,考虑了各批存货的数量因素,即批量越大的存货,其成本对平均单价的影响也越大。由于数量对单价起权衡轻重的作用,故由此计算的平均单价称为加权平均单价。加权平均法又分为月末一次加权平均和移动加权平均,本教材重点介绍月末一次加权平均法。

月末一次加权平均法是指以月初结存存货数量和本月各批收入存货数量作为权数,计算本月存货的加权平均单位成本,据以确定本月发出存货成本和月末结存存货成本的一种方法。相关计算公式如下:

$$本月发出存货成本 = 加权平均单位成本 \times 本月发出存货的数量 \qquad (4\text{-}4)$$

$$月末结存存货成本 = 加权平均单位成本 \times 本月结存存货的数量 \qquad (4\text{-}5)$$

由于在计算加权平均单位成本时,往往不能除尽,实务中应当先按加权平均单位成本计算月末结存存货成本,然后倒推出本月发出存货成本,将计算尾差计入发出存货成本,即:

$$月末结存存货成本 = 加权平均单位成本 \times 本月结存存货的数量 \qquad (4\text{-}6)$$

$$本月发出存货成本 = (月初结存存货成本 + 本月收入存货成本) - 月末结存存货成本$$
$$(4\text{-}7)$$

采用月末一次加权平均法,只在月末一次性计算加权平均单位成本,并结转发出存货成本即可。其优点是平时不对发出存货计价,因而日常核算工作量较小、简便易行,适用于存货收发比较频繁的企业;其缺点是因为存货计价集中在月末进行,所以平时无法提供发出存货和结存存货的单价及金额,不利于存货的管理。

(三)个别计价法

个别计价法亦称个别认定法或具体辨认法,是指本期发出存货和期末结存存货的成本,完全按照该存货所属购进批次或生产批次入账时的实际成本进行确定的一种方法。由于采用该方法,要求各批发出的存货必须可以逐一辨认所属的购进批次或生产批次,因此需要对每一类存货的品种规格、入账时间、单位成本、存放地点等做详细记录。

个别计价法的特点是存货的成本流转与实物流转完全一致,因而能准确地反映本期发出存货和期末结存存货的成本。该方法日常核算非常烦琐,存货实物流转的操作程序也相当复杂。个别计价法只适用于不能替代使用的存货,为特定项目专门购入或制造的存货的计价,以及品种不多、单位价值较高或体积较大、容易辨认的存货的计价,如房产、船舶、飞机、重型设备以及珠宝、名画等贵重物品。

四、生产制造业务的核算

(一)生产制造业务核算的账户

1."生产成本"账户

"生产成本"账户核算企业在生产产品、自制材料、自制工具的过程中发生的各项生产费用。账户性质为成本类账户。账户结构为借方登记产品生产过程中发生的直接材料费用、直接人工费用和分配结转的制造费用;贷方登记验收入库的完工产品生产成本的结转数;期末余额在借方,反映尚未完工的在产品的生产成本。"生产成本"账户一般按成本核算对象,如产品品种设置明细账户,进行明细分类核算。

例如:

直接材料费用、直接人工费用和分配结转的制造费用	验收入库的完工产品生产成本的结转数
期末余额:尚未完工的在产品的生产成本	

2."制造费用"账户

"制造费用"账户核算企业为生产产品和提供劳务而发生的各项间接生产费用。账户性质为成本类账户。账户结构为借方登记实际发生的各项间接费用的数额;贷方登记分配转入"生产成本"账户的应由各受益对象负担的间接费用的数额。账户期末结转后一般无余额。"制造费用"账户一般按生产车间设置明细账户,进行明细分类核算。

例如:

实际发生的各项间接费用的数额	各受益对象负担的间接费用
	期末余额:一般无余额

3."库存商品"账户

"库存商品"账户核算企业库存的各种商品的收入发出和结存情况。账户性质为资产类账户。账户结构为借方登记生产完工入库的产成品的成本;贷方登记为销售等原因发出产品的成本。期末余额通常在借方,反映企业库存产成品的成本。"库存商品"账户一般按产品的品种规格设置明细账户,进行明细分类核算。

例如：

生产完工入库的产成品的成本	发出产品的成本
期末余额：企业库存产成品的成本	

4."应付职工薪酬"账户

"应付职工薪酬"账户核算企业按照规定应付给职工的各种薪酬。账户性质为负债类账户。

5."累计折旧"账户

"累计折旧"账户核算固定资产因损耗而发生的价值的转移。账户性质为资产类账户。账户结构为贷方登记逐期计提的固定资产折旧；借方登记处置固定资产时结转的累计折旧；期末余额在贷方，反映企业固定资产的累计折旧额。"累计折旧"账户为"固定资产"账户的备抵账户，期末"固定资产"账户余额减去"累计折旧"账户余额的差额，反映企业期末固定资产的净值。

例如：

处置固定资产时结转的累计折旧	企业固定资产的累计折旧额
	期末余额：期末"固定资产"账户余额减去"累计折旧"账户余额的差额

6."管理费用"账户

"管理费用"账户核算企业为了组织和管理生产经营活动所发生的各种耗费，包括行政管理部门人员的职工薪酬、管理部门使用的固定资产的折旧费、管理部门办公费以及各部门发生的固定资产修理费等费用。账户性质为损益类账户。账户结构为借方登记企业发生的各项管理费用数额，期末该期间归集的管理费用全部从本账户贷方结转至"本年利润"账户的借方，结转后应无余额。"管理费用"账户一般按费用种类设置明细账户，进行明细分类核算。

例如：

企业发生的各项管理费用数额	期间归集的管理费用
	期末余额：无余额

（二）生产制造业务核算的业务

生产过程账务处理的主要内容，包括生产经营过程中消耗的原材料、职工薪酬等直接费用的归集与分配，固定资产折旧等制造费用的归集与分配，生产成本的计算，以及完工产品成本的结转。

1.生产费用的归集和分配

（1）材料费用的归集与分配。为了更好地进行材料费用的核算，材料费用一般按领用部门和用途进行归集，并按其用途分配，计入产品成本或期间费用。生产某种产品领用的材料，可直接计入该产品生产成本明细账中的直接材料成本项目；对于几种产品共同耗用的原材料,应采用适当的方法将材料费用在各种产品之间进行分配,分别计入各产品生产成本明细账中。生产车间用于间接消耗的材料应计入"制造费用"账户,行政管理部门消耗的材料应计入"管理费用"账户。

【例 4-25】根据上节例题中 B 公司 7 月购入 A、B 两种原材料的情况,假定材料均匀发出,运用加权平均法计算,得出 A、B 两种材料的加权平均成本如下:

A 材料的加权平均成本 = (44000 + 260000) ÷ (3000 + 17000) = 15.2(元/千克)

B 材料的加权平均成本 = (132000 + 300000) ÷ (30000 + 50000) = 5.4(元/千克)

根据 A、B 材料加权平均成本,B 公司 7 月发料凭证汇总如表 4-1 所示。

表 4-1 发出材料汇总表[①]

项目	A 材料(15.2 元/千克)		B 材料(5.4 元/千克)		合计/元
	数量/千克	金额/元	数量/千克	金额/元	
生产甲产品领用	1000	15200	2000	10800	26000
生产乙产品领用	500	7600	1200	6480	14080
车间一般耗用	400	6080	800	4320	10400
行政管理部门耗用	100	1520	200	1080	2600
合计	2000	30400	4200	22680	53080

从表 4-1 所列资料可以看出,一方面,本月库存 A、B 两种材料减少共计 53080 元,另一方面,材料耗费 53080 元转入成本费用。根据领用材料的用途不同,需要将耗用的材料费用转入不同的成本费用账户。其中材料直接投入生产甲产品,使甲产品的生产成本增加 26000 元的直接材料费用;材料直接投入生产乙产品,使乙产品的生产成本增加 14080 元的直接材料费用;材料用于车间一般耗用,即为了生产甲乙两种产品共同耗用材料 10400 元,属于间接费用;管理部门领用材料 2600 元用于经营管理,使管理费用增加。因此,该项经济业务涉及"生产成本""制造费用""管理费用""原材料"四个账户。直接材料费用的增加、间接费用的增加以及管理费用的增加都是企业成本费用的增加,应借记"生产成本""制造费用""管理费用"账户;原材料的耗用是企业资产的减少,应贷记"原材料"账户。这项经济业务应编制的会计分录如下:

借:生产成本——甲产品 26000

生产成本——乙产品 14080

制造费用 10400

管理费用 2600

贷:原材料 53080

(2)人工费用的归集与分配。人工费用是产成品生产成本和期间费用的重要组成部分,应按其发生的地点进行归集,并按其用途分别计入产品生产成本和期间费用。直接从事产品生产的工人工资及各种职工薪酬等属于生产费用,应计入"生产成本"账户;对

①王蕾,赵若辰.基础会计[M].上海:立信会计出版社,2021.

几种产品共同发生的人工费用,应采用适当的标准和方法,将人工费用在各种产品之间进行分配,分别计入各产品生产成本明细账中。管理部门人员的薪酬应计入"管理费用"账户;销售机构人员的薪酬等,应计入"销售费用"账户。

【例4-26】7月31日,B公司分配结转本月工资费用,根据工资结算汇总表编制工资费用分配汇总表,如表4-2所示。

表4-2 工资费用分配汇总表

车间、部门		应分配金额/元
车间生产人员	甲产品	18000
	乙产品	15020
	小计	33020
车间管理人员		12900
厂部管理人员		11380
合计		57300

该项经济业务一方面使企业产品成本中的人工费用增加,其中,计提生产工人的工资,生产成本增加;计提车间管理人员的工资,制造费用增加;计提厂部管理人员的工资,管理费用增加。另一方面使企业计提的工人工资增加。因此,该项经济业务涉及"生产成本""制造费用""管理费用""应付职工薪酬"四个账户。直接人工、制造费用以及管理费用的增加是企业成本费用的增加,应借记"生产成本""制造费用""管理费用"账户;计提的工人工资增加是企业负债的增加,应贷记"应付职工薪酬"账户。这项经济业务应编制的会计分录如下:

借:生产成本——甲产品　18000
　　生产成本——乙产品　15020
　　制造费用　12900
　　管理费用　11380
　　贷:应付职工薪酬57300

【例4-27】某年8月10日,B公司根据7月工资结算汇总表签发转帐支票一张,金额为57300元,将职工工资委托银行发放到职工工资卡中。该项经济业务一方面使企业应付职工薪酬减少,另一方面使企业银行存款减少。因此,涉及"应付职工薪酬"和"银行存款"两个账户。应付职工薪酬的减少是负债的减少,应借记"应付职工薪酬"账户;银行存款的减少是资产的减少,应贷记"银行存款"账户。这项经济业务应编制的会计分录如下:

借:应付职工薪酬　57300
　　贷:银行存款　57300

(3)制造费用的归集与分配。制造费用是企业为生产产品发生的间接费用,间接生产费用是生产多种产品或劳务的共同耗费,不能直接计入某成本核算对象,应先在"制造费用"账户进行归集汇总,期末采用恰当的分配标准和方法,分配计入相关的成本核算对象中。制造费用的主要内容是企业的生产部门(包括基本生产车间和辅助生产车间)为组织和管理生产活动,以及为生产活动服务而发生的费用,如车间管理人员的工资及福利费、车间生产使用的照明费、取暖费、运输费、劳动保护费等。制造费用的分配应根据不同的情况选择适当的分配标准,如生产工人的工时、机器工时、生产工人工资等,都可以作为制造费用的分配标准。

【例4-28】B公司计提当月固定资产折旧51000元,其中生产车间固定资产折旧39000元,企业管理部门固定资产折旧12000元。固定资产在使用过程中,由于磨损而逐步损耗的价值称为固定资产折旧,企业应按月计提固定资产折旧。计提固定资产折旧时,一方面意味着当期的费用成本增加,应区分不同的空间范围,计入不同的费用成本类账户。其中,车间固定资产提取的折旧额,应借记"制造费用"账户;厂部固定资产计提的折旧额,应借记"管理费用"账户。另一方面,固定资产计提折旧额的增加,实际上是固定资产价值的减少,本应计入"固定资产"账户的贷方,但由于固定资产账户只负责记录固定资产取得原值的增减变动(在固定资产使用期内一般是不变的),因此对于固定资产计提的折旧额,应贷记"累计折旧"账户,表示固定资产已计提折旧额的增加。这项经济业务应编制的会计分录如下:

借:制造费用　39000
　管理费用　12000
　贷:累计折旧　51000

【例4-29】B公司以现金支付生产车间办公用品费用700元,厂部办公用品费用300元。该项经济业务的发生,一方面使企业车间的办公用品费用增加700元,厂部办公用品费用增加300元,另一方面使企业现金减少1000元。因此该项经济业务涉及"制造费用""管理费用""库存现金"三个账户,其中车间及厂部办公用品费用的增加是费用的增加,应借记"制造费用""管理费用"账户;现金减少是资产的减少,应贷记"库存现金"账户。这项经济业务应编制的会计分录如下:

借:制造费用　700
　管理费用　300
　贷:库存现金　1000

【例4-30】B公司以银行存款支付本月生产车间水电费2000元。该项经济业务的发生,一方面使企业车间水电费增加2000元,另一方面使企业银行存款减少2000元。因此该项经济业务涉及"制造费用"和"银行存款"两个账户。水电费增加是成本的增加,应借记"制造费用"账户;银行存款的减少是资产的减少,应贷记"银行存款"账户。这项经济业务应编制的会计分录如下:

借:制造费用　2000
　贷:银行存款　2000

【例4-31】B公司在月末将本月发生的制造费用,按照生产工时比例分配计入甲、乙两种产品中。其中,甲产品生产工时为3000工时,乙产品生产工时为2000工时。对于该项经济业务,首先,归集本月发生的制造费用总额65000元(10400+12900+39000+700+2000)。

其次,按照生产工人的工时比例进行分配,计算制造费用分配率。最后确定每种产品应负担的制造费用数额。具体计算如下:

制造费用分配率 = 制造费用总额 ÷ 分配标准之和(即生产工人工时之和)

$$= 65000 ÷ (3000 + 2000) = 13$$

甲产品负担的制造费用 = 3000 × 13 = 39000(元)

乙产品负担的制造费用 = 2000 × 13 = 26000(元)

企业可以根据"制造费用"账户的情况编制制造费用分配表,如表4-3所示。

表 4-3 制造费用分配表

应借科目		分配标准/工时	分配率	分配金额/元
总分类账	明细分类账			
生产成本	甲产品	3000	13	39000
	乙产品	2000	13	26000
合计		5000	13	65000

该项经济业务将分配的结果记入产品成本,一方面使得企业产品生产费用增加65000元,另一方面使得公司的制造费用减少65000元。因此,该项经济业务涉及"生产成本"和"制造费用"两个账户。产品生产费用的增加,应借记"生产成本"账户;制造费用的减少是成本费用的结转,应贷记"制造费用"账户。这项经济业务应编制的会计分录如下:

借:生产成本甲产品　39000

　　生产成本乙产品　26000

　　贷:制造费用　65000

2. 产品生产成本的计算和结转

"成本核算是成本管理工作的重要组成部分,成本核算的正确与否直接影响企业的生产和经营。"[1]在制造费用分配至各种产品的生产成本中后,应计入产品生产成本的直接材料费用、直接人工费用和制造费用等都已归集在"生产成本"账户的借方,在此基础上可以进行产品生产成本的计算。产品生产成本计算是指在产品生产完工之后,编制产品生产成本计算表,计算验收入库的完工产品生产总成本和单位成本。月末,如果某种产品全部完工,该产品生产成本明细账所归集的费用总额即为该种完工产品的生产总成本。如果某种产品全部没有完工,该产品生产成本明细账所归集的费用总额即为该种在产品的生产总成本。如果某种产品部分完工,该产品生产成本明细账所归集的费用总额,还应采取一定的方法在完工产品和在产品之间进行分配,然后计算出完工产品的生产总成本和单位成本。完工产品成本的简单计算公式为:

完工产品生产成本 = 期初在产品成本 + 本期发生的生产费用 - 期末在产品成本

(4-8)

---

①罗鹏.中小企业外贸业务成本核算相关问题分析[J].会计之友,2011(14):73.

【例4-32】B公司7月初甲产品的在产品成本为28000元,其中直接材料17000元、直接人工8000元、制造费用3000元,乙产品月初无在产品。至本月末,甲、乙两种产品全部完工,产量分别为600件和500件,根据上述资料分别登记甲、乙两种产品的生产成本明细分类账,如表4-4和表4-5所示,并进行成本计算以编制产品成本汇总计算表,如表4-6所示。

表4-4　甲产品生产成本明细分类账

单位:元

×××年		摘要	借方(成本项目)				贷方	余额
月	日		直接材料	直接人工	制造费用	合计		
7	1	月初在产品成本	17000	8000	3000	28000		28000
	31	领用材料	26000			26000		54000
	31	分配职工薪酬		18000		18000		72000
	31	分配制造费用			39000	39000		111000
	31	结转完工产品成本					111000	0
	31	合计	43000	26000	42000	111000	111000	0

表4-5　乙产品生产成本明细分类账

单位:元

×××年		摘要	借方(成本项目)				贷方	余额
月	日		直接材料	直接人工	制造费用	合计		
7	1	月初在产品成本	0	0	0	0		0
	31	领用材料	14080			14080		14080
	31	分配职工薪酬		15020		15020		29100
	31	分配制造费用			26000	26000		55100
	31	结转完工产品成本					55100	0
	31	合计	14080	15020	26000	55100	55100	0

表4-6　产品成本汇总计算表

×××年7月31日

单位:元

成本项目	甲产品(600件)		乙产品(500件)	
	总成本	单位成本	总成本	单位成本
直接材料	43000		14080	
直接人工	26000		15020	
制造费用	42000		26000	
合计	111000	185	55100	110.20

产品完工入库结转成本的经济业务,一方面使企业的库存商品成本增加,其中甲产品成本增加111000元,乙产品成本增加55100元。另一方面由于本月全部产品均已完工入库,结转入库产品实际成本,产品生产成本减少。因此,该项经济业务涉及"库存商品"和"生产成本"两个账户。库存商品成本的增加是资产的增加,应借记"库存商品"账户;生产成本的结转是成本的减少,应贷记"生产成本"账户。这项经济业务应编制的会计分录如下:

借:库存商品——甲产品　111000
　　库存商品——乙产品　55100
　　贷:生产成本——甲产品　111000
　　　　生产成本——乙产品　55100

第四节 销售经济业务的核算

一、企业销售经济业务的内容

企业通过生产过程,生产出符合要求、可对外销售的产品,形成了商品存货,接下来就要进入销售过程,通过销售过程将生产出来的产品销售出去,实现其价值。商品销售的过程是企业经营过程的最后一个阶段。企业产品售出后,企业取得销售货款,生产经营资金的形态又由成品资金转化为货币资金,至此企业的生产经营资金完成了整个资金循环。在销售过程中,企业一方面按合同规定给客户提供产品,另一方面与客户办理款项结算,企业用收回的资金,重新购买原材料等物资,开展新一轮的产品生产活动。如果产品资金无法顺利转化为货币资金,企业的资金循环将中断,因此销售业务是制造业企业经营过程以及资金循环过程的重要环节。

企业销售过程的主要经济业务包括通过销售产品确认和计量商品销售收入,计算增值税销项税额,记录同客户之间的款项结算;根据配比原则在确认销售收入的当期,将售出产品的成本确认为销售成本;按照国家税法的规定计算缴纳的各项销售税金;确认在销售过程中发生的运输、包装、广告等销售费用。

二、企业销售经济业务的核算

(一)企业销售经济业务核算的账户

1.“应收账款”账户

“应收账款”账户核算企业因销售商品、提供劳务等经营活动应向购货单位或接受劳务单位收取的款项。账户性质为资产类账户。账户结构为借方登记因经营活动发生的应收款的金额,反映一种债权;贷方登记收回的应收款项,反映债权的回收。该账户期末若为借方余额,反映企业尚未收回的应收款项;若为贷方余额,反映企业预收的款项。不单独设置“预收账款”账户的企业,预收的账款也在该账户核算。“应收账款”账户一般按购货单位或接受劳务单位设置明细账户,进行明细分类核算。

例如:

因经营活动发生的应收款的金额	收回的应收款项
期末余额:企业尚未收回的应收款项	期末余额:企业预收的款项

2.“应收票据”账户

“应收票据”账户核算企业因赊销而收到的商业汇票,包括银行承兑汇票和商业承兑汇票。账户性质为资产类账户。账户结构为借方登记企业因销售产品而收到购货方,交

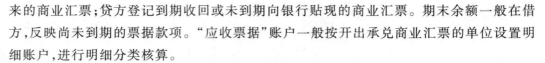

来的商业汇票;贷方登记到期收回或未到期向银行贴现的商业汇票。期末余额一般在借方,反映尚未到期的票据款项。"应收票据"账户一般按开出承兑商业汇票的单位设置明细账户,进行明细分类核算。

例如:

购货方的商业汇票	到期收回或未到期向银行贴现的商业汇票
期末余额:尚未到期的票据款项	

3."预收账款"账户

"预收账款"账户核算企业销售商品时,根据合同向购货单位预收货款及发货后进行结算的账户。账户性质为负债类账户。账户结构为贷方登记预收购货单位的款项,由于还没有履行合同规定的发出商品等义务,无法确认销售收入,因此预收的款项实际上是负债,以后需要提供商品或劳务进行偿还;借方登记发货后与购货单位结算的款项,即履行相关义务,实现销售时,应借记本账户。期末余额若在贷方反映企业预收的款项,即已预收但尚未用产品或劳务偿付的款项;若为借方余额则反映应由购货单位补付的款项,实质为企业应收但尚未收回的款项。"预收账款"账户按购货单位或接受劳务单位设置明细账户,进行明细分类核算。

例如:

发货后与购货单位结算的款项	预收购货单位的款项
期末余额:应由购货单位补付的款项	期末余额:企业预收的款项

4."主营业务收入"账户

"主营业务收入"账户核算企业在销售商品、提供劳务等主营业务中所取得的收入。账户性质为损益类账户。账户结构为贷方登记企业实现的主营业务收入(即主营业务收入的增加);借方登记发生销售退回和销售折让时,应冲减本期的主营业务收入,以及期末转入"本年利润"账户的主营业务收入额(按净额结转)。期末结转后,该账户没有余额。"主营业务收入"账户一般按主营业务的种类设置明细账户,进行明细分类核算。

例如:

冲减本期的主营业务收入、期末转入"本年利润"账户的主营业务收入额	企业实现的主营业务收入
	期末余额:无

5."其他业务收入"账户

"其他业务收入"账户核算企业除主营业务活动以外,其他经营活动实现的收入,包括出租固定资产、出租无形资产、出租包装物、销售材料等取得的收入,账户结构为贷方登记实现的其他业务收入额(即其他业务收入的增加);借方登记期末转入"本年利润"账户的其他业务收入。期末结转后,该账户没有余额。"其他业务收入"账户一般可按其他业务收入种类设置明细账户,进行明细分类核算。

例如：

期末转入"本年利润"账户的其他业务收入	实现的其他业务收入额
	期末余额：无

6."主营业务成本"账户

"主营业务成本"账户核算企业因销售商品、提供劳务等而应结转的成本。账户性质为损益类账户。账户结构为借方登记主营业务成本发生的实际成本,贷方登记期末转入"本年利润"账户的主营业务成本额。期末结转后该账户没有余额。"主营业务成本"账户一般按主营业务的种类设置明细账户,进行明细分类核算。

例如：

主营业务成本发生的实际成本	期末转入"本年利润"账户的主营业务成本额
	期末余额：无

7."其他业务成本"账户

"其他业务成本"账户核算企业除经营活动以外,其他经营活动发生的支出,包括销售材料的成本、出租固定资产的折旧额、出租无形资产的摊销额、出租包装物的成本或摊销额等。账户性质为损益类账户,账户结构为借方登记其他业务成本,包括材料销售成本,提供劳务的成本、费用的发生,即其他业务成本的增加;贷方登记期末转入"本年利润"账户的其他业务成本额。期末结转后,该账户没有余额,"其他业务成本"账户一般按其他业务的种类设置明细账户,进行明细分类核算。

例如：

其他业务成本	期末转入"本年利润"账户的其他业务成本额
	期末余额：无

8."税金及附加"账户

"税金及附加"账户核算企业经营活动中发生的消费税、城市维护建设税、资源税、教育费附加及房产税、城镇土地使用税、车船税、印花税等相关税费。缴纳的相关税费属于销售收入的抵减项目,因此本账户的账户性质是损益类账户。账户结构为借方登记按税法规定计算的经营活动应交的上述税费;贷方登记期末转入"本年利润"账户的税金。期末结转后,"税金及附加"账户没有余额。"税金及附加"账户一般按税种及附加项目设置明细账户,进行明细分类核算。

例如：

经营活动应交的税费	期末转入"本年利润"账户的税金
	期末余额：无

9."销售费用"账户

"销售费用"账户核算企业销售商品、提供劳务过程中发生的费用,包括运输费、装卸费、包装费、保险费、展览费和广告费等。账户性质为损益类账户。账户结构为借方登记发生的相关销售费用,贷方登记期末转入"本年利润"账户的同销售收入相配比的相关销售费用金额。期末结转后,该账户没有余额。"销售费用"账户一般按费用项目设置明细账户,进行明细分类核算。

例如:

发生的相关销售费用	期末转入"本年利润"账户的同销售收入相配比的相关销售费用金额
	期末余额:无

(二)企业销售经济业务核算的业务

1.营业收入的会计核算

营业收入包括主营业务收入和其他业务收入。工业企业的主营业务收入,主要包括销售商品、自制半成品、代制品、代修品、提供工业性劳务等实现的收入;商业企业的主营业务收入,主要包括销售商品实现的收入;咨询公司的主营业务收入,主要包括提供咨询服务实现的收入;安装公司的主营业务收入,主要包括提供安装服务实现的收入。

企业在经营过程中除了要发生主营业务之外,还会发生一些非经常性的、具有经营性的其他业务,属于企业日常活动中次要交易实现的收入,一般占企业总收入的比重较小。其他业务是指企业在经营过程中发生的除主营业务以外的其他销售业务,一般企业的其他业务包括销售材料、出租包装物、出租固定资产、出租无形资产等活动。对于不同的企业而言,主营业务和其他业务的内容划分并不是绝对的,一个企业的主营业务,可能是另一个企业的其他业务;即便在一个企业里,不同期间的主营业务和其他业务的内容也不是固定不变的。企业取得的收入,应当按照从购货方已收或应收的合同或协议价款,确定销售商品收入金额,但已收或应收的合同或协议价款不公允的除外。

关于增值税,采购环节有具体讲解。增值税销项税额是指企业销售应税货物或提供应税劳务而收取的增值税税额,应按照增值税专用发票记载的货物售价和规定税率进行计算。销项税额计算出来之后,应贷记"应交税费——应交增值税"账户。

【例4-33】B公司销售1000件甲产品给西城机械公司,每件售价300元,增值税专用发票上注明的价款为300000元,增值税额39000元。产品已发出,价款已存入银行。该项经济业务的发生,一方面企业应确认一笔主营业务收入,同时随同价款一并收取的,由购货方承担的增值税销项税额增加;另一方面使企业银行存款增加339000元(300000+39000)。因此,该经济业务涉及"银行存款""主营业务收入""应交税费——应交增值税(销项税额)"三个账户。其中,银行存款增加是资产的增加,应借记"银行存款"账户;销售收入增加是企业收入的增加,应贷记"主营业务收入"账户;增值税销项税额的增加是企业负债的增加,应贷记"应交税费——应交增值税"。这项经济业务应编制的会计分录如下:

借:银行存款　339000

　　贷:主营业务收入——甲产品　300000

　　　应交税费—应交增值税(销项税额)39000

【例 4-34】B 公司销售 2000 件乙产品给通达汽车公司,每件售价 200 元,增值税专用发票上注明的价款为 400000 元,增值税额 52000 元。产品已发出,价款尚未收到。该项经济业务的发生,一方面企业应确认一笔主营业务收入,同时随同价款一并收取的,由购货方承担的增值税销项税额增加;另一方面使企业应收款增加 452000 元(400000 + 52000)。因此,该经济业务涉及"主营业务收入""应交税费——应交增值税""应收账款"三个账户。其中,应收账款增加是资产的增加,应借记"应收账款"账户;销售收入增加是企业收入的增加,应贷记"主营业务收入"账户;增值税销项税额增加是企业负债的增加,应贷记"应交税费——应交增值税"。这项经济业务应编制的会计分录如下:

借:应收账款——通达汽车公司　452000

　　贷:主营业务收入——乙产品　400000

　　　　应交税费——应交增值税(销项税额)　52000

【例 4-35】B 公司向通达汽车公司销售 500 件甲产品,每件售价 320 元;销售 200 件乙产品,每件售价 190 元。增值税专用发票上注明的价款为 198000 元,增值税额 25740 元。产品已发出,收到一张买方签发并已承兑的含全部款项的商业汇票。

该项经济业务的发生,一方面企业应确认一笔主营业务收入,同时随同价款一并收取的,由购货方承担的增值税销项税额增加;另一方面使企业应收票据增加 223740 元(198000 + 25740)。因此,该经济业务涉及"主营业务收入""应交税费——应交增值税(销项税额)""应收票据"三个账户。其中,应收票据增加是资产的增加,应借记"应收票据"账户;销售收入增加是企业收入的增加,应贷记"主营业务收入"账户;增值税销项税额的增加是企业负债的增加,应贷记"应交税费—应交增值税"。这项经济业务应编制的会计分录如下:

借:应收票据——通达汽车公司　223740

　　贷:主营业务收入——甲产品　160000

　　　　主营业务收入——乙产品　38000

　　　　应交税费—应交增值税(销项税额)　25740

【例 4-36】B 公司按照合同规定,预收西城机械公司订购的甲产品的货款 500000 元,存入银行。该项经济业务的发生,一方面使得公司的银行存款增加,另一方面使得公司的预收款增加。因此,该项经济业务涉及"银行存款""预收账款"两个账户。银行存款增加是资产的增加,应借记"银行存款"账户;预收账款增加是负债的增加,应贷记"预收账款"账户。这项经济业务应编制的会计分录如下:

借:银行存款　500000

　　贷:预收账款——西城机械公司　500000

【例 4-37】B 公司向西城机械公司发出甲产品 1600 件,发票注明价款 496000 元,增值税额 64480 元。原预收款不足,其差额部分当即收到并存入银行。B 公司按合同约定,原收西城机械公司货款 500000 元,现发货的价税合计 560480 元(496000 + 64480),不足款项的差额为 60480 元（560480 - 500000）。这项经济业务的发生，一方面使得公司的预收款减少 500000 元，银行存款增加 60480；另一方面使得公司的商品销售收入增加 496000 元，增值税销项税额增加 64480 元。因此，该项经济业务涉及"预收账款""银行存款""主营业务收入""应交税费——应交增值税（销项税额）"四个账户。预收款的减少是企业负债的减少，应借记"预收账款"账户；银行存款的增加是资产的增加，应借记"银行存款"账户；销售收入的增加是企业收入的增加，应贷记"主营业务收入"账户；增值税销项税额的增加是企业负债的增加，应贷记"应交税费——应交增值税"。这项经济业务应编制的会计分录如下：

借：预收账款——西城机械公司　500000
　　银行存款　60480
　　贷：主营业务收入——甲产品　496000
　　　　应交税费——应交增值税（销项税额）　64480

以上是该业务的合并会计分录，也可以将此会计分录拆解成两个一般会计分录。先确认全部的销售收入，直接计入"预收账款"账户，然后再进行债权债务的结算。这种情况通常用于销售收入确认和款项结算不在同一时间的经济业务，大部分企业发货与结算款项时间不一致。这样的处理方式，更有利于明晰往来款项的债权债务关系。

【例 4-38】B 公司向西城机械公司发出甲产品 1300 件，发票注明价款 403000 元，增值税额 52390 元。B 公司多收货款，其差额部分 5 日后结清款项，退回西城机械公司。B 公司按合同约定，原收西城机械公司货款 500000 元，现发货的价税合计 455390 元（403000 + 52390），多余款项的差额为 44610 元（500000 - 455390）。该项经济业务分为两部分，一部分确认销售收入，预收账款减少；另一部分结清款项，退回多收的货款。

（1）确认销售收入。企业主营业务收入增加，增值税销项税额增加，预收账款减少。预收账款减少是负债的减少，应借记"预收账款"账户；销售收入增加是企业收入的增加，应贷记"主营业务收入"账户；增值税销项税额增加是企业负债的增加，应贷记"应交税费—应交增值税（销项税额）"。这项经济业务应编制的会计分录如下：

借：预收账款——西城机械公司　455390
　　贷：主营业务收入——甲产品　403000
　　　　应交税费——应交增值税（销项税额）　52390

（2）结算债权债务，结清款项。企业预收西城机械公司货款 500000 元，先发货价税合计 455390 元，应退回多收的款项。"预收账款"账户贷方预收 500000 元，借方确认本次合同价税合计 455390 元，借贷方差额 44610 元系贷方余额，是企业的负债（即应付款项），需结算清相关款项。预收账款的退回是负债的减少，应借记"预收账款"账户；以银行存款退回多余款项，银行存款减少是资产的减少，应贷记"银行存款"账户。这项经济业务应编制的会计分录如下：

借：预收账款——西城机械公司 44610
　　贷：银行存款　44610

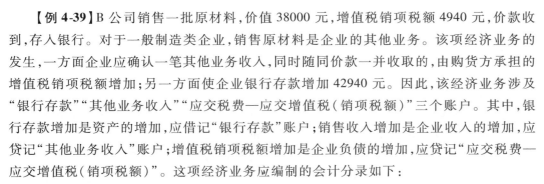

【例 4-39】B 公司销售一批原材料,价值 38000 元,增值税销项税额 4940 元,价款收到,存入银行。对于一般制造类企业,销售原材料是企业的其他业务。该项经济业务的发生,一方面企业应确认一笔其他业务收入,同时随同价款一并收取的,由购货方承担的增值税销项税额增加;另一方面使企业银行存款增加 42940 元。因此,该经济业务涉及"银行存款""其他业务收入""应交税费——应交增值税(销项税额)"三个账户。其中,银行存款增加是资产的增加,应借记"银行存款"账户;销售收入增加是企业收入的增加,应贷记"其他业务收入"账户;增值税销项税额增加是企业负债的增加,应贷记"应交税费——应交增值税(销项税额)"。这项经济业务应编制的会计分录如下:

借:银行存款　42940
　　贷:其他业务收入　38000
　　　　应交税费——应交增值税(销项税额)　4940

2. 营业成本的会计核算

企业在销售商品过程中,一方面减少了存货,另一方面作为取得主营业务收入而垫支的资金,表明企业发生了费用,我们把这项费用称为主营业务成本(也称销售成本)。销售发出的商品成本转为主营业务成本,应遵循配比原则的要求,主营业务成本的结转应与主营业务收入在同一会计期间加以确认,且应与主营业务收入在数量上保持一致。主营业务成本计算公式如下:

$$主营业务成本 = 本期销售商品的数量 \times 单位商品的生产成本 \qquad (4-9)$$

单位商品生产成本的确定,应考虑期初库存的商品成本和本期入库商品的成本情况,可分别采用先进先出法、月末一次加权平均法和个别计价法等来确定。方法一经确定,不得随意变动。

【例 4-40】B 公司期末结转已销甲产品 3100 件,乙产品 2200 件的销售成本。甲产品实际成本为每件 185 元,乙产品为每件 110 元。需要计算甲乙两种产品的销售成本。甲产品销售成本 573500 元,乙产品销售成本 242000 元。该项经济业务的发生,一方面使企业的销售成本增加 815500 元(573500 + 242000),另一方面使企业的库存商品成本减少。因此,该项业务涉及"主营业务成本""库存商品"。商品销售成本的增加是费用成本的增加,应借记"主营业务成本"账户;库存商品成本的减少是资产的减少,应贷记"库存商品"账户。这项经济业务应编制的会计分录如下:

借:主营业务成本——甲产品　573500
　　主营业务成本——乙产品　242000
　　贷:库存商品——甲产品　573500
　　　　主营业务成本——乙产品　242000

【例 4-41】B 公司期末结转已销原材料的成本 16000 元。该项经济业务的发生,一方面使企业的其他业务成本增加 16000 元,另一方面使企业的库存原材料成本减少。因此,该项业务涉及"其他业务成本""原材料"。材料销售成本的增加是费用成本的增加,应借记"其他业务成本"账户;库存材料成本的减少是资产的减少,应贷记"原材料"账户。这项经济业务应编制的会计分录如下：

借：其他业务成本　16000

　　贷：原材料　16000

3. 税金及附加的会计核算

企业销售商品持有特定财产或发生特定行为，就应该向国家税务机关缴纳相应的税金及附加，主要反映企业经营主要业务应负担的消费税、城市维护建设税、资源税、教育费附加及房产税、城镇土地使用税、车船税、印花税等，但不包括增值税。由于这些税金及附加大多是在当月计算，而在下个月缴纳，因而计算税金及附加时，一方面作为企业发生的一项费用支出，另一方面形成企业的一项负债。

【**例 4-42**】B 公司经计算，本月应缴纳的消费税 5300 元，城建税 3200 元，教育费附加 1200 元。该项经济业务的发生，一方面使企业的税金及附加增加 9700 元，另一方面使企业的应交税费增加。因此，该项业务涉及"税金及附加""应交税费"账户。税金及附加的增加是费用的增加，应借记"税金及附加"账户；应交税费的增加是负债的增加，应贷记"应交税费"账户。这项经济业务应编制的会计分录如下：

借：税金及附加　9700

　　贷：应交税费——应交消费税　5300

　　　　应交税费——应交城建税　3200

　　　　应交税费——应交教育费附加　1200

4. 销售费用的会计核算

企业在销售过程中，为了销售产品，还要发生各种销售费用，包括由企业负担的包装费、运输费、广告费、装卸费、保险费、委托代销手续费、展览费、租赁费和销售服务费、销售部门固定资产折旧费等。按规定，销售费用不作为销售收入的抵减项目，而是作为期间费用直接计入当期损益。

【**例 4-43**】B 公司以银行存款支付广告费 1600 元，现金支付销售部业务费 420 元。该项经济业务的发生，一方面使企业销售费用增加 2020 元，另一方面使企业银行存款减少。因此该项经济业务涉及"销售费用""银行存款"两个账户。销售费用的增加是费用的增加，应借记"销售费用"账户；银行存款的减少是资产的减少，应贷记"银行存款"账户。这项经济业务应编制的会计分录如下：

借：销售费用　2020

　　贷：银行存款　1600

　　　　库存现金　420

第五节　利润形成与分配业务的会计核算

一、利润形成业务的会计核算

企业作为一个独立的经济实体,其经营活动的主要目的就是不断提高企业的盈利水平,增强企业的活力。利润是一个反映企业获利能力的综合指标,利润水平的高低不仅反映企业的盈利水平,而且还反映企业对整个社会所作贡献的大小,同时还是各有关方面对本企业进行财务预测和投资决策的重要依据。

(一)利润形成业务的内容

利润是企业一定期间内从事经济活动取得的经营成果,是企业全部收入抵扣全部费用后的总成果。收入大于费用支出的差额部分为利润,反之则为亏损。企业各方面的情况,诸如劳动生产率的高低,产品是否适销对路,产品成本和期间费用的节约与否,都会通过利润指标得到综合反映,因此获取利润就成为企业生产经营的主要目的之一。利润分为营业利润、利润总额和净利润。

1. 营业利润

营业利润是企业获得的经营业务范围内的利润。企业在生产经营过程中取得并确认的主营业务收入和其他业务收入,共同构成营业收入;与收入配比的主营业务成本和其他业务成本,共同组成营业成本。期间费用是企业本期发生的不能直接或间接归入某种产品成本的,而应直接计入损益的各项费用,包括销售费用、管理费用和财务费用。期间费用不同于生产费用,生产费用计入产品成本,随产品销售作为产品成本的生产费用和销售收入相配比计入销售当期的损益,而期间费用则在发生当期直接计入当期损益。营业成本、期间费用与营业收入相配比,得到营业利润的主要组成部分。

企业生产经营持有的各项资产,由于各种原因发生减值,如应收账款无法收回导致的坏账损失,企业应按期估计本期可能发生的资产减值损失,计入当期损益。企业的经济活动包含很多种内容,除生产经营以外的日常经营活动,企业也可以进行对外投资等活动,形成相应的投资收益(或投资损失),如企业利用部分资金或其他资产通过直接出资或购买股票、债券等方式,对外投资取得的投资损益。企业按公允价值计价的特定资产或负债,其受公允价值变动影响产生的损益也应计入发生当期的损益。企业按规定出售或处置固定资产、无形资产等非流动资产产生的利得或损失,也应计入当期损益。企业营业利润的计算公式如下:

营业利润 = 营业收入 - 营业成本 - 税金及附加 - 销售费用 - 管理费用 - 财务费用 -
　　　　　研发费用 - 资产减值损失 - 信用减值损失 ± 公允价值变动损益 ± 投资
　　　　　损益 ± 资产处置损益　　　　　　　　　　　　　　　　　　　(4-10)

2．利润总额

利润总额是指税前会计利润。企业发生的除营业利润以外的收益作为营业外收入，增加企业的利润总额。营业外收入主要包括接受捐赠的利得、债务重组利得、罚款利得等，是企业的一种纯收入，不需要也不可能与有关费用进行配比。事实上，企业为此并没有付出代价，因此在会计核算中，应严格区分营业外收入与营业收入的界限。

企业发生的除营业利润以外的支出作为营业外支出，减少企业的利润总额。营业外支出主要包括固定资产盘亏支出、非常损失、债务重组损失、公益性捐赠支出、罚款支出等。营业外收入与营业外支出应当分别核算，不能以营业外支出直接冲减营业外收入。企业利润总额的计算公式如下：

$$利润总额 = 营业利润 + 营业外收入 - 营业外支出 \tag{4-11}$$

3．净利润

净利润是指扣除所得税之后的利润。利润总额计算出来之后，形成了企业在一定会计期间的所得，针对这个所得，要按照税法的规定计算缴纳所得税费用。企业净利润的计算公式如下：

$$净利润 = 利润总额 - 所得税费用 \tag{4-12}$$

4．主要核算业务

利润总额和净利润的构成中，营业利润的内容，在销售过程核算中已经做了部分介绍，以下重点对营业利润构成项目中的期间费用、投资收益，利润总额构成项目中的营业外收入和营业外支出，净利润构成项目中的所得税费用进行会计核算，即各损益类账户的具体核算。期末对损益类账户进行结转，运用"本年利润"账户，结算出企业本期的利润总额和净利润。

（二）利润形成业务的核算

1．利润形成业务核算的账户

（1）"本年利润"账户。"本年利润"账户用来核算企业实现的净利润或发生的净亏损。账户性质为所有者权益类账户。账户结构为贷方登记期末从损益类账户转入的利润增加项目的金额，如主营业务收入、投资收益、营业外收入等；借方登记期末从损益类账户转入的利润减少项目的金额，如主营业务成本、管理费用、营业外支出等。结转后账户的贷方余额为当期实现的净利润，借方余额为当期发生的净亏损。年度终了，将本年实现的净利润，从"本年利润"账户的借方结转至"利润分配"账户。年末结转后，该账户没有余额。

例如：

期末从损益类账户转入的利润减少项目的金额	期末从损益类账户转入的利润增加项目的金额
期末余额：当期发生的净亏损	期末余额：当期实现的净利润

（2）"资产减值损失"账户。"资产减值损失"账户核算企业计提各项资产减值准备所形成的损失。账户性质为损益类账户。账户结构为借方登记计提的各项资产减值损失；贷方登记原已计提的减值准备范围内,资产价值恢复增加的金额。注意,部分资产减值一经计提不得转回。期末将本账户余额结转至本年利润账户,结转后,账户没有余额。"资产减值损失"账户一般按资产减值损失的项目设置明细账户,进行明细分类核算。

例如：

计提的各项资产减值损失	原已计提的减值准备范围内, 资产价值恢复增加的金额
	期末余额：无

（3）"信用减值损失"账户。"信用减值损失"账户核算企业金融资产计提减值准备所形成的预期信用损失。账户性质为损益类账户。账户结构为借方登记计提的各项金融资产减值损失,贷方登记减值恢复的金额。信用减值损失与资产减值损失反映的情况一致,只是对应的事项不同。应收账款等金融资产减值对应"信用减值损失"账户,存货和固定资产等资产对应"资产减值损失"账户。

例如：

计提的各项金融资产减值损失	减值恢复的金额

（4）"坏账准备"账户。"坏账准备"账户核算企业应收款项的坏账准备。账户性质为资产类账户,是"应收账款"的备抵账户。账户结构为贷方登记按照规定估计的应收款项发生减值的金额；借方登记已确认减值的恢复金额。期末贷方余额反映企业已计提的坏账准备。"坏账准备"账户一般按应收款项的类别设置明细账户,进行明细分类核算。

例如：

已确认减值的恢复金额	按照规定估计的应收款项发生减值的金额
	期末余额：企业已计提的坏账准备

（5）"投资收益"账户。"投资收益"账户核算企业对外投资所获得收益的实现或损失的发生及其结转情况。账户性质为损益类账户。账户结构为贷方登记实现的投资收益和期末转入"本年利润"账户的投资净损失；借方登记发生的投资损失和期末转入"本年利润"账户的投资净收益。期末结转后,该账户没有余额。"投资收益"账户一般按照投资的种类设置明细账户,进行明细分类核算。

例如：

投资净收益	投资净损失
	期末余额：无

（6）"公允价值变动损益"账户。"公允价值的运用必然会对企业的会计核算产生深远影响。"①"公允价值变动损益"账户核算企业以公允价值计量的资产，由于是公允价值变动形成的，应计入当期损益的利得或损失。账户性质为损益类账户。账户结构为贷方登记确认的公允价值变动收益，借方登记确认的公允价值变动损失。期末将本账户余额结转至"本年利润"账户，结转后，账户没有余额。"公允价值变动损益"账户一般按特定的资产或负债项目，设置明细账户，进行明细分类核算。

例如：

确认的公允价值变动损失	确认的公允价值变动收益
	期末余额：无

（7）"营业外收入"账户。"营业外收入"账户核算企业发生的除营业利润以外的利得，主要包括与企业日常活动无关的政府补助、盘盈利得、捐赠利得等。账户性质为损益类账户。账户结构为贷方登记营业外收入的实现，即营业外收入的增加；借方登记期末转入"本年利润"账户的营业外收入额。该账户期末结转后，没有余额。"营业外收入"账户一般按照收入的具体项目设置明细账户，进行明细分类核算。

例如：

期末转入"本年利润"账户的营业外收入额	营业外收入的实现
	期末余额：无

（8）"营业外支出"账户。"营业外支出"账户核算企业发生的除营业利润以外的支出，主要包括公益性捐赠支出、非常损失、盘亏损失、非流动资产毁损、报废损失等。账户性质为损益类账户。账户结构为借方登记营业外支出的发生，即营业外支出的增加；贷方登记期末转入"本年利润"账户的营业外支出额。该账户期末结转后，没有余额。"营业外支出"账户一般按照支出的具体项目设置明细账户，进行明细分类核算。

例如：

营业外支出的发生	期末转入"本年利润"账户的营业外支出额
	期末余额：无

（9）"所得税费用"账户。"所得税费用"账户核算企业按照有关规定应在当期损益中扣除的所得税费用的计算及结转情况。账户性质为损益类账户。账户结构为借方登记按照应纳税所得额计算出的所得税费用额；贷方登记期末转入"本年利润"账户的所得税费用额。该账户期末结转后，没有余额。

例如：

按照应纳税所得额计算出的所得税费用额	期末转入"本年利润"账户的所得税费用额
	期末余额：无

---

① 王志宏.公允价值的引入对企业核算的影响[J].会计之友,2007(35):33.

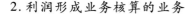

2. 利润形成业务核算的业务

（1）各损益类账户的核算。企业利润的形成，除主营业务利润外，还有其他业务利润、投资收益、营业外收入、营业外支出等。因此，理解损益类账户的具体核算，是进行利润形成核算的基础。

【例4-44】B公司收到国债利息收入20000元，已存入银行。该项经济业务的发生，一方面使企业的银行存款增加，另一方面使企业对外投资的收益增加。因此，该业务涉及"银行存款"和"投资收益"两个账户。银行存款的增加是资产的增加，应借记"银行存款"账户；投资收益的增加是企业收入的增加，应贷记"投资收益"账户。这项经济业务应编制的会计分录如下：

借：银行存款　20000
　　贷：投资收益　20000

【例4-45】B公司因违反有关环保条例，按规定支付4000元罚款，已用银行存款支付完成。企业的罚款支出属于营业外支出。该项经济业务的发生，一方面使企业的银行存款减少，另一方面使企业的营业外支出增加。因此，该业务涉及"银行存款"和"营业外支出"两个账户。营业外支出的增加是企业费用支出的增加，应借记"营业外支出"账户；银行存款的减少是资产的减少，应贷记"银行存款"账户。这项经济业务应编制的会计分录如下：

借：营业外支出　4000
　　贷：银行存款　4000

【例4-46】B公司收到对方单位的违约金10000元，存入银行。企业的违约金收入属于营业外收入。该项经济业务的发生，一方面使企业的银行存款增加，另一方面使企业的营业外收入增加。因此，该业务涉及"银行存款"和"营业外收入"两个账户。银行存款的增加是资产的增加，应借记"银行存款"账户；营业外收入的增加是企业收入的增加，应贷记"营业外收入"账户。这项经济业务应编制的会计分录如下：

借：银行存款　10000
　　贷：营业外收入　10000

【例4-47】B公司持有的B公司10000股股票（作为交易性金融资产核算），12月31日每股市价上涨3元。持有目的是交易的有价证券属于以公允价值计量，其变动计入当期损益的金融资产，应记录"交易性金融资产"账户中。这一类金融资产，应在期末（资产负债表日）按最新的公允价值调整其账面价值，将差额确定为公允价值变动损益。该项经济业务的发生，一方面使企业的有价证券价值增加，另一方面形成金融资产相关的公允价值变动收益。因此，该业务涉及"交易性金融资产"和"公允价值变动损益"两个账户。交易性金融资产价值的增加是资产的增加，应借记"交易性金融资产"账户；公允价值变动收益的增加是企业收入的增加，应贷记"公允价值变动损益"账户。这项经济业务应编制的会计分录如下：

借：交易性金融资产　30000
　　贷：公允价值变动损益　30000

【例4-48】12月31日,B公司根据应收账款的余额计提坏账准备26000元。坏账准备是应收账款的备抵账户,计提坏账准备实质上是确认应收账款的减值损失,使应收账款账面价值减少,那么该项业务的发生,使企业的坏账准备和减值损失同时增加。由于应收账款等金融资产减值损失属于信用减值损失,因此该业务涉及"坏账准备"和"信用减值损失"两个账户。减值损失的增加是企业费用的增加,应借记"信用减值损失";坏账准备的增加是企业资产备抵账户的增加,应贷记"坏账准备"账户。这项经济业务应编制的会计分录如下:

借:信用减值损失　26000

　　贷:坏账准备　26000

资产减值损失的核算与信用减值的损失类似,常见于存货、固定资产、无形资产等资产的减值。

(2)利润形成的核算。期末,企业对各损益类账户进行结转,结转各项收入、收益,即结转收入类账户记入"本年利润"账户贷方;同时结转各项成本、费用、支出,即结转费用类账户记入"本年利润"借方。经过初步结转,全部收支反映到"本年利润"账户中,得出企业利润总额。需根据"本年利润"账户形成的利润总额计算企业所得税费用,结转所得税费用至"本年利润"账户,计算出本期净利润。经过结转后,各损益类账户期末均无余额。

【例4-49】2020年12月末,B公司有关损益类账户的余额,如表4-7所示。将损益类账户的发生额进行结转,计算企业本期的利润总额。

表4-7　B公司损益类账户期末余额表

账户名称	借方余额/元	贷方余额/元
主营业务收入		3200000
投资收益		20000
公允价值变动损益		30000
营业外收入		10000
主营业务成本	1000000	
税金及附加	70000	
销售费用	30000	
管理费用	220000	
财务费用	40000	
信用减值损失	26000	
营业外支出	4000	

将本期所发生的各项收入,结转至"本年利润"账户。该项经济业务的发生,一方面,使得公司的有关损益类账户所记录的各种收入减少了,另一方面,使公司的利润增加。因此,该业务涉及"主营业务收入""投资收益""公允价值变动损益""营业外收入""本年利润"共五个账户。各项收入的结转是收入的减少,应借记"主营业务收入""投资收益""公允价值变动损益""营业外收入"四个账户,以上损益类账户的发生额在贷方,要通过

借方结转至"本年利润";收入的转入使企业利润增加,利润增加使企业所有者权益增加,应贷记"本年利润"账户。这项经济业务应编制的会计分录如下:

　　借:主营业务收入　3200000

　　　　投资收益　20000

　　　　公允价值变动损益　30000

　　　　营业外收入　10000

　　　　贷:本年利润　3260000

　　将本期发生的各项费用,结转至"本年利润"账户。该项经济业务的发生,一方面,需要将记录在有关损益类账户中的各项费用予以转销,另一方面,结转费用会使公司的利润减少。因此该业务涉及"本年利润""主营业务成本""税金及附加""销售费用""管理费用""财务费用""信用减值损失""营业外支出"八个账户。各项支出发生额的结转是企业费用支出的减少,应贷记"主营业务成本""税金及附加""销售费用""管理费用""财务费用""信用减值损失""营业外支出"七个账户,换言之以上损益类账户的发生额在借方,应通过贷方结转至"本年利润";费用的转入使利润减少,利润的减少是所有者权益的减少,应借记"本年利润"账户。这项经济业务应编制的会计分录如下:

　　借:本年利润　1390000

　　　　贷:主营业务成本　1000000

　　　　　　税金及附加　70000

　　　　　　销售费用　30000

　　　　　　管理费用　220000

　　　　　　财务费用　40000

　　　　　　信用减值损失　26000

　　　　　　营业外支出　4000

　　　　利润总额 = 3260000 − 1390000 = 1870000(元)

　　【例4-50】B公司按本年实现利润的25%计算应交所得税(假定不考虑纳税调整因素)。B公司本期计算出的所得税费用为467500元(1870000 × 25%)。该项经济业务的发生,一方面使得企业的所得税费用增加,另一方面使企业的应交税费增加。因此,该业务涉及"所得税费用""应交税费——应交所得税"两个账户。所得税费用的增加是企业费用支出的增加,应借记"所得税费用"账户;应交税费的增加是企业负债的增加,应贷记"应交税费——应交所得税"账户。这项经济业务应编制的会计分录如下:

　　借:所得税费用　467500

　　　　贷:应交税费——应交所得税　467500

　　【例4-51】B公司将本年发生的所得税费用结转到"本年利润"账户。该项经济业务的发生,一方面,使得企业的所得税费用减少,另一方面,使企业的利润额减少。因此,该业务涉及"所得税费用""本年利润"两个账户。利润的减少是企业所有者权益的减少,应借记"本年利润"账户;所得税费用的减少是企业费用支出的减少,应贷记"所得税费

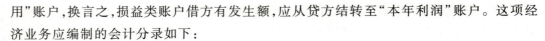

用"账户,换言之,损益类账户借方有发生额,应从贷方结转至"本年利润"账户。这项经济业务应编制的会计分录如下:

借:本年利润　467500

　　贷:所得税费用　467500

二、利润分配业务的会计核算

(一)利润分配业务的内容

投资者投入企业的资金作为股本或实收资本,参与企业的生产经营活动,企业在生产经营活动过程中取得的各种收入,补偿了各项消耗之后形成盈利,按照国家规定缴纳所得税费用,形成企业的净利润,即税后利润。对于税后利润需要按照规定在各有关方面进行合理的分配。

企业净利润分配的去向主要有:以利润的形式分配给投资者,作为投资者对企业投资的回报;以公积金的形式留给企业,用于企业扩大生产经营;以未分配利润的形式留存于企业,以备将来分配之用。利润分配的过程与结果,关系到所有者的合法权益能否得到保护,企业能否长期稳定发展的重要问题,为此企业必须加强利润分配的管理和核算。根据规定,企业当年实现的净利润,首先应弥补以前年度尚未弥补的亏损,对于剩余部分应按照下列顺序进行分配:

(1)提取法定盈余公积。按照《公司法》的有关规定,公司制企业应按净利润的10%提取法定盈余公积;非公司制企业可以自行确定法定盈余公积提取比例,但不得低于10%。企业提取的法定盈余公积金累计额,超过注册资本50%的,可以不再提取。

(2)提取任意盈余公积。企业提取法定盈余公积后,经股东大会或类似权力机构决议,还可以按照净利润的一定比例提取任意盈余公积金。

(3)向投资者分配利润或股利。企业实现的净利润在扣除上述项目后,再加上年初未分配利润和其他转入数(公积金弥补的亏损等),形成可供投资者分配的利润,按顺序分配。

未分配利润是企业留待以后年度进行分配的利润或等待分配的利润,是所有者权益的一个重要组成部分。相对于所有者权益的其他部分来说,企业对于未分配利润的使用具有较大的自主权。

(二)利润分配业务的核算

1.利润分配业务核算的账户

(1)"利润分配"账户。"利润分配"账户核算企业一定时期净利润的分配或亏损的弥补,以及历年分配或弥补后的结存余额(未分配的利润或未弥补的亏损)情况。账户性质为所有者权益类账户。账户结构为借方登记从"本年利润"账户转入的年度净亏损,以及按规定提取的盈余公积,向投资者分配的利润或股利等;贷方登记从"本年利润"账户转入的年度净利润,以及用盈余公积弥补亏损的金额。期末借方余额表示累计未弥补的

132

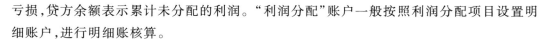

亏损,贷方余额表示累计未分配的利润。"利润分配"账户一般按照利润分配项目设置明细账户,进行明细账核算。

"利润分配"账户的明细账户包括"提取法定盈余公积""提取任意盈余公积""盈余公积补亏""应付现金股利或利润""未分配利润"等。年末,应将"利润分配"账户下的其他明细账户的余额,转入"未分配利润"明细账户,经过结转后,除"未分配利润"明细账户有余额外,其他各个明细账户均无余额。

例如:

从"本年利润"账户转入的年度净亏损,以及按规定提取的盈余公积,向投资者分配的利润或股利等	从"本年利润"账户转入的年度净利润,以及用盈余公积弥补亏损的金额
期末余额:累计未弥补的亏损	期末余额:累计未分配的利润

(2)"盈余公积"账户。"盈余公积"账户核算企业从税后利润中提取的盈余公积金,包括法定盈余公积、任意盈余公积的增减变动及其结余情况。账户性质为所有者权益类账户。账户结构为贷方登记提取的盈余公积,即盈余公积金的增加;借方登记实际使用的盈余公积,即盈余公积金的减少。期末余额在贷方,反映企业盈余公积的余额。"盈余公积"账户按"法定盈余公积""任意盈余公积"设置明细账户,进行明细账核算。

例如:

实际使用的盈余公积	提取的盈余公积
	期末余额:企业盈余公积的余额

(3)"应付股利"账户。"应付股利"账户核算企业按照股东大会或类似权力机构决议分配给投资者股利(现金股利)或利润的增减变动及其结余情况。账户性质为负债类账户。账户结构为贷方登记应付给投资人股利(现金股利)或利润的增加,借方登记实际支付给投资人的股利(现金股利)或利润,即应付股利的减少。期末余额在贷方,反映企业尚未支付的股利(现金股利)或利润。"应付股利"账户一般按照股东或投资者的名称设置明细账户,进行明细账核算。

例如:

实际支付给投资人的股利(现金股利)或利润	应付给投资人股利(现金股利)或利润的增加
	期末余额:尚未支付的股利(现金股利)或利润

2.利润分配业务核算的业务

利润分配的核算内容比较复杂,政策性较强。本节仅介绍利润分配中的提取盈余公积和向投资者分配利润的核算内容。在利润形成过程中,企业通过"本年利润"账户反映企业一定时期内实现的净利润数据,但如果继续通过该账户进行利润分配的核算,则需要在"本年利润"账户借方登记,此时"本年利润"账户贷方余额只能够表示实现的利润额减去分配利润额后的差额,即未分配的利润额,而不能提供本年累计实现的净利润额,但累计净利润指标是企业管理上非常重要的指标。

为了使"本年利润"能够充分反映与企业一定时期的累计净利润,需要一个账户提供企业利润分配情况以及未分配利润数据,因此在会计核算中专门设置了"利润分配"账户,用以提供企业利润分配情况。利润分配业务核算,第一步需要将"本年利润"账户中本期的净利润结转至"利润分配"账户,再进行下一步提取盈余公积金以及分配股利或利润的业务核算。

【例4-52】承接例4-49、例4-51,B公司将本年实现的利润结转到"利润分配"账户。

净利润 = 1870000 – 467500 = 1402500(元)

该项经济业务的发生,将"本年利润"账户中的净利润结转至"利润分配——未分配利润"账户中,两个账户均为所有者权益类账户。本年利润转出,应借记"本年利润"账户;利润分配账户转入额,使未分配利润增加,应贷记"利润分配"账户。这项经济业务应编制的会计分录如下:

借:本年利润　1402500

　　贷:利润分配——未分配利润　1402500

【例4-53】B公司经股东大会批准,按净利润的10%提取法定盈余公积。根据例4-52可知,B公司本年实现的净利润为1402500元,因而提取的法定盈余公积金为140250元。企业提取盈余公积金业务的发生,一方面,使得公司的已分配的利润额增加,另一方面,使得公司的盈余公积金增加。因此,该项业务涉及"利润分配"和"盈余公积"两个账户。已分配利润额的增加使所有者权益减少,应借记"利润分配"账户,盈余公积金的增加是所有者权益的增加,应贷记"盈余公积"账户。这项经济业务应编制的会计分录如下:

借:利润分配——提取法定盈余公积　140250

　　贷:盈余公积　140250

【例4-54】B公司经股东大会决议,分配给股东的现金股利70000元。这项经济业务的发生,一方面,使得公司已分配的利润额增加70000元,另一方面,现金股利已经决议分配给股东,但在分配的当时并不实际支付,所以形成公司的一项负债。因此,该业务涉及"利润分配"和"应付股利"两个账户。已分配利润的增加是所有者权益的减少,应借记"利润分配"账户;应付未付股利的增加是负债的增加,应贷记"应付股利"账户。这项经济业务应编制的会计分录如下:

借:利润分配——应付现金股利　70000

　　贷:应付股利　70000

【例4-55】B公司在会计期末,结清利润分配账户所属的各有关明细账户。通过例4-53、例4-54、例4-55有关经济业务的处理,可以确定B公司"利润分配"账户所属有关明细账户的记录分别为:"提取法定盈余公积"明细账户余额为140250元;"应付现金股利"的明细账户余额为70000元。结清时,应将各明细账户的余额从其相反方向分别转入"未分配利润"明细账户中。也就是借方的余额从贷方结转,贷方的余额从借方结转。这

项经济业务应编制的会计分录如下:

借:利润分配——未分配利润　210250

　　贷:利润分配——提取盈余公积　140250

　　　　利润分配——应付现金股利 70000

经过结转,利润分配——未分配利润账户有贷方余额1192250元(1402500－210250)。

思考与练习

1. 企业经济业务主要包括哪些?
2. 企业筹资经济业务核算包括哪两个方面?
3. 简述企业采购经济业务的账户设置。
4. 产品制造成本如何计算?
5. 简述"主营业务收入"账户的性质。
6. 简述"投资收益"账户的结构。

第五章

财产清查与财务会计报告

财产清查和财务会计报告是在会计领域中具有重要研究意义的两个方向,它们分别从不同的角度关注个人或组织的财务状况和财务信息的呈现。基于此,本章主要探索财产清查及其结果处理、财务会计报表的编制。

第一节　财产清查及其结果处理

一、财产清查及其开展

财产清查是会计核算的基本方法之一。为了保证企业对外提供会计信息的质量,在期末编制财务会计报告之前,以及对企业财产进行清产核资、整体资产评估、企业经济体制改制、合资与合并、歇业、破产等时,都必须进行全面的或局部的、定期的或不定期的财产清查。"作为会计监控的有力手段,财产清查是确保会计资料的真实性、维护财经纪律和加强财产管理的重要会计核算方法。"[1]

(一)财产清查的概念与作用

1.财产清查的概念

财产清查是指通过对各项财产物资的盘点或核对,查明其实有数与账存数是否相符的一种专门方法。企业财产清查的财产物资包括货币资金、存货、固定资产、债权债务、有价证券等。

在会计核算中,对会计凭证和账簿的日常审核,进行账证核对和账账核对,只能保证账簿本身记录的正确性,不能保证账实相符。只有通过财产清查,查明账簿记录的结存数与各项财产物资的实存数是否真正相符,才能保证财产物资的安全完整。

---

①徐昕.财产清查及其账务处理分析[J].现代经济信息,2014(8):183.

在实际的会计核算中,由于一些主观或客观的原因,往往导致账簿记录与财产物资的实存数不一致,即账实不符。造成这种现象的主要原因包括:①财产物资在运输、保管过程中,由于自然因素或其他条件的影响,而发生的数量或质量上的变化;②在收发财产物资时,由于计量、计算、检验的不准确或型号、规格混淆,而发生的品种上、数量上、质量上或等级上的差错;③在财产物资增减变动时,会计人员漏办或重办入账手续,或入账时在计算或登记上出现差错;④在结算过程中,由于未达账项或拒付等原因而引起的银行与单位双方记录不符;⑤由于管理不善或有关工作人员失职而造成财产物资的毁损、变质或短缺,以及货币资金、往来款项的差错;⑥发生自然灾害的意外损失;⑦由于不法分子贪污盗窃、营私舞弊等造成的财产物资损失。

另外,企业有这些情况之一的,也需要进行财产清查:①企业在正常经营时,进行清产核资、年终核算、资产评估、合资合并、法人代表离任、发生经济案件等;②企业经济体制改革或股权进行重大变更;③企业章程规定营业期限届满,不再延期经营,或企业因经营不善,股东大会决议申请歇业;④企业因不能清偿到期债务,被依法宣告破产等。

根据以上原因,必须对单位的各项财产物资进行全面或局部、定期或不定期的盘点或核对,从中发现财产物资在保管和记账过程中的问题。当账存数与实存数不相符时,应查明原因,追究责任,按有关规定作出处理。

2.财产清查的作用

(1)保证会计核算资料真实、正确和完整,为企业内外部提供准确的会计信息。通过财产清查,可以确定企业各项财产物资的实存数,将账存数与实存数进行核对,查明各项财产物资是否账实相符,确定有关财产物资的盘盈、盘亏情况,并及时调整账面记录,使账簿记录的会计资料真实、正确和完整,为有关各方提供准确的会计信息。

(2)保护财产物资的安全、完整。通过财产清查,可以查明各项财产物资的保管是否符合规定,有无因保管不善造成的毁损、变质、贪污、盗窃和非法挪用等情况;其收发是否按照制度办理了必要的手续等。针对清查中发现的问题,及时采取措施,健全各种管理制度,保护企业财产物资的安全完整。

(3)挖掘财产物资潜力,加速资金周转。通过财产清查,可以查明企业各项财产物资的储备和使用情况,以便采取合理措施,提高物资的使用效率。对储备不足和不配套的,应予以补充和配套,确保生产需要;对超储、积压和呆滞的,应采取措施,及时处理,防止盲目采购和积压,充分挖掘财产物资潜力,提高财产物资的使用效率。

(4)保证财经纪律和结算纪律的执行。通过财产清查,可以检查企业各项资金的使用是否合理,是否符合党和国家的方针政策和法规;单位是否遵守国家的财经纪律和结算制度,有无错误、偏差和舞弊行为,以便及时采取措施,予以纠正,保证国家财经纪律和结算纪律的执行。

(二)财产清查的类型划分

1.按财产清查的对象和范围进行划分

按财产清查的对象和范围,财产清查分为全面清查和局部清查。

（1）全面清查，是指对企业所有的财产物资进行盘点和核对。企业一般在年终决算、合资、合并、联营、整体资产评估、推行股份制、歇业、法人代表离任、破产及发生经济犯罪案件等情况下，需要进行全面清查。涉及的范围广，参加的部门人员多，工作量大。

（2）局部清查，是指企业根据管理需要或依据有关规定，对部分财产物资进行盘点和核对。其主要对象是流动性较强的财产物资。涉及范围小，清查内容少，参加的部门人员少，专业性较强。

2. 按财产清查的时间进行划分

按财产清查的时间，财产清查分为定期清查和不定期清查。

（1）定期清查，是指企业根据事先计划安排好的时间对财产物资进行的盘点和核对。清查对象根据实际需要确定，可以是全面清查，也可以是局部清查。清查的目的是保证会计资料的真实、正确、完整，通常是在年末、季末、月末结账前进行。

（2）不定期清查，是指企业根据实际需要临时对财产物资进行的盘点和核对。如对现金、银行存款、贵重物资和商品进行的突击性检查；更换财产物资经管人员时对其经管的财产物资进行的清查等。其清查的对象也是根据实际需要确定的，可以是全面清查也可以是局部清查。目的主要在于分清责任、查明情况。

3. 按财产清查的执行单位进行划分

按财产清查的执行单位，财产清查分为内部清查和外部清查。

（1）内部清查，是指由企业自行组织清查工作小组进行的财产清查工作。一般多数的财产清查都属于内部清查。

（2）外部清查，是指由上级主管部门、审计部门、注册会计师或司法部门，根据国家有关规定或实际情况的需要，对企业进行的财产清查工作。如注册会计师对企业报表进行的审计；审计、司法部门对企业进行的清查工作等。

（三）财产清查的盘存制度

单位对于财产物资的收入、发出、结存在账簿上的记录方法，可以采用实地盘存制和永续盘存制。

1. 实地盘存制

实地盘存制，是指企业平时只根据会计凭证在账簿中登记各种财产物资的增加数，不登记减少数，期末或结账时，通过对各项财产物资的盘点，确定其实存数，再推算出本期财产物资的减少数，并据以登记入账的一种管理制度。本期减少数计算如下：

$$本期减少数 = 期初结存 + 本期增加数 - 期末实存数 \tag{5-1}$$

采用实地盘存制进行财产清查，优点是工作方法比较简单，工作量小；缺点是各项财产物资的减少数没有严密的手续，平时会计账簿中不能反映各项财产物资的减少数和结存数，不利于对财产物资进行监督和管理。

推算出的财产物资减少数中既有生产经营正常消耗的，也有其他原因减少的。因此，这种清查方法，不能正确反映企业财产物资的实际结存情况，还容易掩盖管理中存在的各种问题,不利于财产物资的管理,不利于保护财产物资的安全与完整。所以,企业一般不采用这种盘存制度。只有那些平时确实无法记录财产物资减少数的单位才采用这种方法,如零售商店等。

2.永续盘存制

永续盘存制,是指企业各项财产物资的收发,平时都在有关的明细账中逐笔登记和汇总,反映其增加数和减少数,并随时在账簿中结算出各项财产物资的结存数的一种管理制度。

采用永续盘存制进行财产清查,优点是反映财产物资增减变动的会计核算手续严密,能够随时反映单位各项财产物资的增、减及结存情况,有利于加强会计监督,加强财产物资管理,保护企业各项财产物资的安全与完整;缺点是日常核算的工作量比较大,账存数与实存数常会发生不一致的情况。

所以,企业采用永续盘存制时,需要对各项财产物资进行定期或不定期的清查,确保账实相符。总体来说,这种盘存制度优点明显,对加强管理有利,企业一般均采用这种盘存制度。

（四）财产清查的内容和方法

1.财产清查的准备

财产清查工作是一项复杂、细致、专业性较强的工作,特别是全面清查,涉及的部门人员多,工作量大。因此,在财产清查之前,应充分做好各项准备工作,主要有以下几方面:

（1）组织准备。为了使财产清查工作有组织、有计划、顺利地进行,应根据财产清查的实际需要,在财产清查之前组建财产清查的专门机构,制订好财产清查的工作计划,做好组织上的落实,确定清查的范围和步骤,配备清查人员。这些准备工作应由主要领导负责,会同财会、财产管理、财产使用等有关部门共同进行。

（2）业务准备。为了使财产清查能够顺利进行,在清查之前,应清理有关账目,登记齐全,核对清楚,使之账证相符、账账相符;有关经管人员应将其所保管的各种财产物资堆放整齐,挂上标签,标明品种、规格和结存数量,以便进行实物盘点;按照国家标准计量校正各种度量衡器具,减少误差;准备好各种空白的清查盘存报告表等。

2.实物资产的清查

实物资产包括固定资产、原材料、在产品、产成品、商品、低值易耗品、包装物等。对实物资产应从数量和质量两方面进行清查。由于实物资产的种类繁多,形态、体积、重量、价值、存放方式等不尽相同,因此,实物资产的清查方式也不同。通常采用实地盘点法和技术推算法两种方法。

实物盘点法是指对各项财产物资通过逐一清点,或者用计量器具来确定其实存数量的一种方法。这种方法适用范围较广泛,大部分财产物资的清查都采用这种方法。

技术推算法是指对各项财产物资按照一定的计算公式或者一定的标准,推算出其实

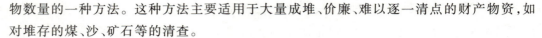

物数量的一种方法。这种方法主要适用于大量成堆、价廉、难以逐一清点的财产物资,如对堆存的煤、沙、矿石等的清查。

实物清查的内容和方法具体如下:

(1)核对账簿,进行盘点,确定和检查财产物资的实有数量与质量情况。盘点时,清查人员与实物保管人员必须同时在场,并同时参加实地盘点工作,以便明确经济责任。

(2)填制"盘存单"。对盘点的结果要如实登记在"盘存单"上,并由盘点人员和实物保管人员签章,以明确经济责任。盘存单的一般格式如表 5-1 所示。它既是记录实物盘点结果的书面证明,又是反映材料物资实有数的原始证明。

表 5-1 财产盘存单

单位名称　　　　　　　　　　　　　　盘点时间

财产类别　　　　　　　　　　　　　　存放地点　　　　　　　　　编号

编号	名称	规格或型号	计量单位	数量	单价	金额	备注

盘点人:(签章)　　　　　　　　　　　　　　实物保管人:(签章)

(3)编制"账存实存对比表"。根据"盘存单"记录和相应的材料物资账簿的记录情况编制"账存实存对比表"。其一般格式如表 5-2 所示。"账存实存对比表"是调整账簿记录的原始依据,是分析账存数和实存数发生差异的原因,也是明确经济责任的原始证明材料。

表 5-2 财产盘存单

单位名称　　　　　　　　　　　　　　　　　　　　　　　　　　　年　月　日

编号	类别及名称	计量单位	单位	实存		账存		差异				备注
				数量	金额	数量	金额	盘盈		盘亏		
								数量	金额	数量	金额	

主管人员:(签章)　　　　　　　会计:(签章)　　　　　　　制表:(签章)

3.货币资金的清查

(1)现金和有价证券的清查。现金清查是指对单位的库存现金,通过实地盘点的方法,确定其实存数,再与库存现金日记账的账面余额进行核对,以查明其实际余缺的清查方法。有价证券主要包括国库券、公司债券、股票和其他金融债券等,其清查方法与现金相同。

库存现金的清查,应由财产清查人员和出纳人员共同负责,采用实地盘点法进行。其清查的内容和方法具体如下:

①在清查盘点前,由出纳人员先将现金收、付凭证全部登记库存现金日记账,结出

余额。

②清查盘点时,由清查人员和出纳人员对现金进行逐张清点,与库存现金日记账的余额相核对,使库存现金的实存数与库存现金日记账相一致。如果发现余缺,必须会同出纳人员当场核实金额,以保证账实相符。此外,在清查时还应注意是否有挪用现金、白条或借条抵充库存、现金库存超过银行核定的限额、坐支现金等违反财经纪律的情况,发现这些情况,应立即加以纠正,将现金追回,并严肃处理。现金要求日结月清,平时由出纳人员自行清查,必要时可以突击抽查。

③清查盘点结束后,根据清查结果编制"库存现金盘点报告表",由清查人员和出纳人员签名或盖章。其格式如表5-3所示。

表5-3　库存现金盘点报告

单位：　　　　　　　　　　　　　　　　　　　　　　　　年　月　日

币别	实存金额	账存金额	对比结果		备注
			盘盈	盘亏	

盘点人:(签章)　　　　　　　　　　　　　出纳员:(签章)

（2）银行存款的清查。银行存款的清查通常采用的是核对账目的方法,即将开户银行定期送来的对账单与本单位的银行存款日记账逐笔进行核对,以查明银行存款的收入、付出和结存是否正确,账实是否相符。其清查的内容和方法具体如下：

①检查、核对本单位的账簿记录。在与开户银行核对账目之前,先详细检查、核对本单位银行存款日记账的正确性和完整性,再与银行送来的对账单逐笔核对,确定双方记账的正确性。开户银行存款的对账单详细、完整地记录了单位银行存款的增加、减少和结余情况。

②确认未达账项。由于单位和开户银行办理结算手续和凭证传递的不一致,往往出现银行对账单存款余额与本单位银行存款账面余额不相符的情况,如果不是双方记账的错误,则主要是由"未达账项"造成的。未达账项,是指由于单位和开户银行双方记账时间的不同,一方已经登记入账,而另一方因未接到有关凭证尚未登记入账的款项。单位与银行之间的未达账项,一般有四种情况：①单位存入银行的款项,单位已登记入账增加了银行存款,而银行未收到通知,未登记入账以增加单位的存款；②单位开出支票或其他支款凭证,单位已登记入账减少了银行存款,而银行未收到通知,未登记入账以减少单位的存款；③银行代单位收进的款项,银行已登记入账,作为单位存款的增加,而单位未收到通知,因而未登记入账以增加存款；④银行代单位支付的款项,银行已登记入账,作为单位存款的减少,而单位未收到通知,因而未登记入账以减少存款。

上述任何一种情况发生,都会使单位和银行双方的账面存款余额不一致。在①④两种情况下,单位银行存款日记账余额大于开户银行对账单余额；在②③两种情况下,单位银行存款日记账余额小于开户银行对账单余额。

在财产清查时出现未达账项,应查找出双方未达账项的金额,编制"银行存款余额调节表"予以调节。若调节后,双方余额相等,表明单位与开户银行的账目没有差错;若双方余额仍不相等,说明账簿记录有错误,应进一步查找原因,及时更正。

经过调解后,单位银行存款日记账与开户银行账户双方的余额是相等的,说明双方银行存款的账簿记录一致。如果调节后重新确立的余额,既不等于本单位银行存款的账面余额,也不等于开户银行的账面余额,则它是单位银行存款的实有数额。

上述银行存款的清查方法,也适用于银行借款的清查。在进行银行借款的清查时,还应查明是否按规定用途使用,是否按期归还。

需要指出的是,银行对账单和"银行存款余额调节表"不能作为原始凭证。"银行存款余额调节表"只是用来对账,不能将其作为会计核算的原始依据。对于未达账项,企业不能立即进行账务处理,需日后取得有关结算凭证后,再编制记账凭证,登记入账。

4.往来款项的清查

往来款项的清查,主要包括对单位各种应收款、应付款、预收款、预付款等债权与债务的清查。其清查与银行存款清查相同,也是采用同对方核对账目的方法进行。具体内容和方法如下:

(1)检查、核对账簿记录。单位应将本单位的各项往来款项全部完整地登记入账簿,并对账簿记录依据的会计凭证进行逐笔核对,以保证账簿记录的正确性。

(2)编制往来款项对账单。单位依据本单位往来款项,逐户编制一式两联的对账单,送交对方单位进行核对,如对方单位核对无误,应在对账单上加盖公章后退回本单位;如对方单位发现数字不符,应在对账单上注明不符的原因后退回发出单位,或者另抄对账单退回,作为进一步核对的依据。本单位收到对方的回单后,对错误的账目应及时查找原因,按规定的手续和方法加以更正;核对时,如发现存在未达账项,本单位和对方单位都应采用调节账面余额的办法,确认往来款项是否相符。

(3)编制"往来款项清查结果报告表"。在往来款项清查后,对于该收回的款项应设法及时收回;该归还的款项及时偿还;有争议的款项,没有收回希望的款项以及无法支付的款项,应及时采取措施,避免相互间的长期拖欠或发生坏账损失。

二、财产清查结果的处理

"财务处理工作是在财产清查工作完成之后进行的,经过财务处理工作,财产清查工作的质量可以明显提高。"[1]

(一)财产清查结果及处理要求

1.财产清查的结果

财产清查的结果一般有以下四种情况:

[1]王红梅.财产清查及其账务处理研究[J].科教导刊-电子版(中旬),2018(4):241.

（1）实存数等于账存数，即账实相符。

（2）实存数大于账存数，即盘盈。

（3）实存数小于账存数，即盘亏。

（4）实存数虽与账存数一致，但实存的财产物资有质量问题，不能按正常的财产物资使用，即毁损。

对于第一种财产物资数量和质量都账实相符的情况，会计上不进行账务处理，对于后三种情况，即财产物资的盘盈、盘亏和毁损，都是财产清查处理的内容，会计上必须进行账务处理。

2.结果处理的要求

通过财产清查发现财产物资管理和会计核算上的问题，必须以国家有关的政策、法令和制度为依据，严肃认真地做好清查结果的处理工作。其处理的一般要求如下：

（1）认真分析财产清查中盘盈、盘亏和毁损发生的原因，明确经济责任和法律责任，提出处理意见，并按规定程序如实上报，请有关部门审批处理。上级部门审批处理后，应严格执行审批处理意见。

（2）积极处理财产清查中多余、积压的财产物资，及时清理债权、债务等各种往来款项，并发现有关会计工作、管理工作、管理制度在实际工作中存在的问题。

（3）对财产清查中发现的各种问题，应认真总结经验教训，提出改进的具体措施，建立健全财产物资的管理制度，保护财产的安全与完整，提高经营管理水平。

（4）对财产清查中账实不符的情况和处理，应及时在有关账簿上进行反映，使其账实相符。在调整账簿记录时，应分为以下两个步骤进行：

第一，将已查明属实的财产物资盘盈、盘亏或毁损的数字，根据有关原始凭证编制记账凭证，再据以登记有关账簿，调整账簿记录，使各项财产物资的实存数与账存数一致。

第二，根据审批后的处理结果和决定，对账实不符的原因明确责任后，编制记账凭证，登记有关账簿，保证账簿记录的完整性和准确性。

（二）财产清查结果的账务处理

财产清查中账实不符情况的处理，应通过设置"待处理财产损溢"账户进行。该账户为资产类账户，主要用以核算单位已经发生而尚待处理的各种财产物资的盘盈、盘亏和毁损情况。其借方记入各种财产物资的盘亏和毁损情况、转销的盘盈数额，贷方登记各种财产物资的盘盈情况，以及转销的盘亏和毁损数额。如果余额在借方，表示尚待处理的各种财产物资的净损失；如果余额在贷方，则表示尚待处理的各种财产物资的净收益。该账户下设置"待处理流动资产损溢"和"待处理固定资产损溢"两个明细分类账户，分别核算和监督财产清查中查明的流动资产和固定资产的盘盈、盘亏和毁损及相应的处理情况。

第二节　财务会计报表的编制

一、财务会计报表及其编制要求

会计报表是指企业对外提供的、以日常会计核算资料为主要依据,反映企业某一特定日期财务状况和某一会计期间经营成果、现金流量的文件。

(一)财务会计报表的意义体现

虽然日常的会计核算已经反映了企业某一特定日期财务状况和某一会计期间经营成果,但是会计凭证和会计账簿这些会计资料反映的经济活动是具体、分散的,并不能总括地反映企业的财务状况和经营结果,且会计部门的账簿资料也不便于企业的投资者、债权人、税务机关等部门及其他有关个人和部门使用。为了概括地反映企业的经济活动,企业就有必要根据会计资料定期编制会计报表。

财务会计报表所提供的会计信息,是国家管理部门(财政、税务、审计等)进行宏观调控和管理税务的信息来源,是企业加强经营管理的重要依据,是与企业有经济利害关系的单位和个人了解企业财务状况和经营结果,并据以做出决策的重要依据。

(二)财务会计报表的类型划分

会计报表可按以下不同的标准进行分类:

(1)按反映财务活动方式的不同,会计报表可以分为静态会计报表(如资产负债表等)和动态会计报表(如利润表、现金流量表、所有者权益变动表等)。其中,静态会计报表反映某一时点的财务状况;而动态会计报表反映一定期间内经营成果、现金流量、成本费用的增减变动情况。

(2)按照编报期间的不同,会计报表可以分为中期会计报表和年度会计报表。其中,中期会计报表是指以短于一个完整会计年度的报告期间为基础编制的会计报表,包括月报、季报和半年报等;年度会计报表是指以一个完整的会计年度(自公历 1 月 1 日起至 12 月 31 日止)为基础编制的会计报表。

(3)按照会计报表编报主体的不同,可以分为个别会计报表和合并会计报表。其中,个别会计报表是指由企业在自身会计核算基础上对账簿记录进行加工而编制的会计报表,它主要用来反映企业自身的财务状况、经营成果和现金流量情况;合并会计报表是指以母公司和子公司组成的企业集团为会计主体,根据母公司和所属子公司的个别会计报表,由母公司编制的综合反映企业集团财务状况、经营成果及现金流量的会计报表。

(三)财务会计报表的编制要求

会计报表是会计部门提供会计信息的重要手段。为了充分发挥会计报表的作用,编制会计报表必须满足如下编制要求：

（1）数据真实。会计报表应当遵循国家统一的会计准则的规定，如实地反映企业的财务状况、经营成果和现金流量。

（2）内容完整。会计报表应当反映企业生产经营活动的全貌，全面反映企业的财务状况、经营成果和现金流量。

（3）前后一致。编制会计报表所依据的会计方法前后期应当遵循可比性的会计信息质量要求，不能随意变更。如果确需改变某些会计方法，应在报表附注中说明改变的原因及改变后对报表指标的影响。

（4）编报及时。会计报表应当在会计期间结束后及时编制，并在规定的日期内及时报送有关部门。

（5）指标可比。企业在不同时期的会计报表指标和同类型企业之间的会计报表指标，应当尽可能口径一致。

二、资产负债表的编制要点

资产负债表亦称财务状况表，是反映企业在某一特定日期（如月末、季末或年末）的财务状况（即资产、负债和所有者权益的状况）的主要会计报表。根据资产负债表，信息使用者可以了解企业在某一特定日期所拥有或控制的资产总额及其构成情况、企业负债和所有者权益总额及分布状况，从而评估企业的偿债能力，评价企业的财务状况。

（一）资产负债表的编制内容

资产负债表反映企业在某一特定日期所拥有或控制的经济资源、所承担的现有义务和所有者对净资产的要求权。它是企业经营活动的静态体现，根据"资产 = 负债 + 所有者权益"这一平衡公式，依照一定的分类标准和次序，将某一特定日期的资产、负债、所有者权益的具体项目予以适当的排列编制而成。

资产负债表有两种基本格式，即账户式和报告式。

（1）账户式。账户式资产负债表又称水平式资产负债表，它为左右结构，是指将企业的资产类项目按一定顺序排列在表左边，即丁字形账户左方；负债类和所有者权益类项目排列在表右边，即丁字形账户右方；根据"资产 = 负债 + 所有者权益"这一平衡公式，左边的资产总计金额应与右边的负债和所有者权益总计金额相等。其优点是资产、负债和所有者权益的恒等关系一目了然。

（2）报告式。报告式资产负债表又称垂直式资产负债表，它为上下结构，是指将企业资产类、负债类、所有者权益类项目在表中自上而下垂直排列；报表上部先将资产类项目按一定顺序排列，然后排列负债类项目，最后排列所有者权益类项目。其优点是便于编制比较式资产负债表。

（二）资产负债表的填列方法

1.按照总账科目余额填列

（1）按照相关总账科目余额直接填列：如"交易性金融资产""其他权益工具投资"

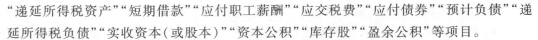

"递延所得税资产""短期借款""应付职工薪酬""应交税费""应付债券""预计负债""递延所得税负债""实收资本(或股本)""资本公积""库存股""盈余公积"等项目。

(2)按照相关总账科目余额计算填列:如"货币资金"项目,应根据"库存现金""银行存款""其他货币资金"三个总账科目余额的合计数填列;"其他应收款"项目,应根据"应收股利""应收利息""其他应收款"等,总账科目余额的合计数填列"其他应付款"项目,应根据"应付利息""应付股利""其他应付款"等总账科目的期末余额合计数填列。

2.按照明细账科目余额填列

(1)"开发支出"项目,应根据"研发支出"总账科目中所属的"资本化支出"明细科目期末余额填列。

(2)"应付票据及应付账款"项目,应根据"应付票据""应付账款""预付账款"等总账科目所属的相关明细科目的期末贷方余额合计数填列。

(3)"预收款项"项目,应根据"预收账款""应收账款"总账科目所属各明细科目的期末贷方余额合计数填列。

(4)"一年内到期的非流动资产""一年内到期的非流动负债"项目,应根据有关非流动资产或负债总账科目的明细科目余额分析填列。

(5)"未分配利润"项目,应根据"利润分配"总账科目中所属的"未分配利润"明细科目期末余额填列。

3.按照总账科目和明细账科目余额计算填列

(1)"长期借款"项目,应根据"长期借款"总账科目余额扣除"长期借款"总账科目所属的明细科目中将在资产负债表日起1年内到期且企业不能自主地将清偿义务展期的长期借款后的金额计算填列。

(2)"长期待摊费用"项目,应根据"长期待摊费用"科目的期末余额减去将于1年内(含1年)摊销的数额后的金额填列。

(3)"其他非流动资产"项目,应根据有关科目的期末余额减去将于1年内(含1年)到期偿还数后的金额填列。

4.按照有关科目余额减去其备抵科目余额后的净额填列

(1)"债权投资""长期股权投资""在建工程""商誉"等项目,应根据相关科目的期末余额填列,已计提减值准备的,还应扣减相应的减值准备。

(2)"固定资产""无形资产""投资性房地产""生产性生物资产""油气资产"等项目,应根据相关科目的期末余额扣减相应的累计折旧(摊销、折耗)填列,已计提减值准备的,还应扣减相应的减值准备,采用公允价值计量的上述资产,应根据相关科目的期末余额填列。

(3)"长期应收款"项目,应根据"长期应收款"科目的期末余额,减去相应的"未实现融资收益""坏账准备"总账科目所属相关明细科目期末余额后的金额填列。

（4）"长期应付款"项目,应根据"长期应付款"科目的期末余额,减去相应的"未确认融资费用"科目期末余额后的金额填列。

5.综合运用上述方法分析填列

（1）"应收票据及应收账款"项目,应根据相关科目的期末余额,减去"坏账准备"科目中有关坏账准备期末余额后的金额填列。

（2）"预付款项"项目,应根据"预付账款""应付账款"总账科目所属各明细科目的期末借方余额合计数,减去"坏账准备"科目中有关预付款项计提的坏账准备期末余额后的金额填列。

（3）"存货"项目,应根据"材料采购""原材料""发出商品""库存商品""周转材料""委托加工物资""生产成本""受托代销商品""合同履约成本"等科目期末余额合计,减去"受托代销商品款""存货跌价准备"科目期末余额后的金额填列,材料采用计划成本核算,以及库存商品采用计划成本核算或售价核算的企业,还应按加或减材料成本差异、商品进销差价后的金额填列。

三、利润表的编制要点

利润表是用来总括地反映企业在一个会计期间的经营结果的一种会计报表。它反映了企业一定会计期间实现的收入情况或费用耗费情况,从而有助于信息使用者评价企业经营业绩的好坏和获利能力的强弱。

（一）利润表的编制内容

利润表不同于资产负债表,它是一种动态的时期报表,根据"利润 = 收入 − 费用"的基本关系而编制的。

常见的利润表格式有单步式和多步式两种:①单步式利润表用当期收入总额减去当期成本费用总额来一次性计算出当期收益的利润表格式,其优点是所提供的信息都是原始数据,便于理解;②多步式利润表分为营业利润、利润总额、净利润和综合收益总额四个步骤,分步反映净利润和综合收益形成过程的利润表格式,其优点是便于信息使用者对企业经营情况和盈利能力进行比较和分析。我国当前采用多步式的利润表格式。

多步式利润表的计算过程如下:

（1）计算营业利润。营业利润 = 营业收入 − 营业成本 − 税金及附加 − 销售费用 − 管理费用 − 研发费用 − 财务费用 − 资产减值损失 − 信用减值损失 + 其他收益 + 投资收益 + 净敞口套期收益 + 公允价值变动收益 + 资产处置收益。

（2）计算利润总额。利润总额 = 营业利润 + 营业外收入 − 营业外支出。

（3）计算净利润。净利润 = 利润总额 − 所得税费用。

（4）计算综合收益总额。综合收益总额 = 净利润 + 其他综合收益的税后净额。

此外,为了信息使用者通过比较不同期间的利润情况,判断企业经营成果的未来发展趋势,企业需要提供比较利润表,既要反映"本期金额",还要反映"上期金额"。

（二）利润表的填列方法

1."本期金额"填列

利润表"本期金额"栏一般应根据损益类科目和所有者权益有关科目的发生额填列。

（1）"营业收入""营业成本""税金及附加""销售费用""管理费用""财务费用""资产减值损失""其他收益""投资收益""公允价值变动收益""资产处置收益""营业外收入""营业外支出""所得税费用"等项目,应根据有关损益类科目的发生额分析填列。

（2）"其中:利息费用""利息收入""其中:对联营企业和合营企业的投资收益"项目,应根据"财务费用""投资收益"科目所属的相关明细科目的发生额分析填列。

（3）"其他综合收益的税后净额"项目及其各组成部分,应根据"其他综合收益"科目及所属明细科目的本期发生额分析填列。

2."上期金额"填列

利润表"上期金额"栏内各项数字,应根据上年该期利润表"本期金额"栏内所列数字填列。如果上年该期利润表规定的各个项目的名称和内容同本期不相一致,应对上年该期利润表各项目的名称和数字按本期的规定进行调整,填入利润表"上期金额"栏内。

四、现金流量表的编制要点

现金是企业的血液。企业拥有一定数量的现金,是维持正常偿债能力、避免财务风险、保证生产经营顺利进行的必要条件。利润表是以权责发生制为基础编制的,其经营成果不一定有现金支撑。现金流量表按照收付实现制的原则编制,将权责发生制下的盈利信息调整为收付实现制下的现金流量信息,可以概括地反映经营活动、投资活动和筹资活动对企业现金流入、流出的影响,对于评价企业当前及未来的偿债能力和支付能力,可以发挥重要的作用。

（一）现金流量表的编制内容

现金流量表是反映企业在一定期间现金和现金等价物流入、流出的会计报表。它详细描述了由企业的经营活动、投资活动与筹资活动所产生的现金流量。

（1）现金。现金是指企业的库存现金、可以随时用于支付的银行存款和现金等价物。现金流量表中的现金不仅包括会计上所说的库存现金,还包括企业在银行或其他金融机构随时可以用于支付的存款。存在银行或其他金融机构的款项中不能随时用于支付的存款,不应作为现金流量表中的现金,如不能随时支取的定期存款,应作为投资。但提前通知银行或其他金融机构便可支取的定期存款,则包含在现金流量表中的现金范畴内。现金还包括其他货币资金,即企业存在银行的有特定用途的资金或在途中尚未收到的资金,如外埠存款、银行汇票存款、银行本票存款、信用证保证资金、信用卡存款、在途货币资金等。

（2）现金等价物。现金等价物是指企业持有的期限短、流动性强、易于转换为已知金额现金、价值变动风险很小的投资。其中,期限短通常是指从购买日起 3 个月内到期或即可转换为现金的投资。权益性投资变现的金额通常不确定,因而不属于现金等价物。企业购买的还有 1 个月到期的国债则属于现金等价物。

(二)现金流量表的填列方法

根据企业业务的性质和现金流量的来源,现金流量表在结构上将企业一定期间产生的现金流量分为三类:经营活动产生的现金流量、投资活动产生的现金流量和筹资活动产生的现金流量。每类活动又分为各具体项目,这些项目从不同角度来反映企业业务活动的现金流入与流出。

1.经营活动的现金流量

经营活动是指企业投资活动和筹资活动以外的所有交易或事项。就工商企业来说,经营活动主要包括:销售商品或提供劳务、购买商品或接受劳务、广告宣传、交纳税款等。企业应当采用直接法列示经营活动产生的现金流量。其中,直接法是指通过现金收入和现金支出的主要类别列示经营活动现金流量的方法。

(1)经营活动现金流入

①"销售商品、提供劳务收到的现金"项目,反映企业本期销售商品、提供劳务实际收到的现金,以及前期销售商品、提供劳务本期收到的现金和本期预收款项,其中扣除本期销售本期退回商品和前期销售本期退回商品支付的现金。应向购买者收取的增值税销项税额、企业销售材料和代购代销的现金也应在该项目中进行反映。

②"收到的税费返还"项目,反映企业收到返还的各种税费,如收到的增值税、所得税、消费税、关税和教育费附加等。

③"收到其他与经营活动有关的现金"项目,反映企业除上述各项目外,与经营活动有关的其他现金流入,如接受捐赠收到的现金、经营租赁固定资产收到的现金、罚款、流动资产损失中由个人赔偿的现金收入等。

(2)经营活动现金流出

①"购买商品、接受劳务支付的现金"项目,反映企业本期购买商品和材料、接受劳务实际支付的现金,包括支付的货款和与货款一并支付的增值税进项税额。企业代购代销业务支付的现金也在该项目中进行反映。该项目具体包括:本期购买商品和材料、接受劳务实际支付的现金,以及本期支付前期购买商品、接受劳务的未付款项和本期预付的款项,其中扣除本期发生购货退回收到的现金。

②"支付给职工以及为职工支付的现金"项目,反映企业实际支付给职工,以及为职工支付的现金。该项目具体包括:本期实际支付给职工的工资、奖金、各种津贴和补贴等职工薪酬(包括代扣代缴的职工个人所得税)。该项目不包括支付给离退休人员的各项费用和支付给在建工程人员的工资等。企业支付给离退休人员的各项费用,包括支付的统筹退休金和未参加统筹的退休人员的费用,在"支付其他与经营活动有关的现金"项目中反映;企业支付给在建工程人员的工资及其他费用,在"购建固定资产、无形资产和其他长期资产支付的现金"项目中反映。

③"支付的各项税费"项目,反映企业按规定缴纳的各种税费,包括本期发生并支付的税费,以及本期支付以前各期发生的税费和预付的税金,如支付的增值税、所得税、消费税、教育费附加、房产税等。该项目不包括计入固定资产价值的实际支付的耕地占用税和本期退回的增值税、所得税等。本期退回的增值税、所得税在"收到的税费返还"项目中反映。

④"支付其他与经营活动有关的现金"项目,反映企业除上述项目外,支付的其他与经营活动有关的现金流出,如罚款支出、捐赠支出、差旅费、业务招待费、经营租赁支付的现金、保险费等。

2.投资活动的现金流量

投资活动是指企业长期资产的购建和处置,以及不包括在现金等价物范围内的投资资产的取得和处置活动。其中,长期资产是指固定资产、无形资产、在建工程、其他资产等持有期限在 1 年或超过 1 年的一个营业周期的资产。

(1)投资活动现金流入

①"收回投资收到的现金"项目,反映企业出售、转让或到期收回除现金等价物以外的长期股权投资和金融资产而收到的现金;而债权性投资收回的利息、收回的非现金资产,以及处置子公司及其他营业单位收到的现金净额则不包括在内。对于债权性投资,其收回的本金在该项目中反映,而收回的利息则应在"取得投资收益收到的现金"项目中反映。

②"取得投资收益收到的现金"项目,反映企业因股权性投资而分得的现金股利,因债权性投资而取得的利息收入,不包括股票股利。

③"处置固定资产、无形资产和其他长期资产收回的现金净额"项目,反映企业处置固定资产、无形资产和其他长期资产所取得的现金,减去为处置这些资产而支付的有关费用后的净额。由于自然灾害等原因所造成的固定资产等长期资产报废、损毁而收到的保险赔偿收入,也在该项目中反映。

④"处置子公司及其他营业单位收到的现金净额"项目,反映企业处置子公司及其他营业单位所取得的现金,减去子公司及其他营业单位持有的现金和现金等价物以及相关处置费用后的净额。

⑤"收到其他与投资活动有关的现金"项目,反映除上述项目外的其他与投资活动有关的现金流入。

(2)投资活动现金流出

①"购建固定资产、无形资产和其他长期资产支付的现金"项目,反映企业购买、建造固定资产,取得无形资产和其他长期资产(如投资性房地产)所支付的现金(含增值税额),包括用现金支付的在建工程、无形资产的职工薪酬、购买机器设备的现金支出等。该项目不包括为购建固定资产、无形资产和其他长期资产而发生的借款利息资本化部分,以及融资租入固定资产所支付的租赁费。

②"投资支付的现金"项目,反映企业进行权益性投资和债权性投资所支付的现金,

包括企业取得的除现金等价物以外的交易性金融资产、债权投资、其他债权投资、其他权益工具投资而支付的现金,以及佣金、手续费等交易费用。

③"取得子公司及其他营业单位支付的现金净额"项目,反映企业取得子公司及其他营业单位购买出价中以现金支付的部分,减去子公司及其他营业单位持有的现金和现金等价物后的净额。

④"支付其他与投资活动有关的现金"项目,反映除上述项目外的其他与投资活动有关的现金流出。

3.筹资活动的现金流量

筹资活动是指导致企业资本及债务规模和构成发生变化的活动。

(1)筹资活动现金流入

①"吸收投资收到的现金"项目,反映企业以发行股票、债券等方式筹集资金实际收到的款项,减去直接支付给金融机构的佣金、手续费、宣传费、印刷费等费用后的净额。

②"取得借款收到的现金"项目,反映企业举借各种短期、长期借款实际收到的现金以及发行债券实际收到的款项净额。

③"收到其他与筹资活动有关的现金"项目,反映除上述项目外的其他与筹资活动有关的现金流入。

(2)筹资活动现金流出

①"偿还债务支付的现金"项目,反映企业以现金偿还债务的本金,包括归还金融企业的借款本金、偿付企业到期的债权本金等。企业偿还的借款利息、债券利息,在"分配股利、利润或偿付利息支付的现金"项目中反映。

②"分配股利、利润或偿付利息支付的现金"项目,反映企业实际支付的现金股利、支付给其他投资单位的利润或用现金支付的借款利息、债券利息。

③"支付其他与筹资活动有关的现金"项目,反映除上述项目外的其他与筹资活动有关的现金流出。

五、所有者权益变动表的编制要点

所有者权益变动表是用于反映所有者权益各组成部分当期增减变动情况构成的会计报表。通过所有者权益变动表,报表使用者不仅可以了解所有者权益总量增减变动的信息,还可以了解所有者权益增减变动的结构性信息,从而分析所有者权益增减变动的原因。

(一)所有者权益变动表的编制内容

所有者权益变动表反映了企业本期(年度或中期)内至截至期末所有者权益变动情况。在所有者权益变动表中,综合收益和与所有者(或股东)的资本交易导致的所有者权益的变动,应当分别列示。企业至少应当单独列示反映下列信息的项目:

(1)综合收益总额。

（2）会计政策变更和前期差错更正的累积影响金额。

（3）所有者投入资本和向所有者分配利润等。

（4）提取的盈余公积。

（5）所有者权益各组成部分的期初余额、期末余额及其调节情况。

（二）所有者权益变动表的填列方法

所有者权益变动表各项目均需填列"本年金额"和"上年金额"两栏。其中，"上年金额"栏内各项数字，应根据上年度所有者权益变动表"本年金额"内所列数字填列。上年度所有者权益变动表规定的各个项目的名称和内容同本年度不一致的，应对上年度所有者权益变动表各项目的名称和数字按照本年度的规定进行调整，填入所有者权益变动表的"上年金额"栏内。而"本年金额"栏内各项数字一般应根据"实收资本（或股本其他权益工具）""资本公积""盈余公积""其他综合收益""利润分配""库存股""以前年度损益调整"等科目及其明细科目的发生额分析填列。

六、财务会计报表分析

（一）财务会计报表分析的重要意义

就会计报表本身而言，绝对数据难以具有比较明确的意义。但是，这些数据反映的与其他数据之间的关系以及数据变动趋势和金额却有更重要的意义。会计报表分析其实就是利用会计报表分析方法建立数据间的联系并分析数据变化及其趋势的活动。

会计报表分析，是指以企业的会计报表等会计资料为主要依据，对企业的财务状况、经营成果和现金流量情况进行综合比较、评价和预测其发展趋势，为会计报表使用者提供管理决策和控制依据的一项管理工作。会计报表信息使用者包括投资者、债权人、管理人员和员工、政府和监管部门以及专业机构人员（如会计师、审计师、证券分析师）等，他们对会计报表信息往往不能一眼看透，且单纯从会计报表上的数据还不能直接或全面说明企业的财务状况，特别是不能说明企业经营状况的好坏和经营成果的高低，只有将企业的财务指标与有关的数据进行比较才能说明企业财务状况所处的地位，因此要进行会计报表分析。

（1）会计报表分析可以为企业投资者、债权人和其他部门以及人员提供更加系统、完善的财务信息，让他们对企业财务状况、经营成果和现金流量有更深入的了解，为其投资、信贷和其他决策提供有用的信息。企业目前和潜在的投资者、债权人是企业外部重要的会计报表使用者，他们为了选择投资和信贷对象，衡量投资和信贷风险，做出投资和信贷决策，不仅需要了解毛利率、核心利润率、扣除非经常性损益净利润率、净资产收益率等指标包含的有关企业盈利能力和发展趋势方面的信息；还要了解流动比率、速动比率、资产负债率等指标包含的有关企业偿债能力方面的信息；更要了解企业所处行业、竞争地位和经营战略等方面的非财务信息。在此基础上，再通过进一步分析投资后的收益水平和风险程度，预测企业价值或评价企业信用等级，从而做出更为科学的投资、信贷及其他决策。

（2）会计报表分析可以考查企业内部各职能部门和单位经营计划的完成情况，考核各部门和单位的经营业绩，有利于企业建立和完善业绩评价体系，协调各种财务关系，保证财务目标的有效实现。会计报表分析可以了解企业的资产结构、营运能力、偿债能力、盈利能力和发展能力，这样可以大体判断企业的财务健康状况、业绩改善程度、未来发展趋势，能够及时发现企业经营管理中存在的问题与不足，并采取相应的解决措施，使企业持续健康地发展。

（3）会计报表分析可以发现企业会计报表舞弊及其他风险，强化企业外部监督。会计报表舞弊是指公司或企业，不遵循会计报表标准，有意地利用各种手段，歪曲反映企业某一特定日期财务状况、某一特定时期经营成果和现金流量，对企业的经营活动情况做出虚假陈述的会计报表，从而误导信息使用者的决策。会计报表分析是发现企业舞弊及其他风险的重要手段，例如，利用会计报表相互之间数据的勾稽关系，根据经济业务的内在联系及会计要素的增减变动规律，从总体上看其是否合理，来鉴别会计报表的真实性；还可以通过对报表中相应的项目或比率的异常等进行分析，判断企业是否存在舞弊行为。

（二）财务会计报表分析的主要方法

财务会计报表的分析方法主要有比较分析法、因素分析法、比率分析法和综合分析法。

1. 比较分析法

比较分析法是指将相关经济指标与选定的比较标准进行对比分析，以确定分析指标与标准指标之间的差异，明确差异方向、差异性质与差异大小，并进行差异分析与趋势分析的方法。比较分析法是会计报表分析中最基本、最主要的方法，可分为纵向比较分析法和横向比较分析法两种。

（1）纵向比较分析法。纵向比较分析法又称垂直分析法或趋势分析法，是指将同一企业两期或连续若干期的会计报表中相同指标进行对比，确定其增减变动的方向、数额和幅度，以此来揭示企业财务状况和经营成果以及现金流量变动趋势的一种方法。

（2）横向比较分析法。横向比较分析法又称水平分析法，是指将不同企业同一时期的会计报表中相同指标进行对比，确定其存在的差异及程度，以此来揭示企业财务状况中存在的问题的一种方法。

2. 因素分析法

因素分析法是指利用统计指数体系分析现象变动中各个因素影响程度的一种统计分析方法。它是一种定性分析方法。对于一个综合性的指标，其变动往往是由多方面的因素导致的，而这些影响因素的变动方向与变动幅度往往也各不相同，因此要想分析某一因素对综合性指标的影响，就需要采用因素分析法帮助剔除其他因素对其产生的影响，来测定这一因素的影响程度。因素分析法最常用的方法有连环替代法和差额计算分析法两种。

(1)连环替代法。连环替代法是将分析指标分解为各个可以计量的因素,并根据各个因素之间的依存关系,顺次用各因素的比较值(通常即实际值)替代基准值(通常为标准值或计划值),据以测定各因素对分析指标的影响。其计算步骤如下:

第一步,确定分析指标与其影响因素之间的关系。根据综合财务指标形成的过程,找出影响该指标的因素,并根据它们的内在关系建立分析计算公式。

第二步,分别列出分析对象的算式。按构成综合财务指标之间的因素关系,列出基准值的算式和比较值的算式。

第三步,连环顺序替代,计算替代结果。按构成综合财务指标的各因素的排列顺序,逐一用构成比较值的各因素代替基准值的各因素,并计算出每次替代的结果。

第四步,比较各因素的替代结果,确定各因素对分析指标的影响程度。比较替代结果是连环进行的,即将每次替代所计算的结果与这一因素被替代前的结果进行对比,计算出各因素变动对综合财务指标的影响程度。

第五步,检验结果。把各因素变动影响程度之和相加,检验是否等于总差异。各个因素的影响数额的代数和应等于财务指标的实际数与基数(计划数)之间的总差异值。

(2)差额计算分析法。差额计算分析法是上述连环替代法的一种简化形式。它是利用各个因素的比较期与基期数之间的差异,依次按顺序替换,直接计算出各个因素变动对综合指标变动的影响程度。

3.比率分析法

比率分析法是把某些彼此存在关联的项目加以对比,计算出比率,据以确定经济活动变动程度的分析方法。根据分析的目的和所起的作用不同,比率分析法主要分为三类:相关比率、效率比率、构成比率。

(1)相关比率。相关比率反映两个或两个以上具有因果关系或相关关系的财务指标比值的财务比。例如,流动比率是流动资产对流动负债的比率,用来衡量企业流动资产在短期债务到期以前可以变为现金用于偿还负债的能力。利用相关联的不同项目、指标之间的关系计算出的比率,可以说明项目之间的关系,从而揭示企业某方面的财务状况。

(2)效率比率。效率比率是反映某项经济活动投入与产出关系的所费与所得之间的比率。一般而言,涉及利润的有关比率指标基本上均为效率比率,如营业利润率、成本费用利润率等。

(3)构成比率。构成比率又称结构比率,是某项财务指标的各组成部分数值占总体数值的百分比。它反映部分与总体的关系。其计算公式如下:

$$构成比率 = \frac{指标某部分的数值(部分)}{指标总数值(总值)} \times 100\% \qquad (5\text{-}2)$$

在企业会计报表分析中,常用的构成比率有流动资产与资产总额的比率、流动负债与负债总额的比率等。将这些比率分别与上期数、目标数或同行业平均数以及同行业的其他企业进行对比,可以进一步揭示企业财务状况和增减变动状况。

4.综合分析法

综合分析法又称杜邦财务分析体系,它是站在财务的角度分析企业的绩效、盈利水平与股权回报水平的一种分析方法。它的主要逻辑线路是以净资产收益率为出发点,把它分解为包含资产负债表与利润表等多项关键财务数据的乘积,进而对企业的债务偿还能力、盈利水平和资产营运水平进行评估。

(1)杜邦财务分析体系的财务指标关系

净资产收益率又称权益净利率,是杜邦财务分析体系中分析考察企业财务状况和经营成果的最全面和有代表意义的财务指标。杜邦财务分析体系从权益净利率出发,层层展开剖析到企业各项成本和费用的组成、使用的生产要素,以及企业所面临的风险。

(2)主要财务指标提供的信息。

①净资产收益率是杜邦财务分析体系的核心,最具综合性,其他财务指标都是由它分解计算得到的。从这个指标我们可以知道股东权益回报水平,还可以了解到企业筹资活动、投资活动和资产运营的效率。

②权益乘数与资产权益率(即平均所有者权益与资产总额的比率)为负相关,与负债情况呈正相关关系。

③总资产周转率能分析企业销售收入的情况。对总资产周转率进行分析时,需考虑流动资产与非流动资产间的比率是否恰当,并对相关的资金周转效率指标(应收账款周转率、流动资产周转率、存货周转率等)进行分析,才能获取对总资产周转率造成影响的重要因素。

④销售净利率是一定时期企业的净利润与销售收入的比率。因此,企业要想增强盈利能力,关键是增大销售净利率这一指标。

(三)财务会计报表分析的评价内容

财务会计报表分析的内容主要是从会计报表间的关系入手,到会计报表内项目关系分析、会计报表间项目关系分析,并结合会计报表附注对企业盈利能力、偿债能力、营运能力和发展能力四大能力进行评价,从各个方面揭示企业的财务状况和经营情况,并预测企业未来的发展趋势。

1.盈利能力评价

盈利能力也称企业的资金或资本增值能力,是指企业获取利润的能力。它通常表现为一定时期内企业收益数额的多少及其水平的高低。对于企业会计报表的使用者来说,通常最关心的就是盈利能力,因为盈利能力越强,说明企业就能赚取足够多的利润,就能偿还债务、保证企业的正常运营、支付股利等。企业的各项经营活动都会影响企业的盈利水平,如营业活动、对外投资活动、营业外收支活动等都会引起企业利润的变化。但是,我们在对企业盈利能力进行分析时,一般只分析企业正常经营活动的盈利水平,不涉及非常的经营活动。一些非常的、特殊的经营活动虽然也会给企业带来收益,但是它不是持续经常发生的,因此不能将其作为企业的持续性盈利能力加以评价。

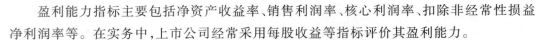

盈利能力指标主要包括净资产收益率、销售利润率、核心利润率、扣除非经常性损益净利润率等。在实务中,上市公司经常采用每股收益等指标评价其盈利能力。

(1)净资产收益率。净资产收益率又称权益净利率或股东权益报酬率,是净利润与平均净资产(平均股东权益)的百分比,是企业税后利润除以净资产得到的百分比。该指标反映企业净资产的收益水平,体现自有资本获得净收益的能力,用来衡量企业运用自有资本的效率。净资产收益率是反映盈利能力的核心指标,因为企业的根本目标是股东权益或股东价值最大化,指标值越高,说明投资带来的收益越高。该指标有两种计算方法:一种是全面摊薄净资产收益率;另一种是加权平均净资产收益率。其计算公式如下:

$$全面摊薄净资产收益率 = \frac{净利润}{期末净资产} \times 100\% \tag{5-3}$$

$$加权平均净资产收益率 = \frac{净利润}{平均净资产} \times 100\% \tag{5-4}$$

式中:净利润——企业当期税后利润;净资产——企业资产总额减去负债总额后的余额,
  也就是资产负债表中的股东权益部分。

在全面摊薄净资产收益率的计算公式中,分子是时期数列,分母是时点数列。分子、分母是两个性质不同但有一定联系的总量指标,比较得出的净资产收益率指标是一个强度指标,用来反映现象的强度;同时,该指标又是一个静态指标,强调年末状况,说明期末单位净资产对经营净利润的分享,能够很好地说明未来股票价值的状况,所以当企业发行股票或进行股票交易时,对股票价格的确定至关重要。

在加权平均净资产收益率的计算公式中,该指标是一个平均指标,说明企业利用单位净资产创造利润能力的大小,反映企业过去1年的综合管理水平;同时,该指标又是一个动态指标,强调经营期间净资产赚取利润的结果,有助于企业相关利益人对企业未来的盈利能力做出正确判断。

(2)销售净利率。销售净利率是企业净利润与销售收入之间的百分比。它是以销售收入为基础分析企业获利能力,反映销售收入收益水平的指标,即每1元销售收入所获得的利润。其计算公式如下:

$$销售净利率 = \frac{净利润}{期末净资产} \times 100\% \tag{5-5}$$

销售毛利率是指营业收入与营业成本的差额与销售收入之间的百分比。它反映了企业在直接生产过程中的获利能力,即产品每销售1元所获得的毛利率是多少。其计算公式如下:

$$销售毛利率 = \frac{销售毛利}{销售收入} \times 100\% = \frac{营业收入 - 营业成本}{销售收入} \times 100\% \tag{5-6}$$

(3)核心利润率。核心利润率是指核心利润与营业收入之间的百分比。其中,核心利润是指企业利用经营资产从事经营活动产生的利润。核心利润率是衡量企业竞争力的重要指标之一,通过它可以知道产生核心利润的经营性资产和核心利润对应的现金流之间的关系,反映企业经营资产的综合盈利能力。核心利润率越高,企业盈利能力越强,盈利质量越高。其计算公式如下：

$$核心利润率 = \frac{核心利润}{营业收入} \times 100\% \tag{5-7}$$

$$核心利润 = 营业收入 - 营业成本 - 税金及附加 - 销售费用 - 管理费用 - 财务费用 \tag{5-8}$$

（4）扣除非经常性损益净利润率。扣除非经常性损益净利润率是指净利润减去非经常性损益的差与营业收入的比率。这一指标不包括企业的非经常性损益，是企业可持续经营业务的净利润率。其计算公式如下：

$$扣除非经常性损益净利润率 = \frac{净利润 - 非经常性损益}{营业收入} \tag{5-9}$$

非经常性损益是指公司发生的与经营业务无直接关系，以及虽与经营业务相关，但由于其性质、金额或发生频率，影响了真实、公允地反映公司正常盈利能力的各项收入、支出。例如，处置长期股权投资、固定资产、在建工程、无形资产等非流动资产产生的损益、营业外收支、政府补助等，都属于非经常性损益。

（5）每股收益。每股收益又称每股税后利润或每股盈余，是企业本年净利润与当年流通在外的普通股股数的比率。该指标反映普通股股东每股所能享有的企业净利润或需承担的企业净亏损。每股收益是衡量上市公司盈利能力最重要的财务指标，它反映普通股的获利水平。每股收益越高，说明企业的盈利能力越强。在分析时，可以进行企业间的比较，以评价该企业相对的盈利能力；可以进行不同时期的比较，了解该企业盈利能力的变化趋势；可以进行经营实绩和盈利预测的比较，掌握该企业的管理能力。其计算公式如下：

$$每股收益 = \frac{净利润 - 优先股股利}{发行在外普通股平均股数} \tag{5-10}$$

式中：分子部分的净利润——归属于普通股股东的当期净利润，要减去优先股股利，因为国际会计准则认为归属于母公司普通股股东的收益应是扣除了优先股股利的收益金额，但我国目前不存在优先股，因此，在计算每股收益指标时不优先考虑优先股股利。

2. 营运能力评价

营运能力是指企业的经营运行能力，即企业运用各项资产以赚取利润的能力。通过分析企业的营运能力，我们可以判断企业资产的价值贡献和运用效率，从而判断企业的整体风险水平与经营管理水平。评价企业营运能力的指标有总资产周转率、流动资产周转率、存货周转率和应收账款周转率等。

（1）总资产周转率。总资产周转率又称总资产利用率，是企业一定时期的销售收入净额与平均资产总额之比。其计算公式如下：

$$总资产周转率 = \frac{销售收入净额}{平均资产总额} \tag{5-11}$$

$$平均资产总额 = \frac{期初资产总额 + 期末资产总额}{2} \tag{5-12}$$

$$总资产周转天数 = \frac{360}{总资产周转率} \qquad (5-13)$$

式中:销售收入净额——销售收入扣除销售退回和销售折让的金额。

总资产周转率反映总资产的周转速度,是综合评价企业全部资产的经营质量和利用效率的重要指标。总资产周转率越大,说明总资产周转越快,企业全部资产经营利用的效果越好,经营效率越高;反之,说明企业经营效率较差,会影响企业的盈利能力,企业可以通过提高销售收入或处置资产的措施来提高总资产周转率。

(2)流动资产周转率。流动资产周转率是指销售收入净额与平均流动资产总额的比率,即企业流动资产在一定时期内(通常为1年)的流转次数。其计算公式如下:

$$流动资产周转率 = \frac{销售收入净额}{平均流动资产总额} \qquad (5-14)$$

$$平均流动资产总额 = \frac{期初流动资产总额 + 期末流动资产总额}{2} \qquad (5-15)$$

$$流动资产周转天数 = \frac{360}{流动资产周转率} \qquad (5-16)$$

流动资产周转率是评价企业资产利用率的一个重要指标。该指标值越高,说明企业流动资产周转越快,流动资产的利用效率越好,企业的经营效率越高。

(3)存货周转率。存货周转率也称存货利用率,是企业一定时期销售成本与平均存货余额的比率,即企业存货在一定时期内(通常为1年)的流转次数。其计算公式如下:

$$存货周转率 = \frac{销售成本}{平均存货余额} \qquad (5-17)$$

$$平均存货余额 = \frac{期初存货余额 + 期末存货余额}{2} \qquad (5-18)$$

存货周转率用于反映存货的周转速度,即存货的流动性及存货资金占用量是否合理,是衡量企业生产经营各环节中存货运用效率、评价企业经营业绩和反映企业绩效的综合性指标。一般来讲,存货周转率越高,表明存货周转速度越快,存货的占用水平越低,流动性越强,存货转换为现金或应收账款的速度越快。

(4)应收账款周转率。应收账款周转率是企业在一定时期内赊销收入净额与平均应收账款余额之比,用来反映企业应收账款的周转速度和管理效率。一般来说,企业销售方式分为赊销和现销两种方式,而应收账款是在赊销方式中产生的,所以计算应收账款周转率应该使用赊销收入净额。但是,赊销收入净额通常只有企业内部人员才能取得,外部报表使用者难以得到此数据,且实践中可以把现销方式理解为赊销的同时收回货款,所以可以用销售收入净额代替赊销收入净额。其计算公式如下:

$$应收账款周转率 = \frac{销售收入净额}{平均应收账款余额} \qquad (5-19)$$

$$平均应收账款余额 = \frac{期初应收账款 + 期末应收账款}{2} \qquad (5-20)$$

一般来说,应收账款周转率越高,平均收账期越短,说明应收账款的收回越快,企业

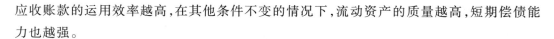

应收账款的运用效率越高,在其他条件不变的情况下,流动资产的质量越高,短期偿债能力也越强。

3.偿债能力评价

偿债能力是指企业用资产偿还各种到期债务的能力。能否及时偿还到期债务,是反映企业财务状况好坏的重要标志。通过对偿债能力的分析,信息需求者可以考察企业持续经营的能力和风险,有助于对企业未来收益进行预测。企业管理者、债权人和股权投资者都十分重视对企业偿债能力的分析。对偿债能力的分析包括对长期偿债能力的分析和对短期偿债能力的分析。

(1)短期偿债能力。短期偿债能力是指企业以流动资产对流动负债及时足额偿还的保证程度,即企业以流动资产偿还流动负债的能力。短期偿债能力反映企业偿付日常到期债务的能力。一个企业短期偿债能力的大小,一方面取决于企业资产流动性与质量,另一方面取决于流动负债的数量与期限结构。短期偿债能力的高低通常用一系列的指标予以反映,分别是流动比率、速动比率和现金比率等。

①流动比率。流动比率是流动资产对流动负债的比率。它表示1元的流动负债有多少元的流动资产作为偿还保障。其计算公式如下:

$$流动比率 = \frac{流动资产}{流动负债} \tag{5-21}$$

一般说来,流动比率越高,说明企业资产的变现能力越强,短期偿债能力亦越强;反之,则越弱。一般认为,流动比率应在2∶1以上。流动比率若为2∶1,表示流动资产是流动负债的两倍,即使流动资产有一半在短期内不能变现,也能保证全部的流动负债得到偿还。不过,由于各行业的经营性质不同,对资产流动性的要求也不同。例如,商业零售企业所需的流动资产往往要高于制造企业,因为前者需要在存货方面投入较大的资金。另外,企业的经营方式和理财方式也影响流动比率。

②速动比率。速动比率是指企业速动资产与流动负债的比率。它是衡量企业流动资产中可以立即变现用于偿还流动负债的能力。一般来说,速动资产是企业的流动资产减去存货后的资产,主要包括货币资金、交易性金融资产、应收票据、应收账款等项目。从前面的分析可知,流动比率在评价企业短期偿债能力时,存在一定的局限性。如果流动比率较高,但流动资产的流动性较差,则企业的短期偿债能力仍然不强,因此还需要对企业的速动比率进行分析。其计算公式如下:

$$流动比率 = \frac{速动资产}{流动负债} = \frac{流动资产 - 存货}{流动负债} \tag{5-22}$$

一般来说,该指标值越高,表示企业偿还流动负债的能力越强。一般认为,速动比率维持在1∶1较为正常,它表明企业的每1元流动负债就有1元易于变现的流动资产来抵偿,短期偿债能力有可靠的保证。速动比率过低,企业的短期偿债风险较大;速动比率过高,企业在速动资产上占用资金过多,会增加企业投资的机会成本。但以上评判标准并不是绝对的,在实际工作中,我们应结合企业的行业性质来考虑。例如商品零售行业,由于采用大量现金销售,几乎没有应收账款,速动比率大大低于1,也是合理的。

应当说明的是,流动比率和速动比率并非越高越好。流动比率过高,即流动资产相对于流动负债太多,可能是存货积压,也可能是持有现金太多,或者两者兼而有之;速动比率过高,即速动资产相对于流动负债太多,说明现金持有太多。企业的存货积压,说明企业经营不善,存货可能存在问题;现金持有太多,说明企业不善于理财,资金利用效率低下。

③现金比率。现金比率是指企业现金类资产与流动负债的比值,表明每1元的流动负债有多少元现金类资产可作为偿还保障。现金类资产是指库存现金、随时可以用于支付的存款和现金等价物,其特点是随时可以提现或转让变现。该比率代表了企业立即偿还到期债务的能力。其计算公式如下:

$$现金比率 = \frac{现金 + 现金等价物}{流动负债} \tag{5-23}$$

现金比率可以反映企业直接的偿付能力,因为现金是企业偿还债务的最终手段,如果企业现金缺乏,就可能发生支付困难,面临财务危机。因而,现金比率高,说明企业即刻变现能力强,对偿付债款有良好的保障。但是如果这个指标过高,说明企业资产没有得到充分的运用,没有把现金投入经营以获得更大的利润。

(2)长期偿债能力。长期偿债能力是指企业偿还长期负债的能力。企业的长期负债主要有长期借款、应付债券、长期应付款、预计负债等。企业利用举借长期负债开展生产经营活动,一方面可以促进企业生产的快速发展,扩大生产经营规模;另一方面也会加大企业的资金成本和财务风险。长期偿债能力的强弱是反映企业财务安全和稳定程度的重要标志。所以通过对长期偿债能力的分析,企业可以预测其潜在财务风险、优化其资本结构、评估其可持续经营能力,进而实现企业价值最大化。反映企业长期偿债能力的指标主要有资产负债率、股东权益比率、权益乘数、利息保障倍数等。

①资产负债率。资产负债率又称举债经营比率或负债比率,是企业负债总额与资产总额的百分比。它反映在企业总资产中有多少比例是通过借债来筹得的。其计算公式如下:

$$资产负债率 = \frac{负债总额}{资产总额} \times 100\% \tag{5-24}$$

资产负债率反映企业偿还债务的综合能力,这个指标值越高,表示企业扩展经营的能力越大,股东权益越能得到充分利用,越有机会获得更大的利润,但负债经营要承担较大的风险。

不同的信息使用者对资产负债率的看法有所不同:第一,从债权人的立场看,他们最关心的是贷给企业款项的安全程度,他们希望债务比例越低越好,这样企业偿债就会有保证。第二,从股东的角度看,由于企业通过举债筹措的资金与股东提供的资金在经营中发挥同样的作用,所以股东会认为在全部资本利润率高于借款利息率的情况下,负债比例越大越好。第三,从经营者的立场看,如果举债很大,超出债权人心理承受程度,企业就借不到钱;但如果企业资产负债率很小,说明企业利用债权人资本进行经营活动的

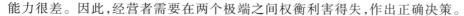

能力很差。因此,经营者需要在两个极端之间权衡利害得失,作出正确决策。

②股东权益比率。股东权益比率又称净资产比率,是股东权益总额与资产总额的百分比。该比率反映企业总资产中有多少是所有者投入形成的。其计算公式如下:

$$股东权益比率 = \frac{股东权益总额}{资产总额} \times 100\% \tag{5-25}$$

股东权益比率越高,表示企业总资产中由投资者投入所形成的部分越多,企业偿还债务的保证程度就越高。但股东权益比率应当适中,如果权益比率过小,表明企业过度负债,容易削弱公司抵御外部冲击的能力;而权益比率过大,意味着企业没有积极地利用财务杠杆作用来扩大经营规模。

③权益乘数。股东权益比率的倒数称为权益乘数,即企业资产总额是股东权益的多少倍。该指标值越大,说明投资者投入的资本在资产中所占比重越小,债权人的权益保护程度越低。权益乘数用来衡量企业的财务风险。其计算公式如下:

$$权益乘数 = \frac{资产总额}{股东权益总额} = \frac{1}{1 - 资产负债率} \tag{5-26}$$

④利息保障倍数。利息保障倍数又称已获利息倍数,是指企业生产经营所获得的息税前利润与利息费用的比率(企业息税前利润与利息费用之比)。该指标表明 1 元的债务利息有多少倍的息税前利润作保障,反映企业经营所得支付债务利息的能力。其计算公式如下:

$$利息保障倍数 = \frac{息税前利润}{利息费用} \tag{5-27}$$

其中,息税前利润等于净利润、所得税费用与利息费用之和;利息费用是指本期发生的全部应付利息,不仅包括计入财务费用的利息费用,还应包括资本化利息。一般来说,利息保障倍数应该大于 1;否则,就表明企业难以偿还债务及利息。只要利息保障倍数足够大,企业就有充足的能力支付利息;反之,则没充足的能力支付利息。

4.发展能力评价

企业的发展能力也称为企业的成长能力,它是企业通过自身的生产经营活动,使自身不断扩大积累而形成的发展潜在能力。评价企业发展能力主要考察销售收入增长率、净利润增长率、资本保值增值率、总资产增长率等指标。

(1)销售收入增长率。销售收入增长率是企业本年销售收入增长额同上年销售收入总额的百分比。其计算公式如下:

$$销售收入增长率 = \frac{本年销售收入增长额}{上年销售收入总额} \times 100\% \tag{5-28}$$

式中:本年销售收入增长额——本年销售收入总额扣除上年销售收入总额的差额。

销售收入增长率是评价企业成长状况和发展能力的重要指标,该指标为正数,表示企业本年销售收入增长,销售收入增长率越高,表示企业销售收入增长得越快,市场越有利,企业销售收入的成长性越好,企业的发展性越好;反之,若销售收入增长率为负数,说明企业营业收入减少,销售增长率越低,市场越不利,企业销售收入的成长性和发展性越差。

（2）净利润增长率。净利润增长率是指企业本期净利润增长额与上期净利润额的百分比。其计算公式如下：

$$净利润增长率 = \frac{本期净利润增长额}{上期净利润额} \times 100\% \qquad (5\text{-}29)$$

式中：净利润——企业当期税后利润。

净利润增长率代表企业当期净利润比上期净利润的增长幅度。该指标值为正数，说明企业本期净利润增加，指标值越大，代表企业净利润增长得越快，盈利能力越强；反之，若指标值为负数，说明企业本期净利润减少。

（3）资本保值增值率。资本保值增值率是指企业扣除客观因素后的年末所有者权益与年初所有者权益的百分比。其计算公式如下：

$$资本保值增值率 = \frac{扣除客观因素后的年末所有者权益}{年初所有者权益} \times 100\% \qquad (5\text{-}30)$$

真正意义的资本保值增值与本期筹资和其他事项无关，与本期利润分配也无关，而是取决于当期实现的经济效益，即净利润。因此，资本保值增值指标应从利润表出发，以净利润为核心。其计算公式如下：

$$资本保值增值率 = \frac{期初所有者权益 + 本期净利润}{期初所有者权益} \times 100\% \qquad (5\text{-}31)$$

资本保值增值率是财政部制定的评价企业经济效益的十大指标之一，反映了企业资本的运营效益与安全状况。资本保值增值率若为100%，说明企业不盈不亏，保本经营，资本保值；若大于100%，说明企业有经济效益，资本在原有基础上实现了增值。

（4）总资产增长率。总资产增长率是企业年末总资产增长额同年初资产总额的百分比。其计算公式如下：

$$总资产增长率 = \frac{年末总资产增长额}{年初资产总额} \times 100\% \qquad (5\text{-}32)$$

式中：年末总资产增长额——年末资产总额扣除年初资产总额后的差额。

总资产增长率是分析企业当年资本积累能力和发展能力的主要指标。该指标值为正数，表示企业当年总资产规模有所增长，指标值越大，表明资产经营规模扩张的速度越快，企业的竞争力也会增强。

5. 投资价值评价

在证券市场上，人们还往往会利用市盈率、市净率等指标评价上市公司股票的投资风险和投资价值。

（1）市盈率。市盈率是指普通股每股市价与当期每股收益之间的比率。市盈率是最常用来评估股价水平是否合理的指标之一，也可用来判断该企业股票与其他企业股票相比潜在的价值。其计算公式如下：

$$市盈率 = \frac{每股市价}{每股收益} \qquad (5\text{-}33)$$

一般认为，如果一家企业股票的市盈率过高，那么该股票的价格具有泡沫，价值被高估;反之,则该股票被认为更具投资价值,风险也更低。

(2)市净率。市净率是普通股股票每股市价与每股净资产的比率。其计算公式如下:

$$市净率 = \frac{每股市价}{每股净资产} \tag{5-34}$$

$$每股净资产 = \frac{期末股东权益 - 优先股权益}{期末发行在外的普通股股数} \tag{5-35}$$

市净率可用于股票投资分析,一般来说,市净率较低的股票,投资风险较小,投资价值较高;相反,则该股票投资风险较大,投资价值较低。但在判断投资价值时,我们还要综合考虑当时的市场环境以及企业经营情况、盈利能力等因素。

思考与练习

1. 哪些因素会造成各项财产物资账存数与实存数不一致?
2. 概述实地盘存制与永续盘存制的优缺点和适用性。
3. 如何对银行存款进行清查?
4. 什么是未达账项? 单位在哪些情况下会发生未达账项?

第六章

会计信息化标准体系

随着信息技术的不断进步和应用,会计信息化标准体系的发展得到了更多的关注和重视。本章从企业信息化与会计信息化初探、会计信息化对企业财务管理的影响、会计信息化标准体系的构建与完善、基于大数据的企业会计信息化风险与管控四个方面进行论述。

第一节　企业信息化与会计信息化初探

一、企业信息化的内涵与实现途径

企业信息化是指以开发和利用企业内外部信息资源为出发点,利用现代信息技术以提高效率和效益、增强企业竞争力、实现企业现代化管理的过程。"会计信息标准体系的构建,是我国企业发展的必然要求,是信息时代发展的最终选择。"[①]

(一)企业信息化的内涵界定

企业的主要任务是产品的设计、生产、营销以及伴随发生的管理活动,因此企业信息化必须覆盖业务信息化与管理信息化两个方面。其具体包括以下内容。

1.生产过程信息化

生产过程信息化是企业信息化中的重要组成部分,它主要通过电子信息和自动控制技术来实现对生产过程中的制造、测量和控制的自动化。传统的生产过程通常需要依靠人工操作和监控,而生产过程信息化的目标是通过引入计算机辅助制造(CAM)技术和其他自动控制技术,实现生产过程的自动化和智能化,以提高生产效率、降低成本、减轻人们的劳动强度,并提高产品的质量和一致性。

---

①陈义吉.会计信息化标准体系研究[J].现代经济信息,2016(3):52.

在生产过程信息化中,计算机辅助制造技术扮演着重要的角色。CAM 技术利用计算机来辅助设计产品、规划生产过程、编制工艺路线、控制加工设备和监控生产过程。它可以通过计算机辅助设计(CAD)软件将产品设计转化为可供生产使用的数字化数据,然后根据产品的特点和工艺要求,利用 CAM 软件生成相应的工艺路线和加工程序,并将其传输给加工设备进行自动加工。CAM 技术的应用可以大大提高生产过程的精度、效率和自动化水平,减少生产过程中的人为错误和浪费,提高产品的一致性和质量稳定性。

此外,生产过程信息化还包括其他自动控制技术的应用,如传感器技术、自动化仪表和控制系统等。传感器技术可以实时监测生产过程中的温度、压力、湿度、流量等参数,并将这些参数传输给控制系统进行分析和控制。自动化仪表可以用于对生产过程中的各种参数进行测量和监测,以确保生产过程的稳定性和一致性。控制系统则可以根据传感器和仪表的反馈信息,自动调节和控制生产设备的运行状态,以实现生产过程的自动化和优化。

2. 产品设计信息化

产品设计信息化是企业信息化的一个重要方面,它通过采用计算机辅助设计或仿真模拟技术,加快产品的研发过程,实现设计自动化,从而缩短产品设计周期并降低设计成本。传统的产品设计过程通常依赖于手工绘图和样机制作,这种方式存在许多问题,如设计周期长、成本高、难以迭代修改等。而产品设计信息化的应用则可以克服这些问题,提高产品设计效率和质量。

采用计算机辅助设计工具可以大大加快产品设计的速度。CAD 软件提供了丰富的设计工具和功能,设计师可以利用这些工具进行快速而精确的设计。相比于传统的手工绘图方式,CAD 可以大大缩短设计的时间,使设计师能够更快地完成产品设计。

仿真模拟技术的应用可以在产品设计的早期阶段进行虚拟测试和验证。通过建立产品的数学模型,并应用相应的仿真软件,可以对产品的性能进行预测和评估。这样设计师可以在实际制造之前发现并解决潜在的问题,避免在生产阶段产生昂贵的错误和修正成本。

此外,产品设计信息化可以促进团队协作和知识共享。设计师可以通过 CAD 软件共享设计文件和数据,实现实时协作和交流。这样设计团队的成员可以更好地合作,共同完成产品设计任务。而且,设计文件的数字化存储和管理也使得设计知识和经验可以更好地传承和积累,为企业的创新和发展提供有力的支持。产品设计信息化还可以降低产品设计成本。通过 CAD 工具和仿真技术的应用,可以减少物理样机的制作和测试,节约材料和人力资源。此外,通过提高设计效率和质量,还可以减少设计修改和返工的次数,降低设计成本。

3. 管理信息化

管理信息化旨在实现企业管理的自动化、标准化和智能化。它通过运用信息技术和信息系统,对企业的计划、财务、人事、物资、办公等管理过程进行支持和优化。

管理信息化包括建立管理信息系统(MIS)。管理信息系统是指将信息技术与管理科学相结合,为企业管理层提供决策支持和管理信息的系统。它通过数据采集、处理、分析和展示,为管理者提供准确、及时的决策信息。MIS涵盖了企业各个部门的信息需求,包括生产管理、销售管理、财务管理、人力资源管理等。通过MIS,企业可以实现信息共享、协同办公,提高管理效率和决策水平。

决策支持系统(DSS)是管理信息化的重要工具。DSS是指通过建立模型、分析数据和应用决策规则,为管理者提供辅助决策的系统。DSS能够帮助管理者进行战略规划、业务分析、风险评估等决策过程,提供多种决策方案,并进行评估和比较,从而提高决策的准确性和科学性。

专家系统(ES)也是管理信息化的重要组成部分。专家系统是基于专家知识和经验构建的计算机程序,用于模拟和解决复杂的专业问题。它能够通过收集、存储和应用专家知识,为管理者提供专业性的决策支持。在企业中,专家系统可以应用于产品设计、技术支持、市场预测等领域,提高决策的科学性和精确性。

办公自动化系统(OA)是管理信息化的重要手段。办公自动化系统是指利用信息技术对办公过程进行自动化处理的系统。它包括办公设备、办公软件和办公流程的自动化,可以提高办公效率,减少人力资源成本。企业通过实施办公自动化系统,可以实现文件管理、日程安排、电子邮件收发、会议管理等办公工作的自动化,提高工作效率和信息传递的准确性。

企业资源计划(ERP)、供应链管理(SCM)、客户关系管理(CRM)等系统也属于管理信息化的范畴。企业资源计划是一种集成管理软件,通过整合企业各个部门的信息和流程,实现资源的有效配置和协调。供应链管理是指通过信息化手段优化供应链的各个环节,提高物流效率和供应链的整体运作水平。客户关系管理则是通过建立客户数据库和分析工具,实现对客户需求的管理和满足,提升客户满意度和忠诚度。

4. 商务营运信息化

商务营运信息化是指利用互联网技术实现商业活动全过程的电子商务。它涵盖了广告浏览、市场调查、谈判、在线订购、电子支付、货物配送、售后服务等各个环节的信息化。通过商务营运信息化,企业可以借助互联网的便利性和高效性,实现业务的全面数字化和自动化管理。

(1)广告浏览。企业可以利用互联网广告平台,通过各种形式的广告展示,吸引潜在客户的注意力,提高品牌知名度和产品曝光率。通过精确的定位和投放策略,企业能够将广告信息传递给目标受众,提高广告效果,为企业带来更多的商机。

(2)市场调查。通过互联网,企业可以轻松获取大量的市场数据和消费者反馈,了解市场需求和竞争状况。这些数据可以帮助企业进行市场分析和预测,制定更科学的营销策略和产品定位,提高市场反应速度和竞争力。

(3)谈判环节。传统的商务谈判通常需要面对面地沟通和协商,但通过互联网,企业可以利用各种在线沟通工具,实现远程谈判和协作。这不仅节省了时间和成本,还提高了谈判的效率和便利性,使企业能够更快速地达成合作协议。

（4）网上订购环节。通过企业建立的电子商务平台,消费者可以方便地在线订购产品或服务。同时,企业可以根据消费者的订单信息进行生产计划和库存管理,实现供应链的优化和整合。网上订购的便捷性和灵活性为企业和消费者提供了更加便利的交易方式。

（5）电子支付。通过互联网支付系统,消费者可以方便地在线完成支付,而不需要使用传统的纸质货币或信用卡。电子支付不仅提高了支付的安全性和效率,还为企业提供了更多的支付选择和灵活性,促进了交易的快速完成。

（6）货物配送环节。通过建立高效的物流管理系统,企业可以实现对货物的全程追踪和管理。通过与物流公司的合作或建立自己的物流网络,企业可以将订单信息与物流信息相结合,实现快速、准确的货物配送。同时,企业可以通过物流系统优化运输路线和仓储管理,提高物流效率和降低成本。

（7）售后服务环节。通过互联网,企业可以提供在线的售后服务,包括客户咨询、投诉处理、维修支持等。通过建立客户服务平台和在线沟通工具,企业能够及时响应客户需求,提供个性化的服务,提升客户满意度和忠诚度。

（二）信息化管理与企业文化

企业文化是企业的灵魂,是企业遵循的价值观、经营理念和企业精神,是推动企业发展的根本动力。企业文化与企业管理,两者相互依存、相互作用。因此,信息化管理的推进,必将给企业文化带来巨大影响,在信息技术应用的过程中,必须同步推进企业文化重构,才能相互促进、持续发展,保证企业目标的高效、高质量实现。

1. 企业管理与企业文化

从管理的定义来看,管理是一个协调工作活动的过程,以便能够有效率和有效果地同别人或通过别人实现组织的目标。管理涉及在经营组织中创造和保证内部环境,在这个内部环境中,以群体形式组织在一起的个人能通过有效的工作去达到群体的目标。企业的管理,追根究底就是对企业中人的管理。而企业中个体或群体的行为都受到价值观的支配,价值观不同,其对问题的衡量标准也就不同,做出的决策或行为也就有所不同。换言之,企业的管理是与企业文化紧密联系、相互作用的,企业文化也可以看作是从内在认同角度出发的一种管理手段。

企业管理与企业文化的相互作用体现在:一方面,企业的管理必须与企业文化相适应,才能够被企业的管理人员及所有员工所接受,才能有效地实现其职能。再好的管理模式或管理理念,如果不适应企业现有的文化,在实施过程中必然会面临来自企业内部的排斥力,这就使得管理模式或管理理念无法深入企业各部门或流程,流于形式,无法给企业带来应有的效益,甚至在新旧文化碰撞中影响企业原有的经营效率和效果。另一方面,企业文化也可能受到企业管理或管理人员的影响,先进管理理念的引入可能引起企业文化的变革。管理与文化相适应主要是指稳定环境下的企业状况,然而身处剧烈变化

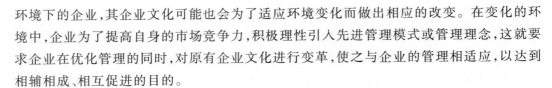

环境下的企业,其企业文化可能也会为了适应环境变化而做出相应的改变。在变化的环境中,企业为了提高自身的市场竞争力,积极理性引入先进管理模式或管理理念,这就要求企业在优化管理的同时,对原有企业文化进行变革,使之与企业的管理相适应,以达到相辅相成、相互促进的目的。

2. 信息化管理对企业文化的影响

(1)信息化管理强化了以人为本的核心价值观。企业信息化带来的管理思想变革会伴生企业文化的直接变革,或是随着企业运营过程逐渐渗透到企业文化中去。信息化管理强化了以人为本的核心价值观,这正是以人为本的管理思想在企业文化中的具体体现。信息技术使得企业成员的个人价值更多地体现在其所拥有的知识以及知识转化为工作效率与效果的能力上,因而对人的关注、认可与支持成为企业文化变革的核心关键点。

此外,信息化管理通过信息技术的利用,使得企业中的沟通效率得到了有效的提升,使得企业文化中等级观念逐渐弱化,这就从精神方面为企业成员之间的平等化提供了良好的条件。

(2)信息化管理推动了团队文化的发展。信息技术的发展和应用使得企业能够实现"1+1>2",即有效的团队合作比单独工作能获得更多的产出。组织结构、管理模式的扁平化、网络化和柔性化增强了企业所有层级成员之间的沟通和交流,降低了协调的难度,也就使得企业成员之间需要充分发挥团队合作意识,更多地进行协同合作以实现企业目标。企业的信息化程度越高,企业内部各部门的界限就越模糊,富有灵活性的团队成为企业组织实现功能的基本单位。团队强调共同学习,达到文化认同,建立共同愿景。因此,团队文化也就成为企业内部团队实现目标的精神动力和指导思想,逐步推动企业向学习型组织转变。

(3)信息化管理强化了以客户为中心的意识。信息技术在客户意识提升中的体现,其中最突出的应用即为客户关系管理(CRM)。客户关系管理作为一种信息化环境下的新的管理技术和管理思想,正不断对传统的企业文化产生冲击。企业文化由重视企业内部价值,转变为重视内外部资源的整合利用,甚至是更重视企业外部(供应链上下游)资源的利用能力。企业不再仅仅关注自身利润,而需要考虑长期发展趋势,因而更加重视企业客户资源的开发与保持,重视员工与客户的良好关系,重视客户的个性化需求,努力提高客户忠诚度,以保证企业长期的可持续发展。

(4)信息化管理推动企业文化在变化中不断学习进步。信息技术给企业带来的影响不仅在于具体的管理模式、管理理念和其在企业文化中的具体体现,而且在于企业在迅速变化的新环境中与时俱进、不断学习,吸收先进管理思想和管理方法,提高企业素质和市场竞争力。因此,这就要求企业必须从企业文化的基调上进行改变。不仅是企业文化中对于组织结构、业务流程、管理模式等变革意识的强调,而且还包括企业文化自身的变革。企业文化在坚持传统企业文化核心价值观念的同时,也要跟随时代变化,不断更新进步,并与企业自身特点相融合,创造出既顺应时代发展,又适应企业自身发展的企业文化。

（三）企业信息化的实现途径

企业信息化的实现是一个过程，需要做好总体规划，明确目标，按效益驱动的原则分期实施。其具体工作包括以下内容。

1.开发信息资源

开发信息资源的核心目标是有效地整合和利用企业内部各种数据和信息，以支持企业的决策和运营。

（1）规范企业各类数据。企业内部涉及的数据种类繁多，包括客户信息、产品数据、财务数据、市场数据等。为了有效地开发和利用这些数据，企业需要对其进行规范化处理，确保数据的准确性、完整性和一致性。这可以通过建立数据标准、规范数据录入和处理流程、制定数据管理策略等方式来实现。

（2）按集成的需求分类编码。在企业信息化的过程中，不同的业务系统和应用程序需要共享和交换数据。为了实现数据的集成和共享，企业需要对数据进行分类编码，建立统一的数据分类和编码体系。这样可以确保不同系统之间的数据能够进行有效的对接和交流，提高数据的利用效率和准确性。

（3）建立相应的数据库。数据库是信息资源开发的基础设施，它用于存储和管理企业的各种数据。企业需要根据业务需求和数据特点，选择合适的数据库技术和架构，并进行数据库的设计和建立。通过建立数据库，企业可以实现对数据的高效存储、查询和分析，为决策和业务提供可靠的数据支持。

（4）制定信息资源开发的规章制度。为了有效地开发和管理信息资源，企业需要制定相应的规章制度和管理流程。这包括数据安全和保护政策、数据访问和权限管理规定、数据备份和恢复策略等。通过制定规章制度，可以确保信息资源的安全性和可持续性，并提供清晰的指导和约束，推动信息资源的开发和利用。

2.开发信息系统

开发信息系统是指为了支持制造控制系统、辅助设计系统以及管理信息系统等需要的系统而进行的开发工作。在这一过程中，需要对组织机构进行调整和业务流程进行重组，以便更好地支持这些信息系统的集成。

在现代制造业中，信息系统的应用已经成为不可或缺的一部分。制造控制系统用于监控和控制生产过程，提高生产效率和产品质量。辅助设计系统用于帮助设计人员进行产品设计和开发，加快产品研发的速度和提高设计的准确性。管理信息系统用于管理企业的各项业务活动，包括供应链管理、销售管理、财务管理等。

为了支持这些信息系统的集成，组织机构需要进行调整：①设立专门的信息技术部门或者团队，负责信息系统的开发、维护和支持工作。这个部门或者团队需要有一定的规模和专业技术，能够满足企业的信息系统需求。②明确各个部门和岗位之间的责任和协作关系，确保信息系统能够在整个组织中得到有效的应用和支持。③对现有的业务流程进行分析和优化，以适应新系统的集成需求。④培训和教育员工，使他们能够熟练地

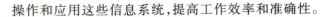

操作和应用这些信息系统,提高工作效率和准确性。

3.建设企业信息化的基础设施

在现代经济发展的背景下,建设企业信息化的基础设施变得越来越重要。信息化基础设施包括建设数据采集设备、生产过程控制系统、用于辅助设计及管理的计算机系统以及通信网络系统等,它们在提高企业效率、降低成本、增强竞争力等方面发挥着至关重要的作用。

(1)数据采集设备。通过安装各种传感器和监测设备,企业能够实时收集和记录生产过程中的各种数据。这些数据可以包括温度、压力、湿度、速度等物理参数,也可以包括产品质量、生产效率、能耗等管理指标。通过数据采集设备,企业可以获得大量的实时数据,为决策提供科学依据,从而优化生产过程,提高产品质量。

(2)生产过程控制系统。生产过程控制系统基于采集到的数据,通过算法和控制策略,实现对生产过程的自动化控制。例如,通过在生产线上安装传感器和执行机构,可以实现对温度、压力、流量等参数的实时监控和调节,保证生产过程的稳定性和一致性。生产过程控制系统的应用可以提高生产效率,减少人为错误,降低能源和原材料的消耗,从而降低企业的运营成本。

(3)通信网络系统。通信网络系统提供了内部员工之间和企业与外部合作伙伴之间的沟通和协作平台。通信网络系统可以包括局域网(LAN)、广域网(WAN)以及互联网等。通过建立稳定、高效的通信网络系统,企业可以实现内部员工之间的即时通信、文件共享和协同工作,促进团队合作和知识共享。同时,企业还可以利用通信网络系统与供应商、客户和合作伙伴进行远程沟通和合作,加强业务合作关系,拓展市场。

二、会计信息化

会计信息化是指将会计信息作为管理信息资源,全面运用信息技术获取会计信息,并进行加工、传输、应用等处理,建立信息技术与会计高度融合的、开放的现代会计信息系统,为企业经营管理、控制决策提供充足、实时、全方位的信息。会计信息化是信息社会的产物,是未来会计的发展方向。会计信息化不仅将先进的信息技术引入会计学科,与传统的会计工作相融合,它还包含有更深的内容,如会计基本理论信息化、会计实务信息化、会计教育信息化、会计管理信息化等。

(一)会计信息化的内容

1.会计管理信息化

会计管理信息化系统按会计管理的内容不同可以分为资金管理、成本管理和利润管理三个子系统。

会计管理信息化主要表现为:①会计管理信息化不仅支持作业层和管理层的结构化和半结构化决策,而且对决策层的计划工作也是有用的;②会计管理信息化一般是面向报告和控制的;③会计管理信息化依赖于企业现有的数据和数据流;④会计管理信息化一般用过去和当前的数据辅助决策;⑤会计管理信息化是针对内部的而不是外部的;⑥会计管理信息化的信息需求是已知的和稳定的。

会计管理信息化是在会计核算信息化的基础上,利用会计核算提供的数据和其他有关数据,借助计算机会计管理软件提供的功能和信息,帮助会计人员筹措和运用资金,节约生产成本和经费开支,提高经济效益。会计管理信息化主要有以下三项任务:

(1)进行会计预测。通过对历史会计数据和市场环境的分析,会计人员可以使用会计管理信息化工具来预测未来的财务状况和业务趋势。这些预测信息可以帮助企业做出合理的财务决策,制定有效的经营战略,并及时调整经营计划以适应市场需求的变化。

(2)编制财务计划。会计管理信息化还包括编制财务计划。通过利用会计管理软件和相关数据,会计人员可以制订详细的财务计划,包括预算和投资计划。这些计划可以帮助企业合理安排资金使用,控制成本,优化资源配置,并为企业的发展提供可行性评估和指导。

(3)进行会计控制。通过建立有效的内部控制制度和利用会计管理信息化工具,会计人员可以监督和管理企业的财务活动,确保资金使用的合规性和准确性。会计控制可以帮助企业预防和发现财务风险和错误,提高财务报告的可靠性,加强企业的治理能力,并为企业的可持续发展提供保障。

2.会计核算信息化

会计核算信息化按信息载体不同可分为会计凭证、会计账簿和会计报表三个子系统。会计核算信息化是会计信息化的第一个阶段,主要内容包括:建立会计科目信息化、填制会计凭证信息化、登记会计账簿信息化、成本计算信息化、编制会计报表信息化等。

(1)建立会计科目信息化是一项重要的任务,它通过系统的初始化功能来实现。在这个过程中,除了输入总分类和明细分类的会计科目名称和编码之外,还需要输入与会计核算相关的期初和其他必要的资料。这些资料包括年初数、累计发生额、往来款项、工资、固定资产、存货、成本费用以及营业收入核算所需的期初数字。此外,还需要计算各种比例以满足相关指标的要求,并选择合适的会计核算方法,如记账方法、固定资产折旧方法、存货计价方法和成本核算方法等。

为了确保信息化系统的有效运行,还需要定义自动转账凭证。这些凭证能够自动执行转账操作,提高工作效率,并减少错误的发生。同时,还需要输入操作人员的岗位分工情况,包括姓名、操作权限和操作密码等信息。这样可以确保系统的安全性,只有经过授权的人员才能进行相应的操作。

(2)填制会计凭证信息化。会计凭证包括原始凭证和记账凭证。这些凭证在各个会计核算软件中是不同的。记账凭证是根据审核无误的原始凭证登记的,有的会计核算软件要求会计人员手工填制好记账凭证,再由操作人员输入计算机;有的会计核算软件要求会计人员根据原始凭证,直接在计算机屏幕上填制记账凭证;有的会计核算软件要求会计人员直接将原始凭证输入计算机,由计算机根据输入的原始凭证数据自动编制记账凭证。前两种方法比较接近,其区别在于一个是输入已经手工写好的记账凭证,另一个是边输入边做记账凭证,但都是把所有记账凭证输入计算机。而后一种方法与前两种有很大的差别,它增加了会计信息化的深度,提高了会计信息化的水平。

(3)登记会计账簿信息化。会计信息化后,登记会计账簿一般分以下两个步骤进行:

①在自动登记阶段,计算机根据会计凭证自动将相关的会计数据登记到机内账簿中。传统的手工登记会计账簿需要会计人员逐笔将凭证上的信息进行记录,而在信息化的过程中,计算机可以根据预设的规则和算法自动完成这个过程。会计凭证中的重要信息,如借贷金额、科目、日期等,会被计算机系统自动识别和提取,并登记到机内账簿的相应位置。这种自动化的登记过程不仅提高了工作效率,减少了人工登记的错误和疏漏,还可以及时更新和保存会计信息。

②在自动登记完成后,机内账簿可以通过打印输出的方式进行实体化的记录和备份。计算机系统可以根据需要将机内账簿的内容打印成纸质文件或电子文件,以便会计人员和相关部门进行查阅和核对。打印输出的机内账簿可以作为正式的会计记录,具有法律效力,同时也方便了日常的管理和审计工作。此外,打印输出的机内账簿还可以作为重要的财务报告和决策依据,用于分析企业的财务状况和经营情况。

(4)成本计算信息化。对于企业经营过程中发生的采购费用、生产费用和销售费用进行准确计算是会计核算的关键任务之一。在现代化的会计软件系统中,成本计算已经实现了自动化处理,即计算机根据账簿记录和内部成本数据,按照会计制度规定的方法进行准确计算。通常,通用会计软件提供了多种成本计算方法供用户选择,而专门定制开发的会计软件则相对较少。

成本计算信息化具有两个优点:①提高了计算的准确性和效率。通过使用计算机进行成本计算,可以避免人为错误和烦琐的手工计算过程。计算机可以自动提取和处理大量数据,执行复杂的计算公式,并生成准确的成本报告和分析结果。这样,企业可以更快速、更准确地了解和评估其经营活动的成本情况。②提供了更多的成本计算方法和分析工具。通用会计软件通常提供多种成本计算方法,如标准成本法、作业成本法和直接成本法等。这使得企业可以根据自身的特点和需求选择最适合的计算方法。此外,计算机还可以提供各种成本分析工具,如成本变动分析、差异分析和边际成本分析等,帮助企业深入理解成本结构和成本控制的关键因素。

成本计算信息化还可以实现成本与其他业务系统的集成。现代企业往往拥有多个业务系统,如采购管理系统、生产管理系统和销售管理系统等。通过将成本计算系统与这些业务系统进行集成,可以实现成本数据的自动传输和共享。这样,不仅可以减少数据输入的重复工作,还可以实现成本与业务活动的实时关联,更好地支持管理决策和绩效评估。

(5)编制会计报表信息化。编制会计报表信息化是指将会计报表的制作过程通过计算机自动化进行。在通用会计软件中,一般都提供了一个功能模块,用户可以自行定义报表的生成方式。这个功能模块可以定义报表的格式和数据来源等内容,使得报表能够适应不同的变化。然而,各种会计软件在这方面的开发水平存在差异,有些软件的功能模块相对灵活,而有些则相对较差。

在编制会计报表时,各个报表之间以及报表中的各个项目之间的数字应该相互一致。特别是本期会计报表与上期会计报表之间的数字应当相互衔接,确保数据的准确性和连续性。

信息化的会计报表编制过程通常包括以下四个步骤:

①数据采集。会计软件可以通过与其他系统的数据接口进行数据采集,例如从销售系统、采购系统等获取相关数据。这样可以减少手工录入数据的错误和降低时间成本。

②数据处理。采集到的数据需要进行处理和加工,以满足会计报表的要求。计算机可以通过事先定义的公式和规则自动进行数据处理,确保数据的准确性和一致性。

③报表生成。根据用户定义的报表格式和数据来源,计算机可以自动生成相应的会计报表。这样可以节省大量的时间和精力,并且减少了手工报表制作过程中可能出现的错误。

④报表审查与调整。生成的报表需要经过审查和调整,确保其准确性和完整性。计算机可以提供相应的工具和功能,帮助用户进行报表的审查和调整工作。

通过信息化的会计报表编制,可以提高编制效率、减少错误,并且可以更好地满足不同报表用户的需求。然而,为了确保信息化的会计报表编制的准确性和可靠性,用户在定义报表格式和数据来源时需要谨慎,并且在报表生成后进行仔细的审查和调整。

3.会计决策支持信息化

会计决策支持信息化是会计信息化的最高阶段,在这个阶段,一般由会计辅助决策支持软件来完成决策工作。该软件根据会计预测的结果,对产品销售、定价、生产、成本、资金和企业经营方向等内容进行决策,并输出决策结果。其主要包括经营活动决策模型及其应用、投资活动决策模型及其应用、筹资活动决策模型及其应用。会计决策支持系统与会计信息系统的其他子系统共同构成了一个完整的会计信息系统,它们相辅相成,分别完成会计核算、会计管理、会计决策支持等相关工作。其中,会计核算信息化是基础,是后两个层次的重要数据来源;会计决策支持信息化是从前两个层次的信息化发展而来的,决策所依据的数据要靠前者来提供。

会计决策支持信息化的特点主要表现为以下五点:

(1)灵活性、适应性和快速响应性。会计决策支持信息化系统灵活性高,能够适应不同的业务环境和需求变化。它能够快速响应用户的需求,提供实时的数据和报告,以支持决策制定过程。

(2)让用户设置和控制系统的输入和输出。会计决策支持信息化系统允许用户根据自身需求设置系统的输入和输出参数。用户可以定义所需的数据来源和指标,并根据需要定制报告和分析。这种自主设置和控制功能使用户能够获取准确、有针对性的信息,以支持决策制定。

(3)基本上不需要专业程序员的帮助。相对于传统的会计系统,会计决策支持信息化系统对用户更加友好,一般不需要专业程序员的帮助。系统通常提供直观的界面和操作

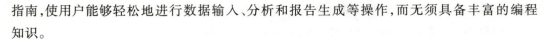

指南,使用户能够轻松地进行数据输入、分析和报告生成等操作,而无须具备丰富的编程知识。

（4）针对非结构化问题。会计决策支持信息化系统主要应用于处理非结构化问题。这些问题通常包括复杂的业务情境、不确定性因素和多变的决策需求。系统通过整合和分析大量的数据,提供可视化的报告和决策支持工具,帮助用户理清复杂的情况,作出准确的决策。

（5）使用复杂的分析和建模工具。为了提供准确的决策支持,会计决策支持信息化系统使用复杂的分析和建模工具。这些工具可以对大规模数据进行统计分析、数据挖掘和模型建立等操作,以揭示数据之间的关联性和趋势,为制定决策提供依据。常见的工具包括数据仓库、数据挖掘算法、统计分析软件和预测模型等。

（二）会计信息化的发展

1. 国外会计信息化的发展

1954 年,美国通用电气公司使用 UNIAC－1 型计算机计算职工工资,这是电子计算机首次进入会计领域。随后西方各发达国家纷纷开始研究计算机技术在会计领域的应用,引起了会计处理技术的巨大变革。

20 世纪 50 年代初至 60 年代末,电子计算机主要用于业务简单、重复次数多、数据量大的会计业务,如工资计算、库存材料的收发核算等。电子计算机在会计业务中的应用主要以模拟手工会计的核算方式为主,替代了部分手工劳动,虽然提高了工作效率,但受限于当时的技术水平,数据一般采用单机批处理的方式,在信息相关性上还未实现信息共享,无法满足用户个性化的需求。

20 世纪 70 年代,计算机技术得以迅猛发展,计算机网络的出现和数据库管理系统的运用,形成了应用电子计算机的管理信息系统。在企业管理中全面地应用计算机已经成为一种趋势,管理信息系统中的各个功能系统可以共享储存在计算机中的信息,形成整个企业生产经营成果的数据库。从此,电算化会计信息系统成为管理信息系统的一个重要部分,企业、公司的最高决策也借助电算化会计信息系统提供的信息,达到提高工作效率和管理水平的目的。

经历了几十年的发展,随着会计学科本身的成长、完善和电子计算机硬件、软件技术的飞速发展,电子计算机在会计领域的应用也不断普及和深入,计算机会计系统随着时代变迁逐渐完善。计算机会计信息系统在国际上也越来越被广泛推广和使用。

2. 我国会计信息化的发展

我国的会计信息化发展开始于 1979 年,其主要标志是由财政部支持的长春第一汽车制造厂的会计信息化试点工作的开展。1981 年 8 月,在财政部一机部和中国会计协会的发起和支持下,在长春召开了"财务、会计、成本应用电子计算机专题讨论会",这次会议被视为我国会计信息化理论研究道路上的一个里程碑。这次会议将计算机在会计上的应用统称为"会计信息化"。随着 20 世纪 80 年代计算机在全国各个领域的应用、推广

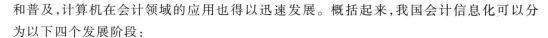

和普及,计算机在会计领域的应用也得以迅速发展。概括起来,我国会计信息化可以分为以下四个发展阶段:

(1)缓慢发展阶段(1983年以前)。20世纪70年代,少数企事业单位开始开展单项会计业务的电算化,当时的计算机技术在会计领域的应用范围比较小、业务单一,主要是处理简单、重复的会计工作,如工资核算。在这个阶段,一方面,会计信息化人员极度缺乏;另一方面,计算机硬件比较昂贵,缺乏中文操作系统,使用起来极不方便。并且,会计信息化没有得到足够的重视。因此,会计信息化的发展比较缓慢。

(2)自我发展阶段(1983—1987年)。从1983年下半年起,在政府的大力推动和扶持下,全国各行业掀起了计算机应用的热潮,计算机在会计领域的应用被推广到更多企业中,大大促进了会计信息化的发展。但是,由于之前的问题仍然没有得到有效解决,这使得会计信息化在发展过程中出现低水平、重复开发的现象,造成人力和物力的极大浪费。在这一阶段,会计软件的开发多为专用定点开发,对会计软件开发的研究处于起步阶段,会计软件的规范化、标准化程度较低,会计软件的商品化受到很大程度的限制。

为了改变发展现状,突破发展瓶颈,从1984年开始,各大院校和研究院所逐步开始培养会计信息化的专门人才,会计信息化的理论研究也越来越受到重视,许多高等院校、研究院所及企业都组织了专门的团队研究会计信息化理论。1987年11月,中国会计学会成立了会计信息化研究组,为有组织地开展理论研究作了充分准备。

(3)普及与提高阶段(1988—1997年)。在这一阶段,用友、金蝶等以开发、经营会计核算软件为主的专业公司相继出现。由于需求旺盛,业务发展迅猛,会计软件也不断趋向规范化和专业化,逐步形成了会计软件产业。这一阶段,会计软件的功能逐渐从单项数据处理,发展到全面应用计算机建立会计信息系统:已从利用计算机进行企业内部会计信息处理,发展到如今的用计算机汇总并报送会计报表,为企业的经营决策及国家宏观经济管理提供可靠保障。国家各部门和会计业务主管部门相继加强了对会计信息化的管理,许多地区和部门制定了相应的发展规划、管理制度和会计软件开发标准。财政部于1996年发布了《会计电算化工作规范》,标志着会计信息化的发展开始走上了有组织、有纪律、快速发展的道路。

(4)管理型财务会计软件开发与应用阶段(1998年至今)。在这一阶段,财务会计软件逐渐由核算型向管理型发展。由中国会计学会召开的第二届全国会计信息化会议,首次提出了"财务会计软件从核算型向管理型发展"的口号,为我国会计信息化发展指明了方向。会计信息系统是企业管理信息系统的中心,企业的所有管理活动与会计信息系统之间都存在着直接或间接的关系。发展管理型财务会计软件需要加强现有各核算软件,如销售核算、工资核算、成本管理、销售管理和工资人事管理等财务管理软件之间的联系和数据共享。

目前,我国的会计信息化系统主要应用于各种核算的编制账表等财务会计方面。功能较强的电算化会计系统具有分析、预测、决策、规划、控制和责任评价等方面的功能,并且正在向管理会计方面延伸。随着科技的发展,会计信息化的发展也逐渐朝着多元方向

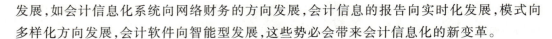

发展,如会计信息化系统向网络财务的方向发展,会计信息的报告向实时化发展,模式向多样化方向发展,会计软件向智能型发展,这些势必会带来会计信息化的新变革。

(三)会计信息化的特点

1.数据处理的及时性与准确性

计算机处理会计数据与传统手工记账相比具有很大的优势,其不仅可以快速完成会计数据的分类、汇总、计算、传递和报告等工作,还简化了会计流程,精确了会计核算结果。不仅如此,在会计信息化条件下,会计信息化软件运用计算机处理程序和逻辑控制,大大减少了在会计手工处理方式下出现的一些错误,为企业的经济管理和经营决策提供更为详细、及时和准确的信息。

2.会计核算的自动化与集中化

在会计信息化条件下,人工录入数据的工作越来越少,如登记账簿、试算平衡等大部分工作都可以由会计软件自动按程序完成,这不仅减轻了会计人员的工作负担,还提高了会计人员的工作效率。会计软件在会计信息化中的广泛应用,使得企业能将相对分散的数据汇总后进行集中处理,不仅提高了数据汇总的速度和准确度,也增强了企业集中管控的能力。计算机中的数据还可以实现全面共享,从而有效减少数据的重复登记。

3.会计信息的规范化与标准化

由于会计信息处理是由计算机中的会计软件按逻辑程序自动完成的,会计软件符合财政部发布的《会计基础工作规范》《会计核算软件基本功能规范》,且随着会计方面政策的变化,会计软件系统也会及时更新。因此,会计信息化从填制会计凭证、数据输入到登记会计账簿、数据输出、编制财务报告等都更加标准和规范。

4.会计信息存储的电子化与科学化

会计档案是会计的重要资料,传统手工纸质会计档案不但占用空间大,而且不易于保管和翻阅。电算化会计档案将会计信息从传统手工纸质会计档案存储转变为以磁带、磁盘、光盘、微缩胶片等介质存储,使得保存和备份数据更加容易,也使数据的检索变得更快捷和便利。

(四)会计信息化的作用

会计信息化是会计发展史上的一次革命,与手工会计相比,不仅仅是处理工具的变化,而且在会计数据处理流程、处理方式、内部控制方式及组织机构等方面都与手工处理有许多不同之处,它的产生将对会计理论与实务产生重大影响,对于提高会计核算的质量、促进会计职能转变、提高经济效益和加强国民经济宏观管理,都具有十分重要的作用。

1.提高工作效率

在手工会计信息系统中,会计数据处理全部或主要是靠人工操作。因此,会计数据处理的效率低、错误多、工作量大。实现会计信息化后,计算机便自动、高速、准确地完成数据的校验、加工、传递、存储、检索和输出工作。这样不仅可以把广大财会工作人员从繁重的记账、算账、报账工作中解脱出来,而且由于计算机的数据处理速度大大快于手工,因而也大大提高了会计工作的效率,使会计信息的提供更加及时。

(1)减少人工操作,从而节约时间和人力成本。在手工会计信息系统中,每一个环节都需要人工进行操作,包括数据的输入、计算、核对和输出等。这不仅消耗了大量的人力资源,还容易产生错误。而通过会计信息化,这些烦琐的操作可以交由计算机完成,大大减少了人工处理的时间和成本,同时也降低了错误的发生概率。

(2)提供更高效的数据处理和管理能力。计算机具有高速处理数据的能力,能够在短时间内处理大量的数据,而且可以准确地进行计算和校验。相比之下,手工操作往往需要花费更多的时间和精力,并且容易出现错误。通过会计信息化,可以实现自动化的数据处理和管理,大大提高了数据处理的速度和准确性,为决策提供了更可靠的基础。

(3)实现数据的快速检索和分析。传统的手工会计信息系统中,需要逐个查找和整理数据,十分耗时耗力。而通过会计信息化,可以建立起完善的数据库和查询系统,可以根据需要快速检索和分析所需的数据,为管理层提供及时、准确的决策支持,提高了管理的科学性和精确性。

(4)促进会计信息的共享和传递。在手工系统中,信息的传递和共享受到了很大的限制,需要通过传真、快递等方式进行。而通过会计信息化,可以实现信息的电子化和网络化传递,不受地域和时间的限制,大大提高了信息的传递效率和准确性,有利于企业内外部各级的沟通和合作。

2.促进会计工作规范化

(1)会计信息化使会计工作过程更加规范。传统的手工会计工作存在着许多人为因素和操作漏洞,容易出现错误和失误。而应用信息技术,会计工作可以通过系统化的流程和规范化的操作来完成,减少了人为干扰和误操作的可能性。例如,会计软件可以提供标准化的会计处理流程和操作指引,确保会计人员按照规定的步骤进行工作,从而提高了会计工作的准确性和可靠性。

(2)会计信息化提高了会计工作的效率。传统的手工会计工作需要大量的人力和时间进行数据录入、计算和分析,工作效率较低。而会计信息化将这些烦琐的工作自动化,通过电子化的数据输入和处理,大大缩短了会计处理的时间。会计软件可以自动完成数据录入、计算和分析,同时提供快速的查询和报表生成功能,极大地提高了会计工作的效率和响应速度。

(3)会计信息化加强了对会计工作的监督和控制。传统的手工会计工作容易出现数据丢失、篡改和误用的情况,存在较大的风险和隐患。而会计信息化通过建立完善的权限管理和审计轨迹,实现对会计工作的全程监控和记录,提高了数据的安全性和可追溯性。会计软件可以设定不同的权限级别,限制用户对数据的访问和操作,防止数据被非法篡改和滥用,确保会计工作的合规性和规范性。

(4)会计信息化提供了更好的信息共享和协同工作的平台。传统的手工会计工作存在信息孤岛和工作分割的问题,不利于信息的共享和沟通。而会计信息化通过搭建统一的信息平台和工作流程,实现了不同部门和人员之间的信息共享和协同工作。会计软件可以实现数据的实时更新和共享,多人可以同时对同一份数据进行操作和分析,提高了团队协作效率和工作效能。

3.提升会计信息的系统性、及时性和准确性

(1)实现会计信息的系统化。传统的手工会计核算往往需要花费大量的时间和人力进行数据录入、分类和整理,容易出现错误和遗漏。而通过会计信息化,可以建立起完善的会计信息系统,实现对会计数据的自动化处理和管理。会计软件和数据库可以对数据进行分类、整理和储存,确保数据的有序和完整性,避免了人为因素对数据的影响,提高了会计信息的系统性。

(2)实现会计信息的及时性。传统的手工会计核算需要等待人工的操作和处理,导致信息的反馈周期较长。而会计信息化可以实现会计数据的实时记录和处理。会计软件可以根据设定的时间节点,自动地对数据进行更新和分析,生成及时的财务报表和经营分析报告。这使得管理者可以随时了解企业的财务状况和经营情况,及时做出决策和调整。

(3)提高会计信息的准确性。手工会计核算容易出现疏忽、误操作或计算错误等原因导致的数据错误。而会计信息化可以通过内置的校验规则和逻辑,对数据进行自动验证和纠错。会计软件可以自动进行数据的计算和对账,确保数据的准确性和一致性。此外,会计信息化还可以实现对数据的审计追溯,方便管理者进行审计和查证,提高了会计信息的可信度。

第二节　会计信息化对企业财务管理的影响

在竞争日益激烈的环境下,企业要想生存和发展就必须要充分发挥自己的优势,提高自己的市场地位,采取有效的措施面对各种市场竞争。有效的财务管理能够提高企业的经济效益,促进企业管理更加规范合理,而财务管理更是企业各种经济活动的基础,真实的财务信息对决策具有很高的参考价值。

会计信息化的发展在一定程度上促进了财务管理工作更加科学合理,同时也提高了财务管理工作效率和工作质量。

"会计信息化是未来企业财务管理及应用的大发展方向,伴随着信息技术的不断推动,企业的财务管理会逐渐向集中管理方向前进,财务系统对大数据和物联网的应用会越来越频繁和深入。目前会计信息化系统的建设已经成为企业财务管理系统发展过程中亟待解决的问题。"[①]企业必须高度重视会计信息化的发展,才能推动其发展。

---

①曲红.会计信息化对企业财务管理的影响及对策探讨[J].商场现代化,2022(20):128.

一、对企业内部控制和财务管理的影响

（一）对企业内部控制的影响

会计信息化对企业内部控制的影响是一个重要且复杂的课题。会计信息化的发展为企业带来了许多机遇和挑战，对企业内部控制提出了新的要求。在会计信息化环境下，企业需要更加重视财务和会计工作的关键点，并加强对财务信息的监督管控，以确保会计信息的真实性和准确性。

会计信息化的发展促使企业对财务和会计工作的重点有了更深入的了解。传统上，会计工作主要依靠手工操作和纸质文档，容易出现错误和漏洞。而通过引入信息技术和自动化系统，企业可以更好地掌握财务和会计数据的全过程，实现全面、准确的记录和分析。这有助于企业更好地理解财务信息的重要性，以及财务报表对企业决策和经营管理的影响，从而加强对财务工作的关注和监督。

会计信息化的发展对企业监督管控的风险提出了挑战。在信息化环境下，财务管理工作主要依赖于网络技术和计算机系统，这也带来了一些安全风险和数据完整性的问题。企业需要加强对会计信息输入的监督，确保信息的准确性和完整性。同时，对会计凭证的监督也变得更加重要，以避免虚假凭证和操纵财务数据的风险。此外，企业还需要保护好网络环境，加强网络安全措施，防止信息泄露和黑客攻击。

为了应对会计信息化带来的挑战，企业需要加强内部控制体系的建设。

（1）企业应制定完善的内部控制制度和政策，明确各项会计工作的责任和权限，确保财务信息的准确记录和报告。

（2）企业应加强对财务系统的管理，包括权限控制、数据备份和恢复等方面，以确保系统的安全性和稳定性。同时，企业还应加强对财务人员的培训和教育，提高其对信息化环境下内部控制的意识和能力。

（3）企业可以借助先进的技术手段来加强内部控制。例如，可以采用人工智能和数据分析技术来检测异常交易和风险，及时发现和纠正潜在的问题。还可以使用加密技术和安全认证措施来保护财务信息的安全和隐私。此外，企业还可以建立审计和监督机制，定期对会计信息化系统进行审计和评估，确保其符合相关法规和内部控制要求。

（二）对财务管理系统的影响

会计信息化对财务管理系统的影响是巨大而深远的。会计信息化环境下，建立一个高效、可靠的会计管理系统是至关重要的。系统的开发过程通常通过委托单位或者合作开发来完成，这样可以满足会计信息化发展的基本需求，并提高系统的使用价值。然而，由于企业对会计信息化的理解不完全相同，开发过程中可能会出现问题，从而导致系统开发存在各种难题。这不仅不能满足财务管理的基本需求，还大大降低了工作效率，给企业带来一定的经济损失。

会计信息化使得财务管理系统更加自动化和智能化。通过引入计算机技术和信息

系统,会计信息化可以实现财务数据的自动处理、分析和报告,减少了人工操作的错误和时间成本。系统可以自动记录和分类财务数据,生成准确的财务报表和分析结果,提供及时的决策支持。这极大地提高了财务管理的效率和精确性,有助于企业更好地把握经营状况和发展趋势。

会计信息化促进了财务管理的集成化和标准化。传统的手工会计容易出现数据冗余、信息孤岛和流程不畅等问题,而会计信息化系统可以将财务数据整合到一个统一的平台上,实现数据的共享和流程的优化。各个部门和业务环节可以通过系统实时获取和处理财务数据,提高信息共享和协同工作的效率。同时,会计信息化还推动了财务管理的标准化,即通过制定和执行统一的会计准则和规范,确保财务数据的准确性和可比性,增强财务管理的可信度和透明度。

此外,会计信息化也带来了财务管理的风险和挑战。系统的长期升级和维护是必要的,如果不能按时进行维护,就可能导致系统出现漏洞,使财务信息失真,增加了企业的财务风险。信息系统的安全性和稳定性也是需要重视的问题,企业需要采取适当的安全措施,防止信息泄露、数据丢失或系统被黑客攻击。同时,人员培训和技术支持也是必不可少的,企业需要投入资源培养专业人员,保证系统的正常运行和高效利用。

二、会计信息化背景下财务管理的提高措施

(一)改变传统管理观念

(1)企业应该意识到传统的管理观念已经无法满足信息化时代的需求。传统的管理观念通常以集中控制和垂直管理为主,而在信息化环境下,企业需要更加注重开放性、协作性和创新性。因此,企业应该鼓励员工参与决策和创新,打破层级壁垒,促进信息的共享和流通。

(2)企业应该积极引进先进的管理理念和方法,借鉴其他行业的成功经验。例如,可以学习并应用精益管理、敏捷管理和创新管理等方法,以提高企业的效率和灵活性。此外,企业还可以借助大数据和人工智能等新技术,进行数据分析和预测,从而更好地指导管理决策。

(3)企业应该加强与外部机构和专家的合作,获取更多的管理资源和支持。可以与高校、研究机构和行业协会建立合作关系,共同开展研究和培训项目。此外,企业还可以聘请管理咨询公司或专业顾问,为企业提供专业的管理建议和指导。

(4)企业应该建立健全激励机制,激发员工的积极性和创造力。可以通过设立奖励制度、提供晋升机会和培训机会等方式,吸引和留住优秀的人才。同时,企业还应该注重建立良好的企业文化,营造积极向上的工作氛围,激发员工的归属感和凝聚力。

(二)完善企业内部控制制度

随着全球经济的不断发展和竞争的日益激烈,企业内部控制制度的重要性越来越凸显。一个健全有效的内部控制制度对于企业的可持续发展和稳定经营至关重要。为了

确保企业运作的合规性、高效性和具备风险管理能力,企业应不断完善内部控制制度,并不断加强其执行。

（1）完善内部控制制度需要建立明确的目标和策略。企业应明确内部控制的目标,包括确保财务报告的准确性、资产的保护、合规性的遵守等。同时,企业还应制定相关策略和控制措施,以确保目标的实现。这些策略和措施应当与企业的业务活动相匹配,并根据不同的风险程度进行调整。

（2）完善内部控制制度需要明确责任和权限。企业应确立明确的责任分工和权限划分,明确每个部门和个人在内部控制中的职责和权限。这样可以保证责任的明确性,避免职责模糊和推卸责任的情况发生。同时,企业还应加强内部沟通和协作,确保各部门之间的合作与配合,形成整体的内控网络。

（3）完善内部控制制度需要建立有效的风险管理机制。企业应对可能出现的各种风险进行全面的评估和分析,并采取相应的风险控制措施。这包括制定适当的风险管理政策、建立风险评估和监测机制、设立风险应对预案等。通过有效的风险管理,企业可以及时应对潜在的风险和危机,减少损失并保护企业的利益。

（4）完善内部控制制度需要加强内部监督和审计。企业应建立独立的内部监督机构或委员会,负责对内部控制制度的执行情况进行监督和评估。同时,定期进行内部审计,检查和评估内部控制的有效性和合规性。内部监督和审计可以发现内部控制制度中存在的问题和漏洞,并及时采取纠正措施,保证内部控制制度的稳定和有效运行。

（5）完善内部控制制度需要持续的改进和学习。企业应建立反馈机制,收集内部员工和外部利益相关者的意见和建议,针对问题和挑战进行改进和调整。同时,企业应与相关专业机构和行业组织保持密切联系,学习和借鉴先进经验,不断提高内部控制制度的水平和质量。

（三）财务系统优化升级

财务系统的优化升级对于企业财务管理工作至关重要。在信息化环境下,必须高度重视系统的维护和升级工作,定期进行系统维护,以防止系统问题导致会计信息失真。此外,财务系统作为企业财务管理工作的基础条件,通过利用系统软件能够快速处理各种会计信息,并提高数据信息处理效率。财务系统的升级与扩展可以满足各种财务工作的日常需求和运营需求,使会计信息化能够更好地应对企业发展的需求,并保证企业财务管理活动能够有序进行。

财务管理是企业管理的重中之重,有效的财务管理能够提高企业的竞争力。在会计信息化环境下,必须高度重视财务管理的作用。只有充分结合计算机技术和财务知识,才能大大提高会计信息处理速度,提高财务管理工作的质量和效率。因此,财务人员需要不断更新管理观念,完善企业内部控制制度,大力培养会计信息化人才。只有这样,才能确保企业能够健康、持久地发展。

财务系统的优化升级可以从多个方面进行改进:①应该考虑提高系统的稳定性和安全性。通过加强系统的安全防护措施,如加密技术和访问控制,防止未经授权的访问和数据泄露。②可以通过优化系统的界面和功能设计,提高用户的操作便利性和工作效率。例如,增加智能化的数据输入和自动化的报表生成功能,减少手工操作和重复劳动。③引入先进的数据分析和决策支持功能,帮助财务人员更好地分析和利用财务数据,支持企业的决策制定和战略规划。④考虑与其他管理系统的集成。例如,与采购管理系统、销售管理系统等进行数据的无缝对接,实现数据的共享和实时更新,提高各个管理环节之间的协同效率。同时,还可以通过与供应商和客户的电子数据交换,实现财务信息的快速传递和业务流程的自动化。

(四)大力培养会计信息化人才

在如今会计信息化进程不断加快的背景下,企业对于专业性人才的需求将越来越迫切。

(1)制订全面的人才培养计划,以满足会计信息化人才的需求。这一计划应该包括培养现有财务人员的计算机操作技能,以及招聘具备会计和信息技术双重背景的新人才。通过培训和学习计划,现有的财务人员可以逐步提升他们的计算机技能,从而更好地应对会计信息化的挑战。同时,企业还应该与相关高校和培训机构建立合作关系,开展专门的培训项目,培养更多专业的会计信息化人才。

(2)重视财务人员的计算机操作技能培训。通过针对财务人员的培训计划,可以提升他们的计算机操作技能和信息化应用能力。培训内容可以包括会计软件的使用、数据分析工具的运用、电子表格的操作等。此外,企业还可以邀请专业的培训师或外部顾问提供培训,确保培训内容的质量和有效性。通过这些培训措施,财务人员将能够更好地理解和应用会计信息化工具,提高工作效率和准确性。

(3)在招聘财务人员时,必须注重候选人的专业背景和计算机操作能力。除了传统的会计专业知识,候选人还应具备熟练的计算机操作技能。这意味着候选人应该熟悉常用的会计软件和办公软件,能够高效地运用电子表格和数据分析工具,有能力处理大数据和运用信息系统。这样的人才可以更好地适应会计信息化的环境,为企业的财务管理提供有效的支持。

第三节　会计信息化标准体系的构建与完善

在企业发展历程中,会计信息化需要具有一定的管理制度体系,以此体系为标准,推进各项工作的有序开展。会计信息化标准体系是指在会计工作中对会计信息的一些很重要的概念以及运行准则进行规定,根据此规定,推进各项会计工作的有序开展,使工作人员在工作过程中遵从此规定,规范自身工作模式,提升会计信息化工作效率。通过构建会计信息化标准体系,对会计数据信息进行精准化的核算、预算,在核算、预算中提出有用的信息数据,进而使企业在经济管理过程中收到良好的经济效益。会计信息化标准体系需要立足于企业发展模式,根据会计工作形式进行构建,依照构建原则,推进会计信息化与各个组织、部门之间的衔接效度,彰显会计信息化标准体系构建的科学化、信息化和合理化。

一、会计信息化标准体系构建原则

(一)会计信息化标准体系的结构性原则

会计信息化标准体系构建的结构性原则是确保标准体系内部各个标准之间具有紧密的关联和组织结构,并注重标准的排列组合形式,使其呈现有序的结构。遵循这一原则有助于以服务模式为导向,推动会计信息化标准体系的有效构建。

(1)构建会计信息化标准体系需要确立明确的组织架构和层次结构。这意味着各个标准应该按照一定的次序进行排列,形成一个有机的整体。这种结构性的设计能够使得标准之间的内在逻辑关系更加清晰,有利于标准的理解和应用。例如,可以将会计信息化标准分为基础标准、应用标准和管理标准等层次,确保各个层次之间的关联和衔接。

(2)会计信息化标准体系的构建需要注意标准之间的内在相关性。不同标准之间可能存在着相互依存、相互制约的关系,因此在构建过程中应该考虑这些关系,使得各个标准能够相互支撑和配合。例如,在制定应用标准时,应该参考和借鉴基础标准的要求,确保应用标准与基础标准之间的一致性和协调性。

(3)构建会计信息化标准体系需要考虑标准的完备性和可操作性。标准应该全面涵盖会计信息化的各个方面,并提供具体可行的操作指导。标准的完备性可以保证信息化工作的全面覆盖,而可操作性则能够提高标准的实施效果。在构建过程中,应该充分考虑实际应用需求和操作的可行性,确保标准的可操作性和实用性。

(4)会计信息化标准体系的构建应该注重持续改进和更新。随着科技和业务环境的变化,会计信息化标准需要及时跟进和调整,以适应新的需求和挑战。因此,在构建过程中应该考虑标准的可扩展性和灵活性,以便进行后续的更新和改进。

(二)会计信息化标准体系构建的整体性原则

会计信息化标准体系构建的整体性原则旨在建立会计信息化标准体系时,必须考虑整体性,并以整体性为导向,以推动会计信息化标准体系的进一步发展,以满足会计工作的需求。会计信息化标准体系的构建是一个系统性和整体性的过程,它包括多个子系统,这些子系统相互关联,形成一个大系统。因此,在构建会计信息化标准体系时,必须以整体性为基础,促进各个子系统之间的相互连接,推动会计信息化标准体系的建设。

为了实现整体性原则,需要研究各个子系统之间的关系,寻找它们之间的联系和相互作用,以建立一个完整的系统。这涉及对会计信息化标准体系中各个子系统的功能、数据流和业务流程进行深入的分析和理解。通过研究和分析,可以确定各个子系统之间的关联点和交互方式,从而建立一个相互衔接、协同工作的大系统。

在整体性原则的指导下,会计信息化标准体系的构建应注重以下四个方面:

（1）统一标准和规范。在构建会计信息化标准体系时，需要统一相关的标准和规范，确保各个子系统之间的数据交换和信息传递符合一致的规定，实现数据的准确性和一致性。

（2）整合资源和功能。会计信息化标准体系的构建需要整合不同的资源和功能，包括人力资源、技术资源和信息资源等。通过整合这些资源，实现各个子系统之间的功能互补和资源共享，提高会计信息化标准体系的综合效益。

（3）建立协同机制。会计信息化标准体系中的各个子系统需要协同工作，共同完成会计工作的各项任务。因此，需要建立有效的协同机制，包括信息共享、业务协作和决策支持等方面，以实现各个子系统之间的协同运作。

（4）确保安全和稳定。会计信息化标准体系涉及大量的敏感数据和重要信息，必须确保系统的安全和稳定。在构建过程中，需要采取相应的安全措施和风险管理措施，保护系统数据的完整性和机密性。

整体性原则是会计信息化标准体系构建中的基本原则之一，在建立会计信息化标准体系时，必须将整体性考虑为重要因素。通过整体性原则的指导，可以确保会计信息化标准体系的完整性和高效性，使其能够更好地适应和支持会计工作的需求。

（三）会计信息化标准体系构建的动态性原则

会计信息化标准体系构建的动态性原则是指在构建和应用会计信息化标准体系的过程中，要不断适应和响应变化，积极推动标准体系的更新和完善，以促进会计工作的发展和稳定。

会计信息化标准体系的构建是一个不断演化的过程，随着社会、经济和技术环境的不断变化，会计工作也面临着新的挑战和需求。因此，会计信息化标准体系不能故步自封，而应具备灵活性和适应性，要不断调整和改进，以适应新的情况和要求。

在实践中，动态性原则要求会计工作人员不仅要按照已有的会计信息化标准体系进行工作，更要时刻保持思维的活跃和开放，不断发现问题、思考问题和解决问题。他们应该积极参与和倡导标准体系的改进，提出新的理念、方法和工具，以推动标准体系的更新和优化。

动态性原则的实施可以通过以下六个方面途径来体现：

（1）持续学习与创新。会计工作人员应积极参与培训和学习，了解最新的会计信息化标准和技术发展，不断更新知识和技能。同时，他们也应该保持创新思维，鼓励提出新的想法和解决方案，推动会计信息化标准体系的不断改进。

（2）及时反馈与修订。会计工作人员在实际应用会计信息化标准体系的过程中，应及时反馈问题和困难，向标准体系的管理者提出建议和改进意见。标准体系的管理者也应积极倾听和接纳反馈，及时修订和完善标准，以提高标准体系的适用性和实用性。

（3）强调灵活性与个性化。会计信息化标准体系应兼顾灵活性和个性化的需求。不同组织和行业在会计工作中可能存在差异和特殊要求，因而标准体系也应提供相应的灵活度，以适应各种情况和需求。

（4）鼓励协作与分享。会计工作人员应鼓励协作和分享经验,通过交流和合作,共同解决问题和改进工作。这有助于形成共识和共同推动标准体系的发展。

（5）密切关注变化与趋势。会计工作人员需要密切关注行业和技术的变化与趋势,及时了解新的要求和挑战。他们应主动研究和应用新的会计信息化技术和工具,以提高会计工作的效率和质量。

（6）强调持续改进与评估。会计信息化标准体系应定期进行评估和审查,发现存在的问题和改进的空间。同时,会计工作人员也应不断反思和改进自己的工作方法和流程,寻找提高的空间,并加以实施。

二、会计信息化标准体系构建策略

（一）明确体系的构建目的

在会计信息化标准体系的构建过程中,明确构建目的是至关重要的。明确构建目的能够为各个子系统的完善提供指导,并促进庞大的会计信息化标准体系的建立。因此,在构建会计信息化标准体系时,相关人员需要明确构建的目标,并进行充分总结。在这一过程中,研究方案的制定是必不可少的。通过对方案的分类总结,可以推动体系的设计。此外,可以通过召开会议的形式,选取适合的方案,并进行深入的讨论,以推进体系的设计进程。同时,根据所设计的方案,相关人员应进一步研究和完善这些方案,以促进方案在实践中的实施。通过实施方案,可以提高工作人员的工作效率,进一步确保会计信息化标准体系的科学性和有效性。

在明确构建目的的过程中,需要考虑以下五个方面:

（1）业务需求。了解和分析会计信息化的业务需求,明确构建目的与业务目标的契合度。只有在深入理解业务需求的基础上,才能制定出符合实际需要的会计信息化标准体系构建目的。

（2）技术发展。考虑当前和未来的技术发展趋势,以确保构建的会计信息化标准体系具备可持续性和适应性。这涉及了解和评估不同技术解决方案的优缺点,选择最适合的技术路径。

（3）组织架构。明确构建目的需要考虑组织内部的各个部门和人员的角色和职责。合理的组织架构可以确保信息流通畅、决策高效,并提供支持和协作的平台。

（4）风险管理。识别和评估会计信息化标准体系构建过程中的风险,并采取相应的风险管理措施。这包括对数据安全、系统可靠性和信息准确性等方面的风险进行评估和控制。

（5）绩效评估。建立有效的绩效评估机制,从而对会计信息化标准体系的构建目的进行监控和评估。通过定期评估,可以及时发现问题并采取纠正措施,确保构建目的的实现效果。

（二）构建会计信息化平台

在会计信息化工作转型过程中,企业财务信息数据逐渐增多,为了进一步保护好这些信息数据,需要构建会计信息化平台,以会计信息化平台为导向,推进会计信息化标准体系的建设,为会计信息化工作模式提供保障。

(1)转变会计思想工作观念,树立信息化工作理念,为会计信息化工作开展提供支撑。

(2)借助大数据技术,构建信息资源库,加强财务信息数据的整合,并且将财务信息数据分批纳入数据平台中,进而有效地运用信息数据。会计信息化平台能够记录财务工作往来信息数据,在数据运用过程中,加强数据信息的分析,为企业发展提供正确化的信息数据。例如,工作人员借助以往的信息数据进行分析,预测企业发展趋势,加强企业经济管理效率,使企业在发展历程中获取更好的经济收益。

(3)建立规范的数据管理和安全机制,确保会计信息化平台的数据安全。包括建立权限管理体系,限制不同人员对数据的访问和操作权限,防止信息泄露和滥用;采取数据备份和恢复措施,确保数据的完整性和可靠性;加强网络安全防护,防范外部攻击和病毒感染。通过科学合理的数据管理和安全机制,有效保护企业财务信息的安全性,确保会计信息化平台的稳定运行。

(4)提升会计人员的信息化素养和技能水平,培养专业的信息化人才队伍。通过加强培训和学习,使会计人员掌握信息化技术的基本知识和操作技能,能够灵活运用会计信息化平台进行数据分析和财务管理工作。此外,还应关注会计人员的信息安全意识,加强对信息安全的培训和教育,提高其对信息安全风险的识别和应对能力。

(5)推动会计信息化与其他业务系统的集成和协同。会计信息化平台应与企业的其他业务系统进行有机连接,实现数据共享和业务流程的协同。例如,与采购系统的集成可以实现采购订单和发票的自动匹配;与销售系统的集成可以实现销售收入和应收账款的自动对账。通过与其他业务系统的集成,可以减少数据重复录入和人工操作,提高工作效率和数据准确性。

(6)持续改进和优化会计信息化平台。随着企业的发展和业务需求的变化,会计信息化平台也需要不断改进和优化。定期进行系统性能评估和用户反馈调查,及时发现和解决问题;关注新技术的发展和应用,适时引入新的技术手段,提升会计信息化平台的功能和效能。

(三)加强法律法规体系构建

基于会计工作的特性,需要加强法律法规体系的构建,促进会计信息化标准体系的构建。当前在信息技术发展的今天,网络犯罪层出不穷,这对会计信息化工作模式形成一定的冲击。为了确保会计信息化工作的有效开展,保障数据的安全性,需要加强会计信息化法律法规体系的构建。从会计信息化标准体系构建来看,法律法规体系的构建是信息数据安全的前提。因此,在会计信息化标准构建中,立足于网络发展趋势,并结合会计信息化特色,在以往法律法规体系基础上,细化相关条款,为工作人员网络化工作模式提供平台与机遇。与此同时,法律法规体系的构建,以政府政策方针为引领,结合我国法律法规体系,推进会计信息化法律法规体系的完善与构建。

综上所述,会计信息化是企业整体管理中的重要一环,在企业整体管理工作中占据重要地位,直接影响到企业未来发展趋势。因此,企业应重视会计信息化标准体系的构建。根据构建原则,其应从明确构建目的、构建会计信息化平台、加强法律法规体系的构建、加强人才的培育四个维度进行,以促进企业全面发展。

思考与练习

1. 会计信息化标准体系如何应对财务法规和政策的变化,以确保企业的合规性?

2. 会计信息化标准体系的推行和实施需要面对哪些挑战?

3. 如何评估和监控会计信息化标准体系的实施效果和成果?

4. 在建立会计信息化标准体系时,如何平衡统一性和灵活性的需求?是否存在一种通用的标准体系,适用于各个行业和企业类型?

第七章

大数据时代下会计工作的发展

大数据时代为会计工作带来了更多的机遇和挑战,会计人员需要适应和掌握大数据分析的技术和方法,以便更好地发挥数据在决策和管理中的作用。本章主要内容包括会计大数据分析与处理技术、大数据嵌入背景下的会计财务分析框架、大数据时代企业财务会计与管理会计的融合发展。

第一节　会计大数据分析与处理技术

一、会计大数据的内涵阐释

技术的快速发展使得信息交换、存储及处理能力大幅提升,人与人、人与物之间的连接愈加紧密,形成了庞大的万物互联生态圈。与此同时,数据产生的速度和规模得到了颠覆性发展,社会步入了"随处可见皆是数据"的数字时代。会计信息的呈现、获取和使用方式也发生着巨大变化,作为企业经营数据的汇聚者,财务将不再仅着眼于会计科目核算维度的"小数据",而是有能力获取贯通企业价值链全过程的广泛数据,汇聚形成会计大数据,转化为企业的大数据中心,在新的时代引领企业新的价值创造。

(一)大数据关键技术体系

大数据,是指不用随机分析法这样的捷径,而采用所有数据的方法。大数据是需要新处理模式才能具有更强的决策力、洞察发现力和流程优化能力来适应海量、高增长率和多样化的信息资产。大数据是一种规模大到在获取、存储、管理、分析方面大大超出了传统数据库软件工具能力范围的数据集合,具有海量的数据规模、快速的数据流转、多样的数据类型和价值密度低四大特征。尽管业界对于大数据的定义不尽相同,但对于大数据的认知基本离不开"5V"特点,即 Volume(容量大)、Variety(种类多)、Velocity(速度快)、Value(价值密度低)和 Veracity(真实性)。

大数据关键技术的体系及释义,具体如下:

（1）大数据存储与计算技术：面向大数据时代数据量大、数据源异构多样、数据时效性高的海量数据的存储与计算技术，包括文件存储、对象存储、图数据库、文档数据库、时序数据库、流量计算、批量计算、图计算、分布式协调系统、集群管理及调度等。

（2）数据治理技术：解决数据溯源难、数据质量低、数据整合不易、标准混乱、数据安全合规等问题的技术，包括元数据管理、主数据管理、数据标准管理、数据质量管理等。

（3）数据采集技术：采集各种类型数据的技术，包括结构化数据采集、非结构化数据采集、离线数据采集、实时数据采集等。

（4）数据清洗技术：过滤或修改不符合要求的数据的技术，包括缺失值清洗、异常值清洗、逻辑错误清洗、冗余数据清洗等。

（5）数据分析技术：通过描述数据特征、构建数据模型、应用数据算法等手段挖掘有效信息的技术，可分为数据探索和数据算法两部分，包括利用统计分析、机器学习、深度学习等分析技术。

（6）数据可视化技术：将数据分析结果进行具象图形展示的技术，包括统计图表、BI报表、数字化大屏等。

（二）会计大数据及其特点

会计大数据，是指财务部门能够利用新一代数字技术，拓展其在经营管理中的作用及职能，为企业带来新的业务洞察，帮助创新商业模式，最终帮助企业实现新的利润及价值创造的过程中所需用到的一切相关数据。

从内涵来看，会计大数据相对于传统会计数据而言，呈现出以下特点：

（1）涵盖范围扩大。过去财务数据更多的是指发票金额、付款明细、科目余额表、财务报表等结果数据，数据种类和规模相对局限。而会计大数据是指与企业经营相关的包含内部和外部、财务和非财务、结构化和非结构化等各类型数据的集合，涉及企业生态的各个方面。

（2）服务目的改变。传统会计数据更多服务于外部报告及披露需要，对于内部管理决策发挥的作用有限。会计大数据在数据深度和广度层面的扩展为财务部门发挥对于企业的价值创造作用提供了更为广阔的空间，能够有效服务于企业的业务创新和决策支持。

（3）技术应用先进。随着数据资源的不断丰富，催生了对更强大的存储和计算能力、更复杂多样的算法模型构建、更实时个性的数据服务等大数据分析与处理技术的需求，会计大数据需要在新一代数字技术的应用基础上才能发挥潜在的巨大价值。

二、会计大数据分析与处理技术的概念与类型

（一）会计大数据分析与处理技术的概念

"大数据时代加速了传统会计的信息化转型，在数据的加持下，企业的经营发展被广

大的信息所包围,会计大数据的应用和发展则在一定程度上规范了巨量数据的处理和应用。"①会计大数据分析与处理技术,在大数据技术架构体系下发展而来,是将会计大数据予以价值化的有效手段。国际数据公司(IDC)对大数据的技术定义是:通过高速捕捉、发现或分析,从大容量数据中获取价值的一种新的技术架构。从大数据的生命周期来看,大数据技术可分为大数据采集、大数据存储与处理、大数据挖掘、大数据可视化、大数据服务、大数据安全与隐私保护等方面的技术。随着数据特征的不断变化以及对数据价值释放诉求的不断增加,大数据技术从围绕海量数据存储、处理计算的基础技术,逐步延伸为同配套数据治理、数据分析应用、数据安全流通等助力数据价值释放的周边技术组合起来形成的整套技术生态。

会计大数据分析与处理技术是大数据技术在财务领域的应用,以实现数据赋能财务的目标推动企业业务和管理发展,以大数据存储和计算基础技术为底层支持,以数据治理、数据采集、数据清洗、数据分析、数据可视化等技术为核心,是帮助企业高效、高质地从会计大数据中挖掘出有效信息和潜藏价值的广泛技术体系。

(二)会计大数据分析与处理技术的类型

会计大数据分析与处理技术是帮助企业实现会计大数据向信息、知识、智慧转变的重要和必要工具。按照从原始数据产生到价值释放的过程中涉及的技术应用,以下将会计大数据分析与处理技术分为大数据存储与计算技术、数据治理技术、数据采集技术、数据清洗技术、数据分析技术和数据可视化技术。

1.大数据存储与计算

大数据存储和计算技术是进行会计大数据分析与处理的基础技术。随着数据的"井喷式"增长,传统的集中式计算架构以及传统关系型数据库单机的存储与计算瓶颈逐渐显现,海量数据的存储、计算需要更专业的技术支持,由此产生了当前主流的分布式架构。分布式架构,简单来说,是一套将多台计算机通过网络连接起来协同工作的技术体系,包括分布式存储、分布式计算等。以分布式存储来说,核心技术原理是将分散的存储资源构建成一个虚拟的大容量存储资源,将分散的多台机器整合为具备大数据存储能力的集群,从而满足实践中对大规模数据存储的需要。分布式计算和分布式存储的技术理念相似,主要是将大规模的数据处理任务分解成若干个小任务进行并行计算,计算完成之后再进行结果的整合。

会计大数据涵盖企业经营的方方面面,底层大数据存储和计算技术的高存储、高算力以及可扩展性,为企业构建会计大数据平台以及满足各业务场景的数据交互计算和复杂算法应用提供了基础。

2.数据治理

数据治理是识别企业的数据资产,建立统一、可执行的数据标准和数据质量体系,保

---

① 李天泽.会计大数据对企业财务绩效的影响性分析[J].商场现代化,2022(8):176.

障数据安全合规,实现数据资源在全企业范围内的共享,促进数据资产持续创造价值的一整套管理体系,包括元数据管理、主数据管理、数据质量管理、数据标准管理等方面。完善的数据治理体系是数据得以发挥价值的重要基础,如果财务不重视或不进行有效的数据治理工作,则在提供数据服务的过程中会出现诸多问题,影响数据使用的效率和效果。比如费用类型、会计科目、银行账户、项目等会计主数据编号和标识不统一,那么在跨部门使用过程中就会出现主数据不规范、口径不一等问题;又比如不对数据质量进行界定和评估,就可能会出现数据准确性不高、时效性低、数据重复等问题。

会计大数据的数据治理从属于企业级的数据治理,通常企业会建立整体层面的数据治理平台,将数据标准、数据架构、数据质量方面的规划和治理成果及数据安全相关政策规定的要求落地。而数据治理平台规划和建设同样需要财务部门的协作,通过规划数据治理平台系统建设,实现业财数据在各系统之间的调用,设置数据校验规则对数据的安全性、及时性、完整性、逻辑性、唯一性等进行校验,将数据问题直接反馈至责任部门,切实实现数据质量的持续提升。

3. 数据采集

没有数据,数据分析就无从谈起。数据采集是指通过不同的技术应用获取来自不同数据源及各种类型的海量数据的过程。常见的数据采集工具有条形码、传感器、射频识别(RFID)、光学字符识别(OCR)、网络爬虫、应用程序接口(API)、数据库、系统日志、埋点等。

针对会计大数据的采集,对于发票、火车票等数据载体上的结果数据,以中兴新云票联系统为例,可通过微信卡包或拍照 OCR 智能识别等方式采集多类票据信息,能够对多张混拍纸质发票进行智能切割、校正去噪,并按照发票类型,提取字符图像的特征进行智能分类,支持对电票、专票、普票、火车票、出租车票等多种票据全票面信息的识别和采集,助力形成发票及员工行程大数据,为企业税务分析及费用分析提供数据基础。对于企业与外部利益相关者进行交易时产生的交易数据,可通过企业业务系统、财务核算系统使用的数据库进行数据采集。对于企业经营过程中产生的行为数据,可通过系统日志、传感器等工具进行采集。对于如宏观环境、物流状态、客商股权架构等外部网络数据,可通过爬虫、API 接口或外部数据库等方式采集。

4. 数据清洗

会计大数据由于其数据源来源广泛,且数据类型和数据结构较为复杂,容易产生数据缺失、数据重复、数据错误等很多"脏"数据,因此在数据采集之后首先需要进行数据清洗来保证数据的准确完整、可靠有效。数据清洗是指按照一定规则对"脏"数据进行处理的过程,即通过去噪、数据过滤、数据聚合、数据修正等方式剔除数据中的噪声和干扰项来提高数据质量。抽取转换装载(extract transform load, ETL)方法是常用于大数据清洗的解决方案,其主要功能是将来自多异构数据源的数据经过抽取、清洗、转换,最后加载至数据仓库或其他目的端的过程。

财务部门在出具各种分析报表时(比如统计分析某一区域各月度,以及各产品的销售和竞争对手销售情况),从内部各系统或外部网络渠道采集的数据可能存在数据更新不及时,系统运行异常等问题导致销售量与金额不匹配等逻辑错误,某月份竞争对手销售量等数据由于难以获取而出现数据缺失,某产品销售额及销售量数据值异常、与常识不符等问题,这种情况需借助合适的数据清洗工具通过设置相应的清洗规则来保证数据的可用性。

5.数据分析

数据分析可分为数据探索和数据算法两部分。

数据探索,是介于数据清洗和数据算法之间的重要环节,是通过作图制表、计算统计量等方法来探索数据内在结构和规律,了解数据集自身特点以及数据间的相互关系的一种开放性分析方法,可帮助了解数据的整体情况,对数据的主要特征、规律进行概括,为后续数据算法模型的构建和选择提供基础。

数据算法,是一系列有助于解决问题和实现目标的规则,通过对一定规范的输入,按照明确、有限、可行的操作步骤,实现期望结果的输出,是企业得以在海量数据中深入探索数据规律和发掘有效信息的关键。算法是为了解决问题而存在,正是因为企业经营过程中存在各种各样的决策问题项,所以算法也是多样化的。近年来随着机器学习、深度学习、自然语言处理等人工智能技术的发展,数据算法也在不断迭代和优化。按照不同的业务需求,常见数据算法可分为五类:分类算法(逻辑回归、线性判别分析、决策树、朴素贝叶斯、支持向量机等)、聚类算法(K-means 聚类、K 均值聚类等)、回归算法(线性回归、多项式回归、逐步回归等)、关联规则算法(Apriori、FP-Growth 等)及时间序列算法(平滑模型、ARIMA 等)。在财务工作过程中,需要根据不同的决策场景选择合适的算法模型,比如当通过历年销售收入数据预测下一月度及季度的销售收入时,可以利用在时间序列模型中输入影响收入的相关变量及参数,得出相应的预测数据值,管理层可根据计算出的预测值与目标值的差额及时调整营销策略。

6.数据可视化

数据可视化是指利用计算机图形学和图像处理技术,将数据及分析结果转换成图形或图像在屏幕上显示出来,再进行交互处理的理论、方法和技术。可视化能够让复杂的信息愈加简洁和易于理解,且能够提供全貌数据和实时信息。

数据可视化可以仪表盘、BI 报表、数字化大屏、经营看板等形式进行展现,比如中兴新云财经云图可按照业务场景输出费用分析、采购供应商分析、资金运营分析等多类型可视化报表。

三、会计大数据分析与处理技术的应用场景

当下,面向日益复杂的外部环境变化和企业转型升级的内生发展需求,数据作为与土地、资本、技术、劳动力并列的第五大生产要素,在企业生产经营过程中发挥着越来越

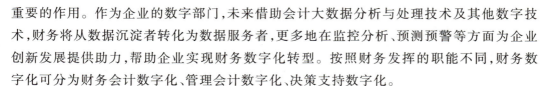

重要的作用。作为企业的数字部门,未来借助会计大数据分析与处理技术及其他数字技术,财务将从数据沉淀者转化为数据服务者,更多地在监控分析、预测预警等方面为企业创新发展提供助力,帮助企业实现财务数字化转型。按照财务发挥的职能不同,财务数字化可分为财务会计数字化、管理会计数字化、决策支持数字化。

财务会计数字化是财务会计职能和业务流程的数字化,核算、资金、税务等财务基础工作的处理将会更加自动化、智能化,主要体现在智能填单、智能审核等应用场景当中;管理会计数字化是预算管理、绩效管理、成本管理、风险管理等管理会计工作场景的数字化;决策支持数字化是财务切入到企业业务循环和管理循环,对于业务以及管理决策支持的数字化,比如对于研发到产品、采购到生产、市场到销售等经营场景的决策支撑。

数字化转型的核心是数据驱动,财务数字化不同发展阶段中各业务场景的实现都离不开对数据的充分应用。会计大数据分析和处理技术通过对会计大数据进行采集、清洗加工、分析和可视化展现,为财务数字化决策场景的实现提供重要支撑。以下对会计大数据分析与处理技术在资金管理、预算管理、管理报表自动化出具、客户信用管理的典型财务数字化应用场景予以介绍。

(一)大数据资金管理

资金是企业的生命线,对企业经营的重要性不言而喻,资金安全、可视、可控一直是企业资金管理所追求的目标。会计大数据分析与处理技术可帮助企业实现资金流的实时预测及支付欺诈管控。

(1)资金流实时预测。通过对企业涉及资金收支的业务进行分析,比如销售收入、采购付款、日常费用支出等,并根据各影响因素明确数据来源及采集方式,构建现金流预测模型,通过算法计算预测结果,并进行可视化实时展示。

(2)支付欺诈管控。集团公司往往下属公司较多,资金交易频率高、金额大、风险高,然而财务监管手段有限,管控力度弱。前端业务的复杂性造成后台财务人员进行资金支付时校验困难,事前较难发现风险,主要依靠事后审计。借助会计大数据分析与处理技术,综合使用文件导入、数据库链接、API接口等采集方式,实现支付指令数据、机构基础数据、客商黑名单或白名单等数据的采集,通过对企业内外部数据的有效整合以及配置算法模型和数据规则,实现对交易频率异常、交易金额异常、重复支付等异常支付行为的智能识别,完成企业支付欺诈及支付风险的事前防范和事后审查,保障企业资金安全。

(二)大数据预算管理

预算管理是管理会计的重要职能之一,一般包括确定预算目标、预算编制、预算控制、预算分析、预算调整、预算考核等环节。然而,预算管理在企业中实际执行效果却不尽如人意,究其原因:一方面,预算编制主观判断较多,预算数据准确性不高;另一方面,由于业务侧经常发生变化,预算执行过程中难以进行及时、有效的监控和分析。

随着财务获得的数据愈加广泛,以及借助会计大数据分析与处理技术,企业预算管理过程将更加有效,主要体现在以下三个方面:

（1）预算编制精准化。综合利用多种数据采集技术获取与企业经营相关的内外部数据，通过模型构建及算法应用实现更为精准的收入、费用、资金等预测，提高预算编制的科学性与准确性。

（2）预算管控自动化。通过自动从业务系统抓取业务部门实际预算执行数据，按日跟踪全口径预算执行情况，当实际值偏离预算值差异过大时可进行预警提示，使得预算过程管控更加高效。

（3）预算分析可视化。通过对预算数据和实际执行数据的自动抓取、数据计算逻辑设置以及数据指标体系构建，自动出具预算分析报表，并通过数据可视化技术的应用，将预算分析结果进行图形化展示和趋势分析，为绩效考核提供可靠依据。

（三）管理报表自动化

为满足内外部信息使用者需要，除依据企业会计准则出具的标准财务报表之外，财务部门还需向相关主管部门报送报表，以及为满足企业内部管理需要出具内部报表。大型企业的各类型管理报表可能会有几十甚至上百张，财务人员经常需要从多个系统进行取数，然后以线下 Excel 的形式耗费大量时间重新进行数据计算和加工，数据准确性难以保证，且没有精力对数据背后的原因做进一步的深层分析。

会计大数据分析与处理技术使得自助式报表服务成为可能，例如中兴新云财经云图框架能为企业实现全方位、多角度管理报表的自动化出具提供有效方法，财经云图以解读企业价值创造过程为起点，结合企业战略规划和管理层需求，通过价值（Value）、业务（Business）、数据（Data）、技术（Technology）的四维模型（VBDT）梳理企业核心价值体系，识别关键动因业务模型以及关键控制点，建立企业全方位的管理会计指标体系和管理会计标准报告体系，结合数据治理、数据采集、数据清洗、数据分析、数据可视化技术应用，按照数据准备、确定接口标准、数据清洗加工、明确数据指标、报表配置的五步实施路径，可灵活输出、多层钻取预算、成本、绩效、销售、薪酬等多维分析报表，大大减轻了管理报表编制和分析的手工操作量，使得财务人员能够更多聚焦于数据呈现结果所隐含的问题，辅助经营管理决策。

（四）大数据信用管理

对大中型企业而言，由于子公司众多且业态复杂，客户数量众多，如果管理不善，很可能出现大额坏账，影响企业的现金流和正常的生产经营，特别是如果在对某一客户有重大依赖的情况下，一旦发生风险事件，很可能导致公司破产。传统的客户信用风险管控主要依靠线下手工搜集风险信息及主观判断，缺乏自动化、智能化手段，工作效率低下，且很难持续地对信用风险进行监控，导致事前管控不到位、事中管控不及时。

在会计大数据分析与处理技术的支撑下，企业可以创建全生命周期、全流程、更加具有预见性的智能风险管控体系，可从不同的数据源中进行成百上千个数据项的自动采集，比如所属行业信息、客户股权变动信息、客户财务信息、历史贷款还款信息、历史金融交易信息、历史征信信息、纳税信息等，在获取大量数据的基础上建立并持续优化风险评

价模型及算法应用,形成企业风险画像,对企业违约概率进行预测,由预测结果指导企业的经营决策。具体可体现为以下场景:

(1)客户信用评价。结合搭建的信用风险评价模型,多渠道获取客户在还款意愿、还款能力、经营环境等各个维度的数据并通过算法应用计算出客户信用风险等级,根据量化评价结果决定是否能够合作以及能够给予的授信期限和额度。

(2)应收账款管理。通过采集内外部和客户回款风险相关的数据并结合风险模型计算分析,对客户信用风险及时预警,以及通过对合同约定回款(包括金额、时间等)与实际回款差异的实时监控分析,及时采取相关措施以提高企业应收账款回收率,降低坏账风险。

第二节　大数据嵌入背景下的会计财务分析框架

一、大数据嵌入背景下会计财务的研究依据

大数据是对信息内涵及知识结构进行延伸拓展的信息资源,但它更是一种基于海量数据分析产生的数据价值挖掘思维。基于此,以下从大数据发展对信息供给变革的实践出发,立足于把握和提供符合大数据时代背景的公司会计财务行为的分析框架:给定公司初始信息环境,大数据发展如何通过改变信息供给而作用于信息需求方的契约安排及公司估值,并通过信息供求双方之间信息交换与相互学习而加强资本市场与实体经济的联动性;进一步地,大数据又如何通过改善政府与市场对宏微观信息的互联互通、互学互鉴,实现资源配置中的互补优化,推动经济增长。依托于信息经济学及委托代理的理论内核,以传统会计财务学文献打底,融入大数据发展对信息环境的创新元素,旨在发展与构建大数据在宏微观层面进行价值挖掘与价值创造的理论逻辑,为大数据环境下的会计财务研究提供可借鉴的分析框架和思考方向,同时对传统会计信息理论进行完善与拓展。

(一)研究背景

大数据发展产生的最直接变化是可利用信息供给的增加。公司作为最主要的信息供给方,大数据发展改变的是其所披露信息的数量、类型及传播方式。具体而言,公司在微博、股吧等披露平台上具有更大自主权,既能对盈余公告等已披露信息进行再次披露传播,也能对公司获奖、研发创新、销售合同等未披露信息进行动态实时披露。而且,公司可将信息快速准确地推送给投资者,降低其信息获取成本。投资者也是重要的信息供给方,从信息接收方到供给方的身份转变是大数据发展对投资者在资本市场中角色定位的重大变革。投资者公开发表对公司信息披露、产品服务、战略定位等意见可以被其他投资者知悉并通过回应、点赞、转发等方式进行交流和传播,这为挖掘、创建和交换投资

者产生的信息提供了可能。因此,大数据发展对信息供给的改变既体现在信息本身,也体现在信息供给主体。基于此,从这两类最主要的信息供给方切入并围绕信息披露动机、信息特征及传播方式等维度对信息披露呈现出的新行为、新特征进行系统的考察分析,为大数据如何作用于信息环境的内在逻辑提供分析基础。

从信息的商品属性来讲,增加的信息供给是否有价值最终取决于其对信息使用者效用水平的影响,而这实际上又是信息发挥契约功能和估值功能的结果。毫无疑问,公司和投资者同时也是资本市场中最重要的信息需求方。对公司而言,使用信息主要在于提升契约设计科学性及契约执行效率,利用信息的契约功能缓解道德风险。在股东、债权人、管理层、员工等不同生产要素方建立的契约关系中,由于采用历史成本原则及受管理层动机干扰等因素,会计信息所发挥的契约功能相对有限。那么,随大数据发展而增加的信息供给,能对契约中的会计数字信息进行相互认证进而剥离出反映管理层努力、公司偿债能力等真实信息,也能对原有信息从不同维度进行补充,兼顾公司长短期目标,更好地反映经营状况。对投资者而言,使用信息主要用于对公司进行准确估值进而配置资金,借助信息的估值功能来缓解逆向选择。但目前基于净资产和会计盈余的估值模型并没有考虑其他价值相关信息,加之会计盈余无法充分反映研发创新及人力资本中的隐性增长期权等,模型解释力受到一定限制。那么,信息供给增加及信息技术发展有助于识别并提取其他价值相关信息,进而拓展与完善估值模型,提升信息对投资者的估值效用。当然,甄别与提取有用信息、化解与应对低质量甚至谣传信息也是信息使用者面临的挑战。

更为重要的是,在将投资者从被动的信息接收方发展为主动的信息供给方时,大数据发展也打开了公司与投资者之间信息交换与相互学习的通道。首先,公司学习投资者的动力在于决策制定不仅需要公司基本面信息,还需要宏观经济状况、竞争环境、客户供应商等其他外部信息,而基于分散及数量众多的投资者观点形成的公众意见可能彰显"群体智慧",补充管理层的信息集。而且,相比股价是众多价值相关信息的综合反映,大数据发展使得公司有机会从投资者方面捕获具体类型的价值相关信息。因此,结合投资者特征来分析投资者产生的信息如何影响公司的信息环境管理及财务决策制定,是从投资者视角理解大数据发展影响公司学习效应的重要探索。其次,投资者积极获取信息的动力在于了解公司经营、评估公司价值。使用会计信息评估公司价值的重要逻辑在于会计信息能够指引创造价值的投资活动。但不可忽视的是,这种指引能力会受竞争对手、供应商、客户等利益相关方的影响,同时也依赖于其他相关契约安排来缓解管理层动机及融资约束等,识别与应对这些情况就需要投资者获取公司之外的信息。大数据发展影响投资者学习效应的机理在于:通过帮助投资者低成本地获取利益相关方的信息来识别管理层动机,并借助大数据赋予投资者的治理力量来约束管理层自利行为,进而对公司内在价值做出合理评估。

立足于市场层面,信息活动发生于市场主体之间、贯穿于市场运行之中,大数据发展打开的是公司与投资者之间信息交换与相互学习的通道。放眼整个经济体,市场是组织经济活动的基础力量,政府是调控经济运行的帮扶之手,大数据促进的是市场与政府之间的宏微观信息连通。基于此,进一步将研究框架从市场内部拓展至市场与政府,解析大数据环境下政府与市场如何通过相互学习实现资源配置中的互补优化。

政府在获取与处理投资总量、信贷总量等宏观信息时更具优势,但市场在感知企业存货周转、销售变化等微观信息时则更加敏感;宏微观信息的互联互通有助于市场和政府优势互补,是相互学习的基础。大数据发展有助于宏观信息更好地进入市场,提升市场的学习效率。这是因为在大数据环境下:作为信息发布方,政府通过新平台发布传递宏观信息、政府政策能降低微观主体的信息获取成本,扩大信息辐射的公众范围;作为信息解读方,宏观分析师等信息中介能将其所挖掘的信息及预测通过微博、公司股吧、微信公众号等带入市场层面,提升信息传递效率;作为信息执行方,公司提供的实时动态披露有助于竞争对手或潜在竞争对手及时了解行业状况及未来前景,结合先行公司在实体经营中的决策调整以及政府信息或政策进行动态解读,优化资源配置,降低潮涌风险。另外,政府学习市场实际上是以微观信息的宏观估值功能为基础来实现宏观契约功能的过程。具体而言,加总微观会计盈余能够有效预测未来 GDP 增长率等;进一步地,这些预测的宏观数据又是政府制定相关经济政策的重要参考。宏观估值功能得以发挥的重要基础是基于权责发生制核算的会计盈余本身包含了管理层对未来风险、收益等的私有判断。那么,大数据环境下信息供给的增多及信息技术的发展,有助于政府部门从中提取更多经营信息、捕获收益与风险特征,通过提升信息的宏观估值功能,更好地作用于宏观调控政策的制定。

(二)理论基础

1.信息经济学相关理论

在固定约束条件下求解实现特定经济目标的资源优化问题是主流经济学的经典研究范式,其中信息因素以完全信息的假定来呈现。但事实上交易各方既无法掌握有关经济环境状态的全部信息,也无法确保与交易方之间拥有同等的信息含量。基于此,信息经济学打破完全信息假定,引入不完全信息,将信息本身内化为经济学分析的一个重要变量。因此,从根本上来讲,信息经济学就是阐述信息活动本身及其如何影响不完全信息情形下有关交易关系的基本理论。无可置否,大数据发展增多了可挖掘利用的信息数量和信息类型,而其实质影响在于通过拓展交易各方所掌握的信息集,并借助信息的相互认证与补充而对交易方信息状态的改变。从这个意义来讲,以不完全信息为基本假定的信息经济学为分析大数据环境下的信息活动和经济行为提供了理论基础。

信息经济学从经济学视角阐释信息及信息活动,也从信息科学视角解读经济和经济行为。最开始信息被视为一种经济商品,其价值以降低经济活动不确定性的形式加以体现,其成本产生于信息搜寻与信息处理的过程之中。减少不确定性的目的是建立能适用未来变化的决策模型及具体决策中所需要的各种经济关系,这种经济关系的质量进而直接影响以货币价值为表现形式的决策水平质量。从这个意义来讲,信息产生实际上是对信息成本与收益权衡之后的结果。大数据发展有助于提升信息在缓解不确定性方面所蕴含的经济价值,这是因为更大的信息供给能增加有关未来状态的相关信息;而且,交易方对信息的实时动态披露缩短了当前信息与未来决策之间的距离。与此同时,随着大数据环境下股吧、微博等开放式披露平台的出现,信息搜寻处理成本随之降低。因此,可获得信息量的增加是大数据影响信息环境的重要表现。

信息在交易方之间分布不均衡也会导致市场运行无效率,这时有成本的经济行为开始被用于表达、传递与阐释信息内涵,以缓解信息不对称。结合信息主体的经济动机与信息状态,信息不对称情形下的交易一方如何通过执行经济行为用于信号发送或信息甄别以缩小事前隐藏知识的信息不对称,改善市场运行效率,奠定了非对称信息市场分析的理论基础。例如,信号理论表明面对劳动力市场的激烈竞争,劳动者获取大学学位的行为是传递自身能力的强信号,结合雇佣者对信号的准确识别与解读,交易方之间的信息不对称得以降低。在这一过程中,经济行为本身的显示度加之所蕴含的经济价值在自愿传递信息的同时也为信息质量提供了保障。

大数据发展对交易方之间信息不对称性的影响在于:大数据环境为交易方自愿传递信号提供更多可用的信息平台,而且这些信号的显示度随大数据发展更可能被关注及识别,以实现缓解信息不对称的目的。不可否认,这些信号可能并不直接依托于交易方的真实经济行为甚至可能是具有误导性的谣传信息,但强制性信息披露、信息中介等为甄别与提取有用信息提供了可能。因此,交易方之间信息不对称性的变化是大数据影响信息环境的另一重要表现。

2. 委托代理相关理论

现代企业所有权和控制权的分离形成了最初的委托代理关系,但从更广意义来讲只要一方利益依赖于另一方行动时,委托代理关系就已建立。在信息对称的情形下,委托人可以完全观测代理人行为,而以此设定的代理人奖惩方案既能克服利益双方的目标偏离,也能免除代理人对外部风险的承担,最终达到帕累托最优努力水平和最优风险分担。此时,委托代理关系只是组织形态的一种变化,其经济效益自发产生于知识的专业化过程中。但非对称信息的存在,委托人并不能完全观测到代理人行为,相反只能根据由代理人行动和其他外生因素共同决定的可观测后果来设置奖惩,这时,委托代理关系的经济效益取决于对代理人利益目标的协同及风险规避的补偿,而这其实又依赖于有效的契约安排。从这个意义来讲,委托代理理论研究的是非对称信息情形下契约安排的最优化问题。

如果其他指标与进入契约的变量(如业绩)不相关,那么业绩是一个充分统计量,这些不提供新信息的指标进入契约没有价值;但如果其他指标与业绩相关,那么业绩不是一个充分统计量,这些提供新信息的指标具有进入契约的价值。因此,就优化契约而言,重要的不是观察变量本身的价值,而是其包含的有关代理人行为的信息量,这为委托代理关系中的监督问题及使用相对业绩评价提供了最初的理论支持。

事实上,委托代理理论对委托人和代理人的定义更为宽泛,拥有私有信息的交易方为代理人,不拥有私有信息的交易方为委托人。因此,任何一种涉及不对称信息的交易,如股东与债权人之间的债务契约、管理层与员工之间的工资契约等,都构成委托代理关系。而且,委托代理模型也不只包括隐藏行动的道德风险,还包括隐藏信息的逆向选择。可以发现,公司与不同生产要素方所建立的契约关系其实都可以在委托－代理理论框架中展开分析。

大数据发展使得可供挖掘利用的信息数量和信息类型显著增加,这一方面可以提取不同维度的新信息,进而根据"充足统计量结果"原则对契约中有关代理人行为的信息进行补充;另一方面也可以通过信息之间的相互认证来缓解代理人动机、提高进入契约安排的信息质量。而且,大数据发展降低了投资者信息获取与沟通成本,使投资者有机会参与公司治理、推动治理创新,为契约执行与监督提供保障。因此,委托代理理论为考察大数据发展通过影响公司信息环境,进而优化契约安排、缓解代理冲突提供了较为成熟完整的理论分析框架。

(三)相关研究

信息不对称是制约公司资源配置效率的重要因素。因此,公司有动机通过信息披露降低信息不对称,实现资金与价值创造机会的优化配置、促进资源与管理人才的有效结合。强制性披露与自愿性披露代表了公司提供信息的两种不同方式。其中,强制性披露是监管机构以提升整体社会福利为出发点而对公司信息披露所提出的基本要求,在一定程度上外生于公司自身的利益目标,但也会损害管理层的披露灵活性。相反,自愿性披露是公司在强制性披露之外所进行的信息披露,是对强制性披露的有益补充。由于受规章制度或信息发布成本的限制,传统披露方式(定期或临时公告、管理层预测、电话会议等)下的自愿性信息披露只能在指定平台披露,其信息发布时间间隔较长、时效性较差、投资者承担的信息搜集处理成本也相对较高。这些都会限制投资者可获得的信息量,使其难以及时了解公司经营状况、准确评估公司价值。

大数据发展能显著增加信息需求方可获得的信息量。这是因为:①微博、微信、股吧(国外常用的信息披露平台如 Twitter、Facebook、Seeking Alpha)等为公司自愿性信息披露提供了新平台,公司对信息披露具有更大的自主权,从而能弥补传统披露方式的不足。公司通过这些平台可以实时披露有关公司获奖、研发创新、销售合同等信息,并且这些信息大多是并未在正式公告中披露过的信息。②公司可以利用推送技术将信息发送给投资者,降低信息搜集处理成本,而这反过来也能增加投资者所能掌握的信息集。更为重要的是,投资者也成为重要的信息供给方,他们在披露平台上发表的对公司信息披露、产品服务、战略定位等的意见也能被其他投资者知悉并通过回应、点赞、转发等方式进行交流和传播。③心理学、语言文字学及信息技术创新的发展运用,让获取公司生产经营活动更为细致的粒度数据、挖掘利用公司正式公告或其他披露中的文本、图像、音频等信息成为可能,这也有助于对原有信息集提供不同维度的补充。

探讨信息量增加如何影响信息环境时,信息供给方的内在动机是逻辑分析的起点。按照资本市场交易动机假说,信息披露旨在缓解信息不对称、进行信号传递。较高的信息搜寻处理成本会阻碍披露行为对信息不对称的缓解作用,这使得公司有动机通过微博、股吧、投资者互动平台等对已披露信息再次进行转发或结合其对信息进行解读的图片、音频、视频等一并转发来引起投资者关注,降低投资者的信息搜寻处理成本,从而缓解信息不对称。因此,那些信息环境较差、投资者可见度较低的公司进行信息披露的动机更强。此外,新平台上信息披露内容及披露时点的灵活性也有利于公司进行信号传递。通过实时披露有关获奖、研发创新、销售合同、政治关系等信息也有助于增强投资者对公司未来发展前景的利好预期。

但值得注意的是,公司(管理层)也可能会基于自利动机而对信息披露进行操控。例如,当投资者不能辨别公司不披露信息是出于隐藏坏消息还是由于专有成本时,公司因此会依据盈余消息的好坏来决定是否进行自愿性披露及解读业绩信息。当公司具有权益再融资、股票并购需求时更可能出具乐观性的管理层预测,在管理层进行期权授予、股票回购前,则会频繁地发布坏消息,操控性地压低股价。因此,基于操控性披露的观点,公司通过新平台披露的信息反而会干扰投资者对真实信息的关注,相关研究也在一定程度上为此提供了支持证据。另外,大数据发展也会诱发大量低质量信息甚至具有欺诈性的信息。从这个意义来讲,大数据发展对信息数量和信息类型的增加如何影响公司信息环境实际上取决于信息的可信度,可靠的信息有助于降低信息不对称,但有偏差的、低质量的信息也会恶化信息环境,误导投资者。

对信息使用者来讲,如何从海量数据中甄别与提取高质量有用信息是其所面临的重大挑战。理论研究指出,当自愿性披露信息的质量不能被直接验证时,强制性披露信息则能对其进行间接认证。用于契约制定的可验证信息赋予了契约方对这类信息质量做出反应的工具,从而也能在一定程度上激励公司为不可验证信息的质量提供保证。这主要是因为可验证信息能否实现与不可验证信息能否实现具有一定的相关性。公司进行自愿性披露的决策与强制性披露质量显著正相关。此外,审计师、分析师、媒体等信息中介均有助于为自愿披露的信息质量提供认证,这也使大数据环境下的信息质量能在一定程度上得以保障。

目前为止,大数据发展在财务会计领域的相关研究主要关注的是资本市场层面。其中,一类文献重在分析公司如何利用新的披露平台与投资者沟通交流,影响资本市场反应。例如,公司使用 Twitter 向投资者发送有关新闻报道或其他披露的链接可以降低股票的买卖价差、提高股票流动性;公司通过参与较多的社交媒体活动能够显著提升投资者对盈余反应的程度。另一类文献则主要分析信息技术创新如何通过挖掘利用新信息进而预测股票市场走势,考察社交媒体、算法交易、卫星图像等不同技术创新对大数据发展的影响。值得一提的是,近期研究也开始关注对公司实体经营层面的经济后果,社交媒体中披露信息对预期公司未来销售业绩及盈利能力都具有增量价值。

然而,除去在经济后果方面的分析,现有文献对信息披露方的内在动机与基本面特征、信息内容与类型以及信息甄别与认证机制等基础问题反而没有进行充分的前期探索,也未对引发经济后果的中间机制及作用渠道进行深入挖掘。

基于此,以下在以大数据发展情境下信息环境所具有的新行为与新特征为逻辑分析起点,围绕信息的契约功能和估值功能并结合资本市场的治理与反馈机制来考察对公司实体决策行为的影响。这有助于剖析大数据与潜在经济后果之间可能的中间渠道,建立从数据思维到创造价值的发展机理,从而为大数据环境下传统会计财务研究面临的机遇与未来方向提供一个逻辑完整的分析框架。

二、大数据背景下供需双方之间的学习效应

大数据发展将投资者从信息需求方转变为信息供给方的同时,也打开了公司与投资者之间交换信息与相互学习的通道。

(一)公司向投资者学习

无可置否,公司决策制定以公司基本面信息为基础,但同时也需要考虑宏观经济状况、竞争环境、供应商等外部信息。为克服自身信息的不完全性,管理层有动机积极学习股价中包含的未知信息,进而优化决策制定。例如,公司管理层会依据并购公告的市场反应而调整其并购决策。但公司通过股价向投资者学习时面临的局限在于:股价综合反映了众多不同维度的、具有价值相关性的信息(如影响并购业绩的宏观经济状况、目标方发展前景、协同效益等),管理层难以从中分离出具体信息。相反,大数据下的信息披露能帮助公司从投资者方面捕获具体类型的价值相关信息,并为公司行为决策提供针对性的指导和改善。

投资者在股吧、微博等平台中可以发表对公司披露、产品、未来前景、战略定位及行业发展、宏观经济形势等不同方面的意见,这些意见又可以被其他投资者知悉并通过回应、点赞、转发等方式进行交流和传播。而且,投资者形成的公众意见可以聚合为具有价值相关性的"群体智慧"。因此,利用投资者产生的信息,识别价值相关的信息类型进而考察公司如何在财务决策及信息披露方式中吸取和利用投资者信息是从投资者视角考察公司学习效应的前提。不可忽视的是,公司从投资者处获取信息的过程中也面临辨别信息真伪的挑战,但投资者特征(如专业技能、社交关系强度、过去传递信息的价值含量)、信息特征(如点赞、转发、回应的数量)及信息中介(分析师、评级机构)等为认证自愿披露信息的质量提供了线索。

此外,行业专家建议与投资者产生信息在财务决策中是替代还是互补,如果信息不一致,公司倾向于"专家意见"还是"群体智慧"。这些问题是从公司学习视角理解大数据环境影响公司行为决策的重要探索。

(二)投资者向公司学习

会计估值理论利用可观测的会计数字来估计公司价值,改善了估值的理论和实践运用,但不足之处在于这些会计数字相关性背后所代表的经济内涵及作用机理并不清楚。基于此,引入实物期权思想,通过阐述会计信息对投资决策的指引作用(资本逐利的经济规律),可以论证基于会计信息进行估值的理论基础。实物期权估值模型允许投资决策作为一个内生变量,当公司经营较好时,管理层会追加投资,执行增长期权;当公司经营

较差时,管理层会削减投资,执行清算期权;公司价值等于其持续经营状态下的价值加上增长期权和清算期权的价值。

除去信息本身,会计信息指引投资的能力也依赖于管理层创造价值的内在动机以及增加投资所需的资金支持等,而这些元素背后所反映的实质上是制定与执行一系列有效契约(如管理层契约、债务契约等)的结果。从这个意义来讲,实物期权估值模型借助会计信息对投资的指引作用不仅连通了信息契约功能和估值功能,还将契约功能拓展到保障信息指引投资的其他相关契约安排之中。该模型通过结合契约与估值功能打开了信息资本市场效应与实体经济效应的纵向联动,但却未考虑公司在实体经营中与其他方之间的横向利益联动。具体而言,在该估值模型中,投资者将公司视为经济体中的独立个体,只基于公司自身信息对投资决策的指引作用来评估公司内在价值。但事实上,竞争对手、供应商－客户等利益相关方的会计信息也会影响公司投资活动。

在大数据环境下,股吧、微博等开放式披露平台所提供的经营业绩、研发创新、战略定位等信息在帮助投资者获取公司自身信息的同时,也使投资者能低成本地了解、捕获客户－供应商及公司竞争对手等利益相关方的信息。例如,专有资产投资较多的公司往往与其关键的客户－供应商形成了较强的利益联动关系,如果利益相关方未来发展前景悲观,也将直接影响公司的经营业绩及内在价值。从这个角度来讲,充分挖掘价值创造链上利益相关方的价值相关信息进而将其融合到公司估值模型有助于投资者合理估值。

此外,投资者获取的竞争对手公司相关经营活动、管理层行为等信息能提供参照作用,帮助投资者识别投资活动背后的管理层动机,并借助信息披露平台对时空距离压缩而赋予投资者的治理力量来约束管理层(大股东)的自利行为,最终影响公司内在价值。因此,在实物期权估值框架下,考察投资者通过学习价值创造链上利益相关方信息对公司投资及其他相关契约安排的影响,对完善和发展大数据环境下的估值理论并解析其内在作用机理具有重要价值。

三、大数据背景下政府与市场之间的学习效应

引导要素流动、优化资源配置,都依赖于信息的指引作用。立足于市场层面,信息活动发生于市场主体之间、贯穿于市场运行之中,大数据打开的是微观企业与投资者之间信息交换与相互学习的通道。放眼于整个经济体,市场是组织经济活动的基础力量,政府是调控经济运行的帮扶之手。从这个角度上讲,大数据不仅改善了投资者与公司之间的信息关系,也有助于改善市场与政府之间信息连通与相互学习的效率,实现市场与政府在资源配置中的互补优化。

市场和政府获取与处理信息时具有各自的比较优势,相比市场,政府获取与处理整个经济体的投资、信贷总量、国内外贸易往来等宏观信息时具有优势;相比政府,市场在感知企业盈余能力、存货周转、销售变化等微观信息时则更具优势。因此,宏微观信息的互联互通能使市场和政府有效利用各自的比较优势,是相互学习的基础。但这种学习效应内生于国家治理,因为良好的国家治理有助于抑制政府不当干预对市场效率的损害,

同时也能保证用于决策制定的宏微观信息的质量。

（一）市场向政府学习

作为资源配置的两种方式,政府与市场之间的关系是影响中国经济发展的重要制度因素。其中,政府于市场的意义不只是纠正市场失灵,还在于追求全局和长远利益目标中政府本身的动态变迁和主动改革的内涵,以实现资源配置动态的更优均衡、经济更好更快发展。相比市场,政府的信息优势体现为:借助公共性和强制性特征来低成本地获取与处理宏观总量信息(如整个经济体的投资、信贷、劳动力、自然资源、国内外市场的贸易往来等总量信息),更好地识别出经济体的要素禀赋结构并据此对产业结构及相关基础设施和制度安排进行前瞻性的调整(如产业政策、供给侧结构性改革等)。对市场中的微观企业来讲,及时了解、准确解读政府政策有助于更好地评估所处行业当前状况与未来发展前景,进而调整战略布局、优化资源配置。事实上,市场向政府学习发生于整个过程:政府调控政策发布传播→宏观形势与经济政策解读分析→政策的执行落地。

大数据发展有助于提升市场向政府的学习效率,具体表现为:

（1）大数据发展为政府及时发布传递宏观信息、政府政策等提供了新平台,能降低微观主体的信息获取成本,能扩大信息辐射的公众范围。例如,各政府部门在政务微博中使用文本、图片(如漫画)、音频(如动画、情景剧)等不同形式来发布与解读信息,能吸引公众关注、加强信息理解。进一步地,公司对宏观信息更好地了解与解读有助于指导其动态调整资源配置决策,投资者对宏观形势及政府政策的了解有助于其更好地评估公司价值,借助退出威胁来促使公司向政府学习,进而改善财务决策质量、提升公司价值。

（2）宏观分析师等信息中介在理解宏观统计指标、处理信息、建立分析框架等方面的专业技能使其在解读宏观信息、预测经济形势等方面更具优势。在大数据环境下,分析师提供的信息解读及经济预测不仅可以通过分析师报告传递到市场,也能通过公司股吧、微博等平台直接进入市场,增强公司及投资者本身对宏观信息的了解并据此调整行为决策。

（3）公司在股吧、微博等平台对经营活动、研发创新、战略定位等信息的实时动态披露能帮助竞争对手或潜在竞争对手更好地了解行业状况及未来前景,结合先行公司在实体经营中的决策调整以及政府信息或政策进行动态解读,进而优化资源配置,降低潮涌风险。可以发现,区别于传统的信息披露和传播方式,"市场向政府学习"在大数据环境下具有新问题、新特征和新行为。大数据环境下的政府信息披露传播方式、信息中介等如何作用于宏观信息或调控政策对资本市场及公司实体经营决策等,对这些问题的考察有助于丰富和补充宏观政策影响微观企业资源配置决策的作用机制的研究。

（二）政府向市场学习

运行良好的市场机制能形成有效的价格信号,引导公司按照要素禀赋结构所决定的比较优势进行资源配置;同时也能提供高质量微观信息,那么在质量得到保证的情形下,加总微观信息对政府制定前瞻性的高质量政策具有参考价值。从这个意义来讲,政府也可以向市场学习,并且这种学习效应诠释了政府与市场在资源配置中共生的内在逻辑与经济意义。

追求更好的经济发展是政府向市场学习的原动力,而该过程实际体现的是信息在宏观层面的估值功能和契约功能。具体而言,微观信息的宏观估值功能是指加总微观会计盈余对未来 GDP 增长的预测作用,宏观契约功能是指加总微观会计信息在政府部门制定宏观调控政策时所发挥的参考作用。加总的微观会计盈余能够有效预测未来 GDP 增长率、通货膨胀率等,进一步地,这些预测的宏观经济数据又是政府制定经济决策的重要参考。从这个意义来讲,会计信息宏观契约功能的有效发挥依托于会计信息宏观估值功能。而会计信息之所以具有宏观估值功能的重要原因是公司利润是宏观 GDP 的重要构成部分,而且基于权责发生制核算的会计盈余本身包含了管理层对公司未来业绩状况判断的私有信息。例如,资产减值项目是管理者在稳健原则下运用会计估计和专业判断的结果,包含了管理者有关未来经济运行风险的私有信息;过量生产可能是管理层对未来业绩的乐观判断等。

随着大数据环境下信息数量和类型的增多及信息技术的创新,既可以利用不同维度信息对原有会计数字信息进行认证来提高微观盈余信息的质量,也能挖掘提取更多反映公司经营状况、预期收益、潜在风险等新信息对原有信息进行补充,市场信息效率得以改善。微观信息质量的提升及信息类型的增多都有助于提升其宏观估值功能,进而更好地作用于宏观调控政策制定,发挥其宏观契约功能。

总体来看,目前考察微观信息宏观契约功能的研究还相对较少。中国政府制定的产业政策、供给侧结构性改革政策("三去一降一补")等为考察政府调控政策制定提供了有利的研究情境;与此同时,大数据环境及信息技术创新发展有助于从正式公告、股吧、微博等披露中提取更多有关经营活动、投资活动、研发创新、战略定位、审计意见等不同类型信息。政府将这些微观信息加总并与其掌握的其他宏观信息(如国际经济环境和竞争压力)相互验证,来辨别行业的发展瓶颈与机遇,进而通过供给侧结构性改革政策、产业政策等予以调控。借助大数据环境下的信息资源,考察微观信息的宏观契约功能既有助于理解宏观政策的形成机理,也能为有为政府的职能发挥提供证据支持。

思考与练习

1. 会计大数据分析与处理技术的主要类型及应用有哪些?
2. 在大数据发展增加信息供给的背景下,从会计基本功能出发,旨在构建符合大数据时代背景的公司会计财务行为的分析框架。除了以上内容之外,是否还有其他内容需要补充?
3. 大数据时代财务会计与管理会计的融合意义是什么?

结束语

　　会计作为一门重要的学科,在商业领域中扮演着关键的角色。它不仅仅是一种记录和报告财务信息的工具,更是一种解读和分析经济活动的语言。无论您是希望从事会计职业,还是作为管理者或投资者,掌握会计知识都将成为您成功的关键。

　　我们鼓励学生在学习会计的过程中保持好奇心和积极性。会计领域一直在不断演变和发展,新的挑战和机会也在不断涌现。请继续追求学习和进步,不断更新自己的知识和技能,以适应变化的商业环境。希望这本教材能够成为学生学习会计的指南,帮助学生在会计领域取得更大的成就。

参考文献

1. 著作类

[1]段华.基础会计理论与实务[M].上海:复旦大学出版社,2015.

[2]吴敏,林波.基础会计[M].上海:上海财经大学出版社,2018.

[3]徐哲,王柏慧,李贺.基础会计[M].上海:立信会计出版社,2018.

2. 期刊类

[1]安然.探析会计大数据时代下会计云计算[J].财会学习,2016(18):4-5.

[2]白洁.大数据时代下会计信息化的风险与防范对策[J].财会学习,2023(4):4-6.

[3]陈虎,陈健.会计大数据分析与处理技术:助推数据赋能财务新未来[J].财务与会计,2022(10):33-38.

[4]陈俊丽.基于云计算的会计大数据分析平台构建[J].财会通讯,2017(16):103-107.

[5]陈婷婷.会计大数据对企业财务绩效的影响性探讨[J].环球市场,2023(4):55-57.

[6]陈义吉.会计信息化标准体系研究[J].现代经济信息,2016(3):252.

[7]程平,常吉,夏会.会计大数据:内涵、框架及技术实现[J].商业会计,2022(12):4-9.

[8]窦宝东,方舜高,张济民.施工企业核算中几个关键环节的控制[J].财会月刊(B财苑),2003(5):38-39.

[9]段锐.大数据背景下企业财会向管理会计转型的路径探讨[J].财会学习,2023(4):79-81.

[10]冯茜.大数据时代企业会计信息化风险及其防范措施探讨[J].企业改革与管理,2023(4):135-136.

[11]宫铭.财产清查及其账务处理研究[J].现代经济信息,2016(18):192-192.

[12]龚慧贤.会计大数据下基层财务工作者职能的转变研究[J].经营者,2020(4):205.

[13]李静.事业单位会计核算存在的问题和对策[J].质量与市场,2023(9):151-153.

[14]李坤,赫英歧.大数据时代的财务会计转型分析[J].经济研究导刊,2023(5):100-102.

[15]李天泽.会计大数据对企业财务绩效的影响性分析[J].商场现代化,2022(8):
176 – 178.

[16]李薇.论会计凭证的填制与审核[J].中国商论,2018(34):130 – 131.

[17]李闻一,穆涌.会计信息化实施效率、实施周期与客户认知程度[J].会计研究,
2013(06):39 – 46,95.

[18]刘德玲.大数据时代企业财务会计向管理会计的转型研究[J].内蒙古科技与经
济,2023(2):72 – 73.

[19]刘光军,袁小平.采用借贷记账法编制现金流量表新探[J].财务与会计,2011
(11):46 – 49.

[20]逯金红.会计大数据下基层财务人员职能转变分析[J].财经界,2020(8):116 – 117.

[21]罗鹏.中小企业外贸业务成本核算相关问题分析[J].会计之友,2011(14):73 – 74.

[22]梅芳.财产清查结果的处理分析[J].读写算 – 素质教育论坛,2015(17):113 – 114.

[23]裴真.浅谈会计信息质量要求之谨慎性原则[J].农村经济与科技,2021,32
(6):133.

[24]曲红.会计信息化对企业财务管理的影响及对策探讨[J].商场现代化,2022
(20):126 – 128.

[25]饶玮.会计大数据下基层财务人员职能转变[J].同行,2022(14):192 – 194.

[26]孙小岚.构建基于云计算的会计大数据平台[J].长江信息通信,2021,34(9):56 –
58,61.

[27]唐月如.探析会计大数据时代下会计云计算[J].中国战略新兴产业,2019(20):
243,245.

[28]田志良.有形财产清查会计处理误区探讨[J].财会通讯,2016(1):82 – 84.

[29]涂睿.会计信息化对企业财务管理的影响及对策分析[J].中国民商,2023(4):
145 – 147.

[30]王红梅.财产清查及其账务处理研究[J].科教导刊 – 电子版(中旬),2018
(4):241.

[31]王娜.云计算下中小企业财务管理信息化模式探讨[J].财讯,2022(29):158 – 161.

[32]王文莲,张丽霞.会计核算智能化的突破[J].会计之友,2009(5):37 – 38.

[33]王艳辉.影响会计信息质量要求的主要因素及改善的措施[J].科技资讯,2017,
15(28):187.

[34]王志宏.公允价值的引入对企业核算的影响[J].会计之友,2007(35):33 – 34.

[35]魏芳芳.浅析企业财产清查常见问题与解决方法[J].现代经济信息,2016(9):
174,176.

[36]魏然.谨慎性原则在企业会计核算中的应用研究[J].中小企业管理与科技,
2023(9):145 – 147.

[37]向浩.企业数据资产化:会计确认与会计核算问题探讨[J].商业会计,2023(3):22-27.

[38]徐昕.财产清查及其账务处理分析[J].现代经济信息,2014(8):183-183.

[39]薛晓宇.财产清查制度中会计处理的实际操作[J].内江科技,2008,29(3):64.

[40]颜家利.会计信息化标准体系构建路径探析[J].中国集体经济,2022(35):113-115.

[41]杨明杰.稳健性会计信息质量要求应用与思考[J].现代商贸工业,2016,37(2):148-149.

[42]姚国辉.能源企业绿色会计智能核算平台构建[J].财会月刊,2023,44(10):67-73.

[43]于子彭,程鹏成,王尚科.云计算的会计大数据分析平台构建探讨[J].电脑迷,2017(3):129-130.

[44]张炳红.财产清查结果的会计处理比较[J].财会研究,2012(24):44-47.

[45]张建侠.新会计制度下事业单位会计核算研究[J].环渤海经济瞭望,2023(4):150-152.

[46]赵虹.企业会计核算管理办法研究[J].中国集体经济,2023,744(16):125-128.

[47]赵梦洁.管理会计大数据时代面临的挑战与机遇[J].新金融世界,2021(6):127-128.

[48]郑顺敏.会计大数据时代:会计云计算[J].现代经济信息,2014(11):293-294.

[49]朱丽娜.浅谈如何有效地学习会计学基础[J].亚太教育,2015(5):34.

[50]朱琳.构建会计大数据分析型茶企[J].福建茶叶,2016,38(6):94-95.

[51]邹清华.财产清查对企业内部控制作用的研究[J].中国集体经济,2017(24):24-25.

[52]宋英慧,安亚人.会计对象及其会计要素内涵新论[J].税务与经济,2019,224(3):57.